# 손실은 짧게
# 수익은 길게

**일러두기**

- 이 책은 한글 맞춤법 통일안에 따라 편집했습니다. 의미 전달을 위해 허용 범위 내에서 표현한 것도 있습니다.
- 최근 바뀐 외래어 표기법에 따라 정리했으나, 몇몇 이름과 용어는 사회에서 더 많이 통용되는 것으로 정리했습니다.
- 이미 국내에 출간된 도서는 책 제목을 적었고, 출간되지 않은 도서는 번역문 뒤에 원문을 같이 표기했습니다.

## 추천사

─────── 2022년 겨울에 저자로부터 책을 쓰고 있다는 이야기를 들었는데 이후 2년간 무소식이어서, 작년 말에 책은 어떻게 되고 있는지 물으니 계속 쓰고 있다는 대답이 돌아왔다. 무슨 책을 3년째 쓰고 있나 싶었는데, 원고를 받아 읽어 보니 3년 걸려서 만든 것이 맞구나 싶었다. 이 책을 읽는 독자는 하루 이틀이면 읽겠지만, 저자는 3년여 시간의 고통을 담았다. 그만큼 정성이 들어간 책이다.

노포 맛집에서 막걸리 마시면서 듣는 이야기와 고급 술집에서 비싼 술 마시면서 듣는 이야기 중의 어느 쪽이 더 진솔하고 더 큰 도움이 될까? 케이스 바이 케이스지만, 나는 전자라고 생각한다. 이 책은 오래되었지만 맛 하나로 버텨 온 막걸리 집에서 비법을 공유한 것만 같은 깊이와 다양한 이야기를 담고 있다. 책을 읽고 나면 추상적이었던 투자 과정이 구체적으로 느껴질 것이며, 당장 실천할 수 있는 다양한 기술을 배울 수 있을 것이다.

어떤 운동이 좋은 운동인지를 물었다고 했을 때 나는 스스로 그 운동을 할 때 즐거움을 느낀다면 그것이 좋은 운동이라고 답할 것이다. 주식 투자도 비슷하다. 유익한 투자 방법은 그 방법을 사용했을 때 계좌 수익으로 연결되는 것이다. 이 책은 기술적 분석에서 시작해서 시스템매매, 추세추종 하이브리드까지 다양한 저자의 경험을 담고 있다. 이 책에서 소개하는 다양한 방법을 실전에서 시도해 보고, 그중 어떤 방법으로 수익을 올렸다면, 그것이 그분에게는 가장 좋은 방법일 것이다. 이 책을 통하여 자신에게 맞는 투자법을 찾길 바란다.

_ 바람의숲

─────── 투자를 처음 시작할 때 가치투자와 기술적 분석 중 무엇을 배워야 할지에 대해 막막해 한다. 하지만 저자는 다음에 대해 물음을 던진다. '왜 한 가지만 선택해야 하는가?' 이 책은 기업의 본질적인 가치를 분석하는 방법과 함께 시장에서 어떤 종목이 실제로 강한 흐름을 보이는지까지 고려하는 방법을 알려 준다.

초보 투자자도 쉽게 이해할 수 있도록 실제 사례와 함께 실전 적용 방법까지 담고 있다. 투자 경험이 많든 적든 이 책을 읽고 나면 자신만의 투자 기준을 세우고 더 나은 결정을 내릴 수 있을 것이다.

_ 백지윤(블레쉬자산운용 대표)

──────── 단순한 성공담이 아니라 현실적인 투자자의 시행착오를 그대로 담아낸 책이다. 투자자들은 이 책을 통해 감정적 매매의 위험성을 배우고, 주식시장에서 살아남기 위해 어떤 태도를 가져야 하는지를 깨달을 수 있다. 기업의 가치를 분석하는 능력을 기르려는 사람들에게도 좋은 길잡이가 될 것이다.
이 책은 투자에 대한 환상이 아닌 냉정한 현실을 보여 주며, 어떻게 하면 지속 가능한 투자자가 될 수 있을지를 고민하게 만든다. 투자에 관심이 있는 사람이라면 한 번쯤 읽어 봐야 한다.

_ 선진짱

──────── 깡토 님은 아주 오래전 내 사무실에 찾아온 후배였다. 그로부터 한참의 세월이 흐른 지금, 원고를 읽는 내내 즐거웠다.
국내 투자 시장에는 두 부류의 책이 있다. 가치투자와 트레이딩이 그것이다. 투자의 길에 처음 뛰어든 개인 투자자들이 시작부터 혼란을 겪는 까닭은 이 두 부류가 서로 다른 이야기를 한다는 데 있다. 양쪽의 벽은 제법 높고 단단하다. 때로는 상대방을 평가절하하기도 한다. 오랜 세월 이 시장에 있다 보니 어느 방법도 완전무결하지 않음을 알게 되었다. 사실 이건 의심의 여지가 없는 사실이다. 요즘처럼 정보가 넘쳐나는 세상에서 어느 한쪽이 완벽하다면, 우리는 모두 그쪽 길을 가고 있을 것이다.
투자 경험이 짧은 분들은 먼저 자신이 어느 길을 갈 것인지를 정해야 한다. 기질적으로 맞는 쪽이 있다. 자신의 성향과 다른 길을 가면 매우 괴로워진다. 장기 투자자의 길을 가겠다던 사람이 트레이더가 취해야 할 행동을 하거나 트레이더의 길을 가겠다는 사람이 비자발적 장기 투자자가 되는 경우를 많이 본다. 이런 식으로 매매하다 보면 자신이 무엇을 하는지조차 모르게 되고, 끝내 실패하게 된다. 더욱 안타까운 것은, 실패에서조차 아무것도 배우지 못하게 된다는 것이다.

투자는 시장과 자신을 알아가는 길고 긴 여행이다. 이 여행을 행복하게 기억하려면 내게 맞는 하나의 방법을 택해서, 그 방법에 정통한 후에 다른 방법의 장점을 알아 나가야 한다. 깡토 님은 이 두 가지 방법을 직접 체험한 드문 투자자다. 그래서 책에는 살아 있는 이야기와 예시가 아주 많이 있다.

두 가지 전혀 다른, 그러나 목표는 같은 행위에 대해서 잘 분석한 책을 읽게 되어 너무 즐거웠다. 왜 이런 책이 이제야 나왔을까? 물음에 대한 답은 간단하다. 우리는 대부분 하나의 방법에서만 머물기 때문이다.

시장은 살아 움직이는 생물이다. 그래서 유연성은 투자 세상에서 핵심 덕목이다. 어느 쪽이건 성공한 분들이 분명 있지만, 실패하는 분이 훨씬 많다. 내가 어떤 성향에 맞을지에 관하여 양쪽을 모두 경험한 깡토 님의 생생한 경험담이 많은 도움이 될 것이라고 생각한다.

_ 알바트로스

─────── 성공한 개인 투자자의 경험에서 우러나온 진솔한 투자 일지라고 할 수 있다. 경험하지 않고는 알 수 없는 아주 귀중한 투자 노하우를 알려 주는 책이다. 어디서도 보기 힘든, 보배 같은 투자 이야기를 아주 쉽고 공감하기 쉬운 방법으로 핵심만 꼭 집어서 알려 준다. 주식 투자자라면 필독해야 할 투자 지침서로서 나침판 역할을 할 것이다.

_ 압구정교주

────────── 많은 투자자가 한 가지 방법만 고집하다가 실망하고 떠난다. 가치투자를 하면 주가가 오를 때까지 끝없이 기다려야 하고, 추세를 따르다 보면 높은 가격에 사서 후회하기 쉽다.

이 책은 두 가지 방법을 균형 있게 결합하여, 효율적이면서도 안전한 투자 전략을 제시한다. 실전에서 활용할 수 있도록 구체적인 사례와 방법론을 제공하는 것이 가장 큰 장점이다. 이 책을 읽고 나면 기존의 투자 방식에서 벗어나 새로운 시각으로 시장을 바라볼 수 있을 것이다.

_ **이선엽**(신한금융투자 이사)

────────── 가치투자와 트레이딩에 관한 이론서는 많지만, 한국의 현실 속에서 둘을 효과적으로 융합하여 성공한 투자자의 경험담을 직접 담은 책은 거의 없다. 저자가 실제로 겪은 다양한 성공과 실패의 경험이 책을 통해 일잔 정보가 되어 독자들에게 선달될 것이나. 저자처럼 투자 고민을 치열하게 하고 있다면, 여러분도 성공 투자자가 되고 있는 것이다.

(성공한 척하는 저자나 회사의 홍보를 위한 책이 아닌) 실제 성공한 투자자의 경험이 담긴 책이 거의 없다시피하다는 점에서도 이 책은 가치가 있다.

_ **좋은습관**

## 이 책을 읽기 전에 해 주고 싶은 말

모든 배움은 다른 사람을 따라 하는 것에서부터 시작한다. 그게 제일 쉽고 빠른 방법이기 때문이다. 자신과 비슷하거나 카피하고 싶은 대상이 있다면 그 사람의 모든 것을 따라 해 보고 느껴 보길 바란다. 예를 들어 워런 버핏, 피터 린치, 윌리엄 오닐처럼 되고 싶다면, 그 사람이 그 당시에 느끼고 경험한 사실 속에서 어떤 생각을 했고 어떤 행동을 했는지를 간접 경험해 보는 것이 좋다고 생각한다.

대부분은 주식 책을 읽고 나서 '에이, 저거 다 아는 이야기잖아' 하고 생각할 것이다. 그런데 그들 중 대다수는 왜 막상 투자하면 뇌동 매매를 하거나 계획과 다르게 할까? 왜 생각처럼 되지 않을까? 분명 다 아는 이야기인데 말이다.

책에는 다른 사람의 생각이 담겨 있다. 즉 내 생각이 아니기 때문에 실제 투자에 적용하고자 할 때 책 내용은 물론이고, 저자의 모든 것을 소화해야 한다. 결국 사색하고 실천할 수 있는 기간이 필요하다. 작가가 왜 이런 이야기를 했고 왜 이런 행동을 하는지를 생각해 보고 몸소 깨달으며 자기 것으로 만들어야 한다.

이 책을 먼저 가볍게 한 번 읽자. 그리고 두 번째 읽을 때는 공감이 가거나 중요하다고 생각되는 포인트에서 책을 덮고 잠시 생각하는 시간을 가져 보자.

---- 프롤로그 ----

## 주식 투자, 나도 성공할 수 있을까?

주식 투자에서 가장 중요한 것은 '멘탈 관리'입니다. 시장이 흔들릴 때, 손실이 났을 때, 수익이 기대한 대로 나지 않을 때 우리를 붙잡아 주는 것은 '할 수 있다'는 믿음입니다. 하지만 현실은 어떨까요? 많은 투자자가 다음과 같은 고민을 털어놓습니다.

"홀딩해야 한다는 걸 알지만, 주가가 조금만 떨어져도 불안해서 팔아 버려요."
"수익은 길게, 손실은 짧게 가져가야 하는데 손실을 보면 도저히 손절을 못하겠어요."

주식시장에 발을 들이면 누구나 처음에는 흔들립니다. 차트를 보면 한숨이 나오고, 뉴스 하나에도 감정이 출렁이며, 작은 손실에도 의욕을 잃기 쉽습니다. 이럴 때 머릿속을 스치는 생각들이 있습니다.

'종목은 잘 봤는데 시장 때문에 하락했네.'
'역시 버는 놈들만 벌어. 주식은 실력이 아니라 운이야.'
'아, 그때 팔걸!'
'아, 그때 살걸!'

이런 생각이 드는 이유는 단순합니다. 우리 스스로 한계를 뛰어넘을 수 있다고 생각해 본 적이 없기 때문입니다. 스스로 정한 한계의 뚜껑이 꽉 닫혀 있는 상태입니다.

많은 사람이 자신이 가진 한계를 크게 의식하지 않습니다. 그러나 투자 결정을 망설이게 만드는 존재는 다름 아닌 잠재의식 속 두려움과 부정적인 생각입니다. 우리는 이런 감정에 휩쓸려 실수를 반복합니다. 다행스러운 섬은 작은 계기 하나가 이 '한계의 뚜껑'을 열 수 있습니다.

성공적인 투자자는 타고나는 것이 아니라 만들어집니다. 처음부터 자신감이 넘쳤던 사람은 없습니다. 단 한 번의 성공적인 매매, 분석을 통한 작은 성취, 손실을 감당하고도 다시 도전하는 경험들이 쌓이면서 투자자로 성장하는 것입니다. 가치투자? 차트투자? 추세추종? 어떤 방식이든 상관없습니다.

매일 거창한 목표를 세우지 않아도 됩니다. 대신 하나씩 성취해 보세요. 기업 분석을 직접 해 보기, 투자 복기 일지를 써 보기, 감정적인 매매를 줄여 보기, 1일 1리포트 읽어 보기. 이런 작은 변화가 나중에는 큰 차이를 만들어 냅니다.

성공 투자란 감정이 아닌 원칙으로 투자하는 것입니다. 자신의 투자 스타일에 맞는 매매 원칙을 만들고, 그것을 실천하세요. 투자는 감정의 게임이 아니라, 확률과 원칙의 게임입니다. 매매 원칙을 만드는 것이 어렵다면 성공한 투자자들의 매매 원칙을 따라가는 것부터 시작하세요.

주가가 떨어지면 무서워서 도망가는 사람이 있는 반면, 그 안에서 기회를 보는 사람이 있습니다. 위기를 기회로 바꾸려면 시장과 기업을 분석하는 눈을 길러야 합니다. 공부하고, 분석하고, 다시 도전하세요. 시장은 변동성이 크지만, 장기적으로 성장할 수 있는 기회가 많습니다. 중요한 것은 포기하지 않고 계속 나아가는 것입니다. 투자는 단순히 돈을 버는 일이 아닙니다. 자신의 한계를 극복하고, 더 나은 결정을 내리는 과정입니다.

이 책을 통해 여러분이 투자자로서 한 단계 성장할 수 있도록 돕고 싶습니다. 저 역시 수많은 실패를 경험했지만 포기하지 않고 계속 도전을 했습니다. 인생의 절반을 투자해 얻은 실전 투자 노하우를 이 책에 모두 담았습니다. 책을 집필할 때, 주변에서 많이 말리기도 했습니다.

'너무 많은 실전 투자 노하우를 이야기하는 게 아닐까?'

'이 책이 출간되면 내가 하는 매매에 영향을 받아서 수익이 감소하지 않을까?'

그럼에도 불구하고 아낌없이 모든 것을 담았습니다. 포기하지 말고 차근차근 따라오세요.

이 책이 세상에 나올 수 있다는 것이 저에겐 큰 행운입니다. 집필하는 데만 3년이 걸려서 출간이 불가능할 거라고 생각했지만, 결국 이렇게 세상에 나오게 되었습니다. 출판사 관계자분들의 노고에 깊이 감사드립니다.

특히 저의 투자 동반자인 광란 그리고 저를 믿어 주시는 양가 부모님께 감사드리며, 사랑스러운 아들에게 "너는 무엇이든 할 수 있다"라고 말하고 싶습니다.

마지막으로 저에게 주식 투자라는 새로운 세상을 안내해 주고, 인생의 나침반이자 기쁠 때나 슬플 때나 항상 곁에 있어 준 나의 뮤즈, 아내에게 이 책을 바칩니다.

차례

추천사 4

이 책을 읽기 전에 해 주고 싶은 말 8

프롤로그　주식 투자, 나도 성공할 수 있을까?　10

## Chapter 1　주식 초보자의 흔한 발자취

- 재테크는 무슨　23
  - 잠깐! 주식 투자가 처음이라면?　26
- 나의 첫 주식이자 작전주　27
- 팍스넷에서 윌리엄 오닐에 이르기까지　31
  - 잠깐! 투자 구루들이 가르쳐 준 것　36
- 우량주에 대한 착각　37
- 심기일전, 다시 주식시장으로!　41
  - 잠깐! 주식 스터디　45
- 가치 투자에 매료되다　48
  - 잠깐! 기업 스터디　52

## Chapter 2　주식 투자 전략에 완성은 없다

- 새로운 세계를 마주하다　57
  - 잠깐! 기업 탐방과 주식 담당자와 통화　62
  - 잠깐! 분기 실적 모멘텀 플레이　64

- ◆ 스마트폰이라는 패러다임의 등장     66
  - 잠깐! 스몰캡 투자     71
  - 잠깐! 집중 투자     72
- ◆ 드디어 경제적 자유 달성!     73
  - 잠깐! 나는 어떻게 투자할까?     76
- ◆ 가치투자에서 시스템 트레이딩으로     79
  - 잠깐! 바스켓 매매     86
  - 잠깐! 레버리지는 독이 든 성배다     87
- ◆ 시스템 트레이딩에서 추세추종 매매로     89
  - 잠깐! 추세추종 매매     94
- ◆ 나에게 맞는 매매법은 무엇인가?     97
  - 잠깐! 시스템 트레이딩     101

# Chapter 3 인베스트(가치투자)

- ◆ 가치투자−장기 투지?     107
  - 투자 기간 3개월~6개월(분기 투자) / 투자 기간 1~2년(연간 투자) / 투자 기간 10년~(인사이트 투자)
- ◆ 좋은 주식과 나쁜 주식     112
  - 시장은 항상 비이성적이다 / 그동안 얼마나 벌었는가? / 적정 주가와 괴리가 큰 이상적인 회사
- ◆ 적정가치는 어떻게 책정해야 할까?     118
  - 가치 평가에 절대적인 기준은 없다 / 공감할 만한 수준의 적정가치 계산법
- ◆ 어떤 종목을 매수해야 할까?     123
  - 저PBR 종목의 허상 / 우리가 관심 가져야 하는 종목 / 장사 잘하는 비법 / 이익률 높이는 방법 / Q, P, C 중 무엇을 우선순위로 둬야 할까?
- ◆ 저평가 가치주 vs. 내러티브 종목     134
- ◆ 내가 보는 지표들     138
  - 잠깐! 체크 포인트     142

- ◆ 내가 매수하는 방법 144
  - 잠깐! TWAP와 VWAP 147
- ◆ 내가 매도하는 방법 149
  주가는 시간이 지날수록 탄력성이 떨어진다 / 구조적인 성장인데 하락하는 경우
- ◆ 나의 수익 극대화 전략 154
- ◆ 멘탈을 위한 보험, 헤지 157
- ◆ 후반영을 활용한 투자 사례 160
  방향성과 앞으로의 흐름 / 분기 실적을 파악해야 하는 이유 / 사업보고서에서 체크해야 할 것들 / 분기 실적으로 저평가 여부 추정하는 법 / 분할 매수의 기준 / 적정가치를 판단하는 것은 시장이다 / 포트폴리오 리밸런싱을 고려하라 / 비중 조절이 핵심이다
  - 잠깐! PEAD의 이유 178
- ◆ 생활에서 투자 아이디어 찾기 179
- ◆ 수주와 수주 잔고를 이용한 투자 182
- ◆ 시설 투자 일정을 이용한 투자 187
- ◆ 내부자 매수와 증여, 지분 신고 등 189
- ◆ 고PER에 매수, 저PER에 매도 191
- ◆ 처음부터 대박 종목을 고르겠다고 생각하지 마라 194
  - 잠깐! 기업의 비즈니스 모델 파악하는 법 197
  - 잠깐! 사업보고서에서 무엇을 중점적으로 봐야 할까? 198

## Chapter 4 추세추종 트레이딩

- ◆ 언제 사고 언제 팔아야 하는지보다 중요한 것 203
  내가 추세추종 돌파매매를 선택한 이유 / 승률, 손익비, 리스크 관리 / 대부분이 돈을 벌지 못하는 이유
- ◆ 한 종목에 얼마를 베팅하는 게 이상적일까? 210
  리스크 관리의 철학이자 투자 원칙의 핵심 / Multiple R / R의 베팅법을 활용한 복리 투자

- ◆ 손실을 최소화하는 방법　　　218
  점진적 투자 / 점진적 투자 vs. 균등 투자
- ◆ 상승장인지 하락장인지 어떻게 알 수 있을까?　　　224
  이동평균선 위에 있는가, 아래에 있는가? / 톰 바소의 시장 판단 방법
- ◆ 우리가 더 신경 써야 할 것은 승률이 아니라 손익비다　　　231
  승률과 손익비 / 무엇이 좋은 매매일까? / 자기만의 손익비 기준을 만들어라 / 매매 내역 복기 / 투자 방법론은 수단일 뿐이다
- ◆ 어떤 종목을 살 것인가?　　　241
  1등 대장주 / 지수보다 강한 종목 / 기관이 진입할 만한 종목군 / 섹터 전체의 움직임 / 주간 차트를 봐야 하는 이유 / 1stage: 1차 상승 구간 / 변동성은 작을수록 좋다 / 2stage: 조정 구간 / 중요한 것은 윗꼬리도 몸통도 아닌 '매물대'다 / 3stage: 새로운 상승 구간

  > [잠깐!] 손잡이가 달린 컵 패턴　　　263

- ◆ 언제 살 것인가?　　　264
- ◆ 언제 팔 것인가?　　　268
  손실은 짧게, 수익은 길게 / 추세가 꺾였다는 것은 어떻게 확인할 수 있을까? / 클라이맥스는 어김없다
- ◆ 수익 극대화 전략: 불타기　　　276
  비중을 어떻게 실어야 할까? / 언제 비중을 실어야 할까?
- ◆ 수익 보존 전략: 트레일링 스톱　　　281
- ◆ 기타 체크 포인트　　　284
- ◆ 실제 매매한 종목　　　286

## Chapter 5  테크노펀더멘털리스트 깡토의 투자법

- ◆ 가치투자와 추세추종의 결합, 무엇이 좋을까?　　　311
  트레이딩 중 추세추종이 좋은 이유 / '수익은 짧게, 손실은 많이'가 되는 이유 / 테크노펀더멘털리스트가 되면 좋은 점
- ◆ 어떤 투자에 비중을 더 싣는 게 좋을까?　　　321
- ◆ 어떤 종목을 어떻게 매매할 것인가?　　　325

1stage에서 해야 할 일 / 2stage에서 해야 할 일 / 2stage에서 눌림목매매하는 법

- **조심해야 할 유형** — 333
- **언제 팔 것인가?** — 337
- **직장인도 추세추종 하이브리드 매매를 할 수 있다!** — 340
- **항상 미국시장이 답은 아니다** — 346
- **후일담** — 350

  모든 것에는 이유가 있다 / 매매 기법에도 원인과 이유가 있다 / 주식시장에 대한 잘못된 상식 / 가치투자자에게도 새로운 무기가 필요하다 / 가치투자자에게는 더 매력적인 선택지다 / 왜 추세추종인가?

**에필로그** 투자는 자신의 몸에 맞는 옷을 찾는 과정이다   360

**[부록 01] 전업 투자자의 하루   362**

일반 트레이더로서의 생활 / 가치투자자의 생활 / 추세추종 하이브리드 전업 투자자의 생활

**[부록 02] 추천 도서   367**

가치투자 추천 책 / 추세추종 추천 책 / 일반 트레이딩 추천 책 / 다양한 투자자들 인터뷰 책

**[부록 03] 전업 투자 하는 사람들이 많이 참고하는 사이트와 거장들의 트위터 주소   369**

CHAPTER 01

# 주식 초보자의 흔한 발자취

# 재테크는 무슨

대부분 그랬을 테지만 20대의 나는 금융에 무지했다. 공무원인 아버지 밑에서 평범하게 자랐고, 군대를 가기 전까지 내가 무엇을 좋아하는지, 무엇을 하고 싶은지를 인지하지 못했다.

군 생활 후 처음으로 진로에 대해 생각했다. '게임을 좋아하니 게임 만드는 일을 해 볼까?' 당시 유행하던 〈스타크래프트〉 같은 게임을 만들어야겠다는 큰 꿈을 안고 게임 제작을 배울 수 있는 대학에 입학했다. 또래보다 다소 늦은 입학이었다.

그러나 늦깎이 신입생에게도 꽃 필 기회는 주어졌으니, 봄이 채 지나가기도 전에 CC가 된 것이었다. 인생의 진로를 정하고 학교에 들어갔건만 공부는 뒷전에 두고 여자 친구랑 놀기 바빴다. 대학생에게 주어지는 특전 같은 술도 좋았다. 막막한 미래를 생각하지 않아도 된다는 양 친구들과 복잡한 생각은 집어 치우고, 될 대로 되라는 식으로 마셨다. 회상해 보면 쿨 워터 향 나는 남자 같았다.

당시 대부분의 루트가 그렇듯이 졸업하고 좋은 직장에 취직해서 돈을 모으면 집을 사고, 결혼해야겠다고 생각했다. 돈 관리는 배운 적도 없고 할 줄도 몰랐다. 정확한 계획 따위 있을 리 없었다. '내 나이 30쯤엔 웬만큼 이뤄져 있지 않을까?' 그렇게 여겼다.

재테크란 말이 여기저기서 언급되기는 했지만 저축과 부동산에 한해서였다. 주식은 절대 손도 대지 말아야 할 도박, 마약과 같은 것이라 듣고 그렇게 믿어 왔다. 당시에는 펀드도 유행했는데, 나는 위험할 것 같아 남 이야기로만 치부하고 관심을 두지 않았다. 무엇보다 당장 쓸 돈도 없는 내게 재테크란 너무 먼 이야기였다.

이런 나와 달리 돈 관리에 관심이 많았던 여자 친구는 아르바이트를 하고 받은 100만 원으로 주식을 시작했다. 나는 여자 친구에게 "차라리 그 돈으로 멋진 데이트 장소나 비싼 음식을 사먹자"고 제안하고 싶었지만 멋진 남자 친구이고 싶었던 나는 그 말을 입속으로 몇 차례나 삼켰다.

매일 여자 친구랑 데이트하고 싶은데 돈 없는 대학생 커플이 할 수 있는 일이라고는 여자 친구가 좋아하던, 길거리에서 파는 1,700원짜리 카라멜마끼아또 난 안 당긴다며 하나만 사서 여자 친구에게 슬쩍 한 입만 달라고 하거나 무더위에 목말라도 꾹 참고 공짜로 물을 마시는 순간이 올 때까지 걸어가는 일도 잦았다. 돈은 없고 시간은 많았던 우리는 아이러니하게도 할 수 있는 게 별로 없었다.

이런 상황에서 여자 친구가 주식에 100만 원을 넣은 것이다! 걱정은 되었지만 어쨌든 여자 친구의 결정이고 그녀의 일이다. 나는 내색하지 않고 여자 친구의 주식 스토리를 경청했다.

"내가 직접 한 건 아니고 아빠한테 절대 잃지 않을 좋은 주식을 사 달라고 했어."

그녀의 아버지는 축하금으로 50만 원을 더해서 총 150만 원을 그녀 대신 투자했다. 투자한 배경 이야기는 이렇다.

어느 날 아침 그녀의 아버지께서 〈한경와우TV〉를 시청하고 있었는데, 그날 신규 상장하는 회사의 대표가 직접 나와서 회사 소개를 하더란다. 삼성에 HDD(Hard Disk Drive)를 납품하는 업체이니 안전해 보였고, 무엇보다 딸이 주식 투자를 시작한 날에 상장한 회사라 같이 커 가면 좋겠다는, 매우 그럴싸한 이유가 더해져서 이 종목을 선택했다고 했다.

> 잠깐!

### 주식 투자가 처음이라면?

나는 무엇인가 행동하기 전에 공략집이 있어야 한다고 생각한다. 그게 꼭 책일 필요는 없다. 강의나 유튜브, 블로그 등 SNS에도 지식이 넘친다. 다독을 한다고 해서 성공한다는 보장은 없지만 한 권도 읽지 않은 사람과는 차이가 날 수밖에 없다. 지식이라는 것은 경험이나 교육을 통해서 습득할 수밖에 없는데 직접 모든 경험을 해 볼 수 없으니 책이나 미디어를 통해 간접 경험을 하고 최소한의 실수 등을 미리 예방해 보는 것이다. 내가 한창 공부할 때는 안타깝게도 지금처럼 미디어가 발달하지 않았기에 책 또는 블로그, 카페를 통해 접해야만 했다.

책 읽는 것에 부담을 느낀다면 읽기 편한 책부터 읽어 보자. 처음부터 좋은 책, 나쁜 책을 구별할 필요는 없다. 투자라는 것은 자기 몸에 맞는 방법을 찾아가는 과정이다. 기술적 분석(차트) 매매가 어울리는 사람이 있는가 하면, 펀더멘털 분석(가치투자) 매매가 더 어울리는 사람도 있다. 둘 중 하나를 고르는 것은 틀린 게 아니라 다른 것이다.

색안경을 끼고 보기 시작하면 시작조차 할 수 없다. 대부분의 주식 투자자가 제대로 경험도 못하는 이유는 바로 이런 색안경 때문이다. 한쪽만 많이 접하면 그것만 바라보고 그게 전부인 줄 알게 된다. 융통성 있게 열린 마음으로 보길 바란다.

나는 막 입문하는 투자자에게 테크니컬적인 책보다는 주식 투자로 성공한 사람들의 이야기를 먼저 접하기를 권하는 편이다. 그래야 흥미도 생기고, 내가 할 수 있는지 여부를 내 환경에 따라 정할 수 있다. 직장에 다니는 사람에게 스캘핑(아주 짧은 매매)으로 성공한 트레이더의 이야기가 무슨 소용일까! 그러니 다양한 방법으로 성공한 투자자의 이야기를 접해야 한다. 그들의 생각과 성공하기까지의 과정을 보고 배울 수 있는 것들을 배우고 실행하면 된다. 성공한 투자자들이 걸어온 길을 추적하면서 비슷하게 해 보는 것이다. 어느 정도 방향성이 정해진다면 그때 깊게 들어가는 것이 좋다.

# 나의 첫 주식이자
# 작전주

어느 날부터 여자 친구가 재테크 책을 읽기 시작했다. 그러고는 나에게 책을 권하며 읽어 보라고 하는데 나는 모든 시선이 게임에 가 있던 때라 조금도 관심을 보이지 않았고, 이런 나를 위해 여자 친구는 밑줄까지 그어 주며 밑줄 그은 부분이라도 제발 좀 읽어 보라고 말했다. 여자 친구의 강경한 청에도 나는 꿈쩍도 하지 않았다. 여자 친구도 만만치 않았다. 옆에서 본인이 밑줄 그은 부분을 읽어 주는 것이 아닌가! 이런 여자 친구의 정성에 나는 귀찮다는 반응을 보이며, "나는 절대 주식을 하지 않을 거야!" 하고 말했다.

얼마간에 시간이 흐른 어느 날, 여자 친구가 돌고래 소리를 내면서 소리쳤다.

"전에 산 주식이 계속 오르고 있어!"

나의 반응은 미지근했다. "그래?" 그런데 다음 날도, 그다음 날도 상한가에 도달했다며 여자 친구가 호들갑을 떠는 것이 아닌가? 당시 나는 주식에 들어간 돈을 게임 머니로 여기고 있었는지도 모른다. 현실세계와는 전혀 연동되지 않는, 그저 기분 좋은 숫자에 불과해 보였다.

게임 하는 사람들은 알겠지만, 게임 머니가 많아지면 기분이 좋아진다. 여자 친구가 계속 좋은 소식을 전하니 나도 관심이 생겨서 여자 친구 이야기를 듣게 되었다. 6,000원에 산 주식이 무상증자 권리락으로 2,000원이 되었다든가, 잠잠하던 주식이 어느 날부터 매일매일 상한가로 끝났다든가 하는 이야기였다. 나는 무상증자나 권리락 같은 단어에 뜻도 모른 채 같이 좋아해 주었다. 여자 친구가 좋아하니 나도 좋았고, 그 주식을 팔면 맛있는 걸 먹을 수 있는 게 아닌가?!

여자 친구는 주식을 팔지 않고 보유했다. 그 결과 계좌 속 금액은 계속 불어나고 있었다. 언젠가부터는 내 돈도 아닌데 다음 날 상황이 궁금했다. 운이 좋았는지 오르고, 또 오르고, 또 올랐다. 2,000원짜리 주식은 10만 원을 바라보고 있었고, 150만 원이던 계좌는 5000만 원이 되어가고 있었다.

이제는 나도 주식이 궁금해졌다. 게임을 오토로 돌리고, 아이템을 팔고, 아르바이트를 한다고 해서 벌 수 있는 금액이 아니었다. 더 이상 무시할 수 없는 큰 금액이었다. 솔직히 부러웠다.

나는 여자 친구 몰래 집 앞 증권사에 가서 계좌를 개설했다. 그리고 증권사 직원의 꼬임에 빠져서 그 자리에서 펀드도 가입했다. 한때 친구들이 중국 펀드가 잘 되고 있다며 자랑했지만 나와는 다른 세상 이야기라고 생각했다. 그런데 이제는 아니다. 스스로 친 철벽을 깨고 나왔다는 것에 만족했다.

계좌를 개설했을 뿐인데 뭔가 한 것 같았고, 나도 금방 부자가 될 수 있을 것 같다는 희망이 차올랐다. 나는 서둘러 계좌에 300만 원을 넣었다. 그런데 문제는 주식 투자를 한 번도 해 본 적이 없다는 데 있었다. 어떻게 시작해야 할지 몰랐다.

인터넷 검색을 하니 어려운 용어들뿐이었고, 주식 공부를 하자니 괜히 싫었다. 돈 욕심만 있을 뿐 노력은 하기 싫었다.

나는 팍스넷 종목토론방에 가서 종목 글을 읽어 보기로 했다. 그곳에는 한 방에 터질 만한 대박 종목, 급등주가 떠돌아다녔는데, 뭘 사도 얻어걸린다는 여자 친구의 말마따나 매수해 볼까 하다가 멈추기를 여러 차례 반복했다. 아르바이트를 하면서 모은 300만 원이 나에게는 너무도 소중했다. 안 사면 바보 같았지만 쫄보 그 자체라 상상 속으로만 매수를 했다.

그러던 어느 날, 상승률, 조회 수순의 게시글과 고수처럼 보이는 사람들이 적은 글을 꾸준히 읽어 온 나는 한 주라도 사 봐야겠다는 결심을 하고 드디어 매수 주문을 넣었다. 그런데, 웬걸! 주문이 성사되지 않았다. 당황해서 검색해 보니 주식시장은 9시에 개장해서 3시 끝난다더라.

나는 이름도 기억나지 않는 테마주를 다음 날 아침 9시에 1주 매수했다. 그리고 다음 날 기대감에 부풀어 확인했다. 결과는 하락. 나는 그날 또 다른 종목 1주를 매수했다.

한편 계속 오를 것 같던 여자 친구의 주식인 '에이치엔티'는 대주주의 매도 소식과 함께 급락하기 시작했다. 팍스넷 종목토론방 글은 마치 짠 것마냥 '지금이 기회!'라고 말했다. 그런데 나는 왠지 불안했고 더 떨어질 것 같아 여자 친구에게 팔라고 말했더니, 여자 친구는 자기가 차트 보는 법을 배웠는데 개미 털다가 반등할 거라며 지켜보라고 했다.

여자 친구는 150만 원이 약 5000만 원이 되었다가 800만 원으로 떨어진 시점에서 매도했다. (나중에 알게 된 사실이지만 에이치엔티의 대표는 국회의원이 되었고, 주가조작으로 구속되었다고 한다.) 결과적으로 수익을 얻었지만 여자 친구는 기뻐하지 않았다. 오히려 4000만 원 넘게 잃었다며 속상해했다.

1주씩 두 종목을 매수한 나는 여자 친구의 모습을 보며 더 이상의 연습은 무의미하다고 판단하고는 복수를 다짐했다. '내 기필코 멋지게 주식으로 수익을 내겠다!' 두 종목은 각각 급상승과 급락을 보였지만 1주씩이라 감정의 변화는 거의 없다시피했다. 이제는 실전에 돌입할 타이밍이었다.

나는 100만 원어치의 주식을 덥석 구매했다. 팍스넷 게시판에는 해당 주식이 내일부터 오를 것 같다고 말했다. 사실상 나의 첫 주식이자 작전주였다.

# 팍스넷에서 윌리엄 오닐에
# 이르기까지

　내가 산 종목은 항상 몇 퍼센트 올랐다가 급락을 했다. '다른 사람들 주식은 몇 백 퍼센트씩 오르던데, 내 주식은 왜 이러지?' 빨간색이 파란색으로 변하는 모습을 보니 잠시나마 수익이었던 금액이 아까워지기 시작했고, 나는 올라가면 팔 거라 다짐하며 다음 종목을 찾기 위해 팍스넷 종목토론방을 기웃거렸다. 나는 잡주들을 아무 생각 없이 사고 조금 오르면 팔았다. 정확하게 말하면 팍스넷에서 핫한 종목을 사서 2, 3퍼센트 수익 구간에서 팔았다. 너무 재미있었다. 게임하는 것마냥 도파민이 찾아들면서 계속하고 싶었다. 이때만 해도 나는 내가 주식 천재인 줄 알았다. 하루에 2, 3퍼센트면 한 달에 50퍼센트 수익이 날 수 있는 것 아닌가! 나는 조회 수, 거래량, 등락률 면에서 상위 종목만 봤다.

　그러던 어느 날, 주식이 급락했다. 비록 손해 구간이지만 주가는 반등할 것 같았고, 나는 본전에 다다르면 팔아야겠다고 생각했다. 주가를 본전에 다다르게 하기 위해 나는 주식을 계속해서 샀고, 그러다 보니 현금이 고갈되었다. 계좌는 여전히 파란색으로 물들어 있었다. 손실은 지속적으로 커져 갔다. 어느 순간 내가 할 수 있는 건 기도뿐이었다. 손해를 보고 판다는 것은 당시만 해도 상상할 수 없었다. 하늘은 무심하게도 내 기도를 들어 주지 않았고, 주식은 어느덧 재미없는 게임으로 변모했다.

'게임에도 공략집이 있듯이 주식에도 공략집이 있지 않을까?' 좌절해 있던 내게 정신 차리라는 듯 갑자기 이런 생각이 찾아왔고, 나는 곧장 서점을 찾았다. 나는 고민 끝에 어려워 보이는 주식 책은 제쳐 두고 가장 인기 있는 재테크 책과 그림이 많은 차트 책을 사서 돌아왔다. 그렇게 주식 책을 처음 읽었고, 얼마 후에는 다음 주식 카페에 가입했다.

주식 책은 내게 어떻게 매매해야 하는지에 대한 고민을 안겨 주었다. 책과 더불어 주식 카페를 기웃거리다 보니 뭔가 알 것 같았다. 일목균형표와 볼린저 밴드를 처음 알았을 때는 "유레카!"를 외쳤다. 머리 아픈 펀더멘털 분석과 달리, 기술적 분석은 재미있었다. 특히 책과 주식 카페에 사람들이 예시로 올려놓은 것을 보니 맞아떨어졌다. 그들의 수익 인증 글을 보니 미친 듯이 부럽고, 나도 따라 하면 돈을 벌 수 있을 것 같았다.

주식 카페의 차트 예시는 키움증권이라 나 역시 차트 매매를 위해 키움증권 계좌를 개설했다. 하나씩 대응해 보는 것이 너무 재미있었지만 타점과 기법이 많아도 너무 많았다. 주식 카페 고수가 설명해 준 타점과 패턴을 보고 전 종목 차트를 하나씩 살펴보면서 비슷한 것을 찾아보았다. 당시 나는 대학 졸업반이었는데, 졸업 작품보다 주식하는 것이 훨씬 재미있었다.

최대한 빨리 결과를 확인하는 스캘핑(순간 매매)과 데이 트레이딩(당일 매매) 위주로 매매하면서 주식을 게임처럼 즐겼다. RPG 게임 레벨 업 하듯이 열심히 달렸다. 그러나 내 계좌는 여전히 제자리였다. 벌다가 까먹고, 벌다가 까먹고를 반복했다. 차트 보느라 밤샐 정도로 노력을 많이 했는데 수익이 늘지 않았다.

당시 나의 주력은 인터넷에서 보고 따라 만든 조건 검색식을 통해 나오는 종목들 중에서 아침에 호가창이 번쩍번쩍하면서 매수세가 들어오는 것 같으면 따라가는 주도주 스캘핑 매매였다. 다른 조건은 딱히 없었다. 오전에 거래 대금 상위 종목 중에서 같은 섹터나 테마로 분류된 여러 종목이 5% 이상의 상승이 나오면 그중에서 가장 빠르고 강한 종목을 따라 샀다. 혹은 52주 신고가를 많은 거래량을 동반하며 갱신한 종목으로 상한가 따라잡기 매매를 했다.

며칠 보유하는 스윙 매매 시에는 많은 거래량을 동반한 장대양봉이 나오면 주가가 장대양봉에서 지지하는지를 확인한 후 눌림목매매를 했다. 매수 후에는 이동평균선을 따라서 사고팔고를 반복했다. 그 결과가 수익과 손실의 연속이었다. 일주일 연속으로 수익이 나면 '본격적으로 주식 투자만 해 볼까?' 하는 생각이 들다가도 어김없이 뇌동 매매 혹은 돌발 변수 등으로 인해 그 생각은 지워졌다. 주식 수익에 따라 감정의 기복도 심해졌다. 고작 주식 경력이 1, 2년인데 마인드 컨트롤이 잘 될 리 없었다. 게다가 내 기질 자체가 쉽게 흥분하는 스타일이었다.

더 이상 팍스넷에 의존할 게 아니라 검증된 책을 보는 게 맞았다. 그렇게 인터넷을 뒤져 보니 윌리엄 오닐이라는 인물의 'cup with handle' 패턴에 대한 이야기가 많기에 번역본인 『최고의 주식 최적의 타이밍』을 구매해서 읽었고, 그날 밤 나는 잠을 이룰 수 없었다. 〈매트릭스〉의 빨간약을 먹은 기분이었다. 게임처럼 보던 주식 차트 기법에서 새로운 사실을 발견했다.

그날부터 나는 컵을 찾아다녔고, 스캘핑, 데이 트레이딩에서 좀 더 긴 스윙으로 범위를 넓혔다. 그러나 여전히 중요한, 기업의 펀더멘털은 등한시했다. 책에는 CAN SLIM 이론과 그에 대한 사례가 주기적으로 등장했지만 정작 나는 그것을 이해하지 못했다. 사실 재무제표 숫자만 봐도 재미없었다. 직관적으로 보이는 차트와 달리 펀더멘털 분석은 뜬구름 같은 이야기처럼 느껴졌다. 더구나 인터넷에는 재무제표는 후행이며, 무엇보다 한국에서는 가치투자가 성립하지 않으니 리스크가 적은 트레이딩을 하라는 글이 많았다. 그때는 바보처럼 그 말이 일리가 있다고 생각했다.

좋은 책을 읽었음에도 대부분 이해하지 못한 나는 그림 맞히기 매매를 이어 갔다. 그저 매매하는 뷰만 조금 더 길어졌을 뿐이었다.

기억나는 게 첫 스윙 종목으로 선택한 것이 '영우통신'이었다. 친한

동생이랑 종목 이름이 같다는 이유에서였다. 이동평균선 정배열에 컵이 약간 보이는 것도 같았다. 정석은 주봉인데, 나는 내 마음대로 일봉과 분봉 위주로 보았다.

하나 더 이야기할 거리가 있다. 윌리엄 오닐의 책을 읽으며 잡주보다는 이익이 증가하는 우량주를 사야겠다는 생각이 들어 LG디스플레이를 매수했다. 이유는 문득 HTS를 보다가 내 모니터가 LG디스플레이인 것을 발견했기 때문이었다. 이름만 들어도 다 아는 종목이 우량주라고 생각했다.

불행 중 다행이라면, 매매를 나름 많이 했지만 그동안 큰 손실은 없었다. 인터넷에 워낙 손절하라는 이야기가 많아서 손절을 밥 먹듯이 했다. 수익도 1~2%, 손절도 1~2%의 스캘핑 매매를 자주 했는데 지금 생각하면 제대로 된 기준도 없이 불나방처럼 반복했을 뿐이었다. 거래량이 터지면서 상승률이 높아지는 종목들을 어떠한 기준도 없이 공략했다. 매일매일 컴퓨터 앞에 앉아서 매매했지만 제자리걸음이었다.

재료 매매 역시 열심히 준비했다. 새벽까지 미국 장을 보고, 다음 날 혹은 다음 주 재료가 될 것들을 정리했다. 정리하는 동안 열심히 살고 있다는 생각은 들었지만, 재료 일정대로 주가가 움직이는 경우는 드물었다. 어떤 종목은 선반영인 듯했고, 어떤 종목은 재료가 나와도 아무 움직임이 없었다. 꼭 내가 사는 것만 안 가는 것 같고, 모든 재료를 다 사자니 너무 분산되어서 의미가 없어 보였다. 매일 새벽까지 데이터를 정리하고 체크했지만 자산이 불어난다는 느낌은 전혀 없었다.

> 잠깐!

### 투자 구루들이 가르쳐 준 것

내 경우 자산을 불리는 데 있어 스몰캡과 집중 투자가 빛을 발했다. 시가총액이 적다고 나쁜 기업은 아니다. 오히려 그중에서 큰 성장이 나오는 기업이 생각보다 많았다. 투자 구루들이 아니었다면 나도 편견을 깨지 못했을 것이다.

스몰캡 종목으로 집중 투자를 한다는 것이 위험해 보일 테지만, 한편으로는 그만큼 리스크를 감내하고 아주 강도 높은 기업분석을 통해서 위험 대비 보상 비율을 매우 높게 올려 버릴 수도 있다. 이때 일시적인 평가 손실은 감수해야 한다. 트렌드를 따라 매매하는 것을 매번 할 수 없기에, 주기적으로 키 맞추기를 통해서 기회를 주는 시장의 성향과 자기가 투자한 회사를 믿고 지켜보는 것이다. 집중 투자지만 3~5종목, 게다가 각기 다른 산업군이기에 나름 서로 커버가 된다는 장점도 있다. 종목 수가 적은 만큼 비교를 통해서 더 좋은 종목을 선택해야 한다. 어설픈 종목은 애초에 배제하고, 안전 마진이 높거나 고성장이 나오는 종목을 선택한다. 마땅한 종목이 없다면 무리하지 않고 쉰다. 유동성이 높은 종목에서 만족할 만한 신규 종목을 스터디할 때까지 기다리는 편이다. 스터디해서 발견하더라도 바로 사기보다는 좋은 가격이 올 때까지 최대한 기다린다. 매수도 매도도 기다림의 연속이다.

대부분의 투자 자산은 꾸준히 우상향이 아니라 계단식 상승을 보인다. 갑자기 재미없던 종목들이 확 상승하곤 한다. 우리는 상승하는 시기를 알 수 없기 때문에 타이밍을 재기보다는 보유하는 쪽을 선택하는 것이 현명하다. 주식시장 자체를 봐도 70~80%는 횡보 또는 하락이며 나머지 20~30%가 상승장이다. 스몰캡과 집중 투자가 자산을 불리는 데 핵심이지만 여기에 레버리지까지 쓰면 실패할 경우 시장으로 돌아올 수 없다. 항상 우리는 실패할 수 있음을 인지해야 한다. 세 가지를 동시에 쓰는 일은 금기라고 생각해야 한다. 대부분의 깡통은 자기 확신에서 온다. 시장에서 아웃되는 사람들 대부분이 테마주, 잡주를 매매해서가 아닌 좋은 회사임에도 자기 확신으로 인한 과한 레버리지를 써서 아웃을 당한다. 돌발 변수는 예상할 수 없기 때문에 돌발이다. 언제나 실패할 수 있고, 그렇기에 재도전을 위한 준비를 꼭 하고 있어야 한다.

# 우량주에 대한
# 착각

　시간이 흘러 나는 전업 투자자 흉내를 내는 대학생에서 근로소득을 받는 직장인으로 변모했다. 자연스럽게 장중 대응을 할 수 없게 되었고, 일에 치여서 퇴근 후에 HTS를 켜서 차트를 보는 것조차 귀찮아졌다. 내겐 더 긴 시계열이 필요했다.

　그때 내 눈에 들어온 책이 피터 린치의 『전설로 떠나는 월가의 영웅』이었다. 나는 이 책을 보며 이마를 딱 쳤다. '이게 주식이구나! 이렇게 해야 하는구나!' 윌리엄 오닐 책을 보고 느낀 감정이 되살아났다. 나는 이 책을 보고 또 보았다. 솔직히 판타지, 무협지를 보는 것보다 재미있었다. 삼국지 같은 영웅의 이야기를 듣는 것 같았다.

　그러나 현실은 다르지 않았다. 주식 책 몇 권 본다고 없던 인사이트가 절로 생겨나지는 않는다.

고민 끝에 내가 고른 건 우량주였다. 돌이켜 보면 우량주가 아닌 대형주였고, 이름 있는 대형주는 안전하리라 생각했다. 회사를 다니는 동안 최소한의 생활비만 제외하고 급여의 대부분을 주식 계좌에 넣었다. 나는 '주식만이 내가 올라갈 수 있는 부의 사다리'라고 생각했다. 대학생 때는 돈이 없어서 아껴야 했지만, 직장인이 된 이후에는 반대로 돈을 쓸 시간이 없었다. 왜냐하면 게임 회사는 매일 야근 또는 철야 근무를 했기 때문이다. 심지어 버그를 이유로 주말에 출근하는 일도 잦았다. 비자발적 저축이었다. 나는 내 수명을 깎으면서까지 일을 했고, 통장에는 차곡차곡 돈이 쌓여 갔다. 나는 그 돈을 부지런하게 우량주라고 착각한 대형주 매매에 사용했다.

여기서 의문이 하나 생길 것이다. '회사에서 매매해도 되지 않나?' 그러나 내가 회사 생활을 할 때는 스마트폰이 탄생하기 전이었다. 즉 MTS라는 게 없었다. 나는 회사에서 전화로 주문을 넣었기 때문에 분할 매수 같은 것도 할 여유가 없었다. 내가 할 수 있는 건 현재가 혹은 시장가 주문뿐이었다. 물론 더 저렴한 가격에 살 수도 있었을 테지만, 나는 좋은 주식을 모아 간다고 좋게 생각했다. '우량주니까!' 대학생 때 차트 보면서 트레이딩할 때와는 다른 느낌으로 접근했다. 왠지 든든하고, 변동성도 적고, 신경도 덜 써도 되니 좋았다. 스스로 나도 이제 투기가 아닌 진짜 투자를 한다고 착각했다. 열심히 사 모으기만 하면 자연스럽게 우량주들은 나와 함께 성장할 것이라 생각하며 꿈과 희망을 펼쳤다.

인터넷상에서 유명한 고수들의 분석 글을 보기 시작했고, 그러는 사이 셋톱박스를 만드는 토필드가 매력적으로 보여서 대형주를 제외한 나머지 자금은 토필드 매수에 사용했다. 바로 그때, 2008년 리먼 브라더스 사태가 터졌다. 삼성전자를 제외한 모든 종목이 하한가를 기록했다. 도무지 멘탈을 부여잡을 수 없었다. 수명을 깎으면서 모은 돈으로 주식을 샀는데 폭락한 것은 물론이고 대응조차 할 수 없다니! 일이 손에 안 잡혔다. 물론 지금에 비하면 적은 금액이지만 그때는 너무 충격을 받았다. 안전하다고 느낀 우량주들도 하락할 때는 급등 테마주와 다를 바 없었다. 세상이 망할 것 같았고 뉴스에서는 안 좋은 내용만 나왔다. 나는 공포에 휩싸였고, 적은 금액이라도 건져야 한다는 생각에 투매에 동참했다. 눈물을 머금고 매도한 금액은 원금의 1/4밖에 되지 않았다. 이것만이 내가 오를 수 있는 부의 사다리라는 생각으로 미래를 기대하며 제대로 한 번 써 보지도 못하고 모은 돈이 먼지처럼 사라졌다. 모든 것이 후회되고 재미없어졌다. '차라리 그 돈으로 맛있는 거 사먹고 여행이나 즐길걸!' 세상이 너무 싫었고 스스로를 원망했다.

당시 나는 시장 경제 같은 변수는 생각하지도 못했다. 테마주, 급등주가 아니라면, 즉 우량주만 꾸준히 사 모은다면 시간이 걸릴 뿐이지 상승할 거라고 생각했다. 처음엔 시장을 탓하고 이후에는 나라를 탓했지만, 더 적극적으로 공부하지 못했던 나에 대한 원망이 가장 컸다. 가치투자를 한 적도 없었지만, 누구 말마따나 우리나라에서 가치투자는 더 이상 미래가 없다고 생각했다. 돈이 있어야 뭘 해 볼 수 있는데, 지금 내겐 아무것도 없었다. 다시는 주식을 하지 않겠다고 다짐했다. '남자라면 모름

지기 포부와 비전은 있어야 하는 게 아니냐는 여자 친구의 말에 속아 괜히 아까운 돈을 잃었구나.' 나는 인증서를 지우고, 주식 책과 재테크 책을 쓰레기통에 넣었다.

# 심기일전, 다시 주식시장으로!

시간이 흐르자 주식시장도 회복했고, 뉴스에서도 희망적인 이야기가 나오고 있었다. 인증서를 삭제했음에도 귀가 팔랑거려 도저히 참을 수가 없었던 나는 이번에야말로 주식을 제대로 해 보겠다고 다짐했다.

기존에 가진 생각―직장인 월급만으로는 아무것도 변화하지 않으며 나는 그런 뻔한 월급쟁이의 삶을 살 수 없다―이 지배적이었다. 심지어 게임 프로그래머는 수명마저 짧아서 치킨집 트리를 탈 운명처럼 여겨졌다. 대신 같은 실수를 반복하지 않기 위해 이번에는 심기일전하여 주식 공부를 해 보고자 했다.

그렇게 2009년이 되어서야 '주식차트연구소'와 '가치투자연구소' 카페를 들락거리며 언급하는 책들을 하나씩 보기 시작했다. 『증권분석』, 『현명한 투자자』 같은 두꺼운 책은 물론이거니와 기술적 분석 책과 펀더멘털 분석 책을 구분 없이 읽었다(『증권분석』, 『현명한 투자자』 모두 당시에는 결국 완독에 실패했다). 독서량이 늘면서 주식에 대한 최소한의 이해도가 올라갔다. 더불어 책을 읽으면 읽을수록 그동안 내가 주식시장을 몰라도 너무 몰랐다고 느꼈다. 각각의 책에는 좋은 내용이 너무나 많았다. '일찍이 제대로 책을 읽었다면 3년이라는 시간을 허비 안 했을 텐데' 하는 아쉬움도 들었다.

그날부터 여자 친구와 나는 함께 주식을 공부했고, 주식 스터디에도 함께 나갔다. 하지만 돌이켜 보면 그냥 잡담하고 밥 먹는 모임에 지나지 않았다. 주로 이런 대화가 오갔다. "어떤 테마가 어떻고, 어디서 들었는데 뭐 오른다더라." 진지하게 개똥 같은 이야기를 공유하며 (가치투자가 아닌) 같이 투자를 했다. 모임은 즐거웠지만 지식이 쌓이는 스터디는 아니었다. 그럼에도 즐거웠고, 그중 몇 분은 아직까지 인연을 이어 가고 있다. 통계의 오류일 수도 있지만 포기하지 않고 꾸준히 투자한 그 초보분들은 대부분 경제적 자유를 달성했다.

부산 주식 스터디에서 만난 동갑내기 친구는 당시 1억 이상을 투자하고 있었는데, 어느 날 모임에 명품 가방을 들고 오더니 새로 샀다며 자랑했다. 구찌라는 브랜드를 알게 된 순간이었다. '어! 저 가방 나도 있었는데 알고 보니 내 가방은 짭이었구나!' 부끄럽고 부러웠다. 새로운 세상이 열리는 것 같았다. 우리 부모님이 평생을 일해서 모은 저축액이 1억 원인데, 내 또래가 그만한 시드 머니를 가지고 주식을 한다니! '평생을 벌어야 모을 수 있는 큰 금액으로 시작하면 앞으로 얼마나 돈을 더 모으게 될까!' 나는 마냥 그가 커 보였고, 대단하다고 생각했다. 그때까지도 스노우 볼이니 복리니 말로만 들었을 뿐이었다. 100만 원을 투자해서 1억 원을 만든다는 생각을 해 본 적이 없었다. 나는 그저 1억 원 같은 큰 시드 머니가 있어야 한다고만 생각했다.

  1억 원이라는 시드 머니를 만들어야겠다는 목표를 정하고 더 열심히 공부했다. 재미없었지만 그때부터 증권사 리포트를 꾸준히 보았다. 하지만 사람 마음이 참 간사한 게, 차근차근 정석 투자로 돈을 불리기보다는 더 빠른 길을 가고 싶어 한다. 나 역시 투자 방향은 정했지만, 쉬이 실천으로 이어지지 않았다. 1원이라도 더 빨리 벌고 싶은 욕심이 바탕에 깔려 있었다.

  어느 날 여자 친구의 전화를 받았다. 자기가 ELW라는 것을 알게 되었는데 공부해 보니 괜찮아 보인다는 것이다. 그녀는 100원짜리 지수 콜을 2,000원치 장 시작과 동시에 매수하고, 당일 2만 원을 벌었다고 자랑했다. (절대 오타가 아니라 2,000원 단위 맞다!) 그녀는 아주 좋은 것을 알아낸 것 같다며 이러저러한 건데 이러쿵저러쿵 하면 된다면서 장밋빛 미래를 보여 주었다. 다음 날 투자금의 2배인 5,000원치나 살 거라면서 나보고도 사라고 했다. 그러나 나는 ELW를 해 본 적이 없어서 어떻게 해야 할지 모른다고 했고, 그녀는 본인이 5,000원을 빌려주는 셈치고 내 몫까지 총 1만 원치 투자해서 수익금이 생기면 반 나눠서 퇴근길에 주겠다고 했다. 다음 날 여자 친구는 ELW 지수 콜을 자기 돈으로 만 원치 샀고 13만 원을 벌어서 나에게 현금으로 6만 원을 주었다. 내가 한 거라고는 전화받아서 5,000원 빌려주겠다는 여자 친구의 말에 "알겠다"고 대답한 게 다였으나 내 손에 갑자기 꽁돈 6만 원이 생겼다. 그 길로 나는 ELW와 파생 책만 여러 권을 사서 공부를 시작했다.

공부하다 보니 파생 시장이 너무 재미있어졌다. 돈이 부족한 나에게는 새로운 세상이었다. 선물 옵션 ELW 등을 골고루 배우기 시작했다. 파생 시장이 상당히 매력적으로 보였다. 책으로 알게 된 맥쿼리 증권 이사님에게 Q&A 메일도 자주 보냈다. 이래저래 살펴보다가 맥쿼리 ELW 지표에 오류를 발견하고 수정해 줄 것을 요청하기도 했다. 여자 친구에게 그 사실을 말했더니 멋지다며 계속 공부해 보라고 부추겼다.

적극적으로 파생 시장에 빠져들던 어느 날 내 길이 아니라는 걸 직감했다. 당시 나는 파생 관련 책뿐만 아니라 가치투자 책도 함께 읽고 있었는데, 파생 시장보다는 주식 투자, 특히 가치투자에 더 마음이 간 것이다. 파생 시장은 제로섬 게임인데 가치투자는 플러스섬 게임이라는 점이 매력적이었다. 나는 투자자, 그중에서도 가치투자자가 되고 싶었다. 그냥 가치투자 자체가 선망의 대상이었다.

당시 내가 직장인이었던 것도 이유 중 하나였을 것이다. 아마 꾸준히 파생 매매를 했다면 나 스스로를 컨트롤할 수 없어서 깡통을 차지 않았을까 생각한다. 스스로 마인드 컨트롤하는 것이 중요한데 당시 나는 그러지 못했다.

> 잠깐!

## 주식 스터디

나는 주식 스터디를 하는 것을 적극 권장한다. 지금도 나는 매월 5개 이상의 주식 스터디에 참여하고 있다. 지금의 나를 만들어 준 것은 주식 스터디가 5할 이상이라고 본다. 실제 매매나 기업을 보는 눈 등을 나는 주식 스터디를 통해서 배웠다.

주식 스터디마다 다르겠지만 대부분은 종목 스터디로 각자 기업을 공부하고 발표한다. 발표 준비를 하는 과정에서 기업에 대한 이해도가 올라가고, 다른 사람의 발표 종목을 들으면서 투자 포인트와 투자 관점 등을 배울 수 있다. 또한 Q&A를 통해서 내가 놓쳤던 부분이나 중요하게 체크해야 할 것들에 대해서 알 수 있다. 물론 스터디에 참여하면서 제대로 공부하지 않은 채 종목 동냥만 하러 다닌다면 아무 소용이 없을 것이다. 다른 사람이 발표한 종목의 투자 포인트에 공감하고, 해당 종목을 내가 다시 공부하며 확인하는 과정을 통해 내 것으로 만드는 것이 중요하다. 이것이 진정한 스터디다. 의미 없는 베팅은 시간 낭비일 뿐이며 껄무새—살걸, 팔걸—만 될 뿐이다. 이왕이면 다 홍치마로 이력이 오래된 스터디에 참여하거나 반대로 막 만든 신생 스터디에 참여하는 것이 좋다. 신생 스터디는 열정이 넘쳐서 최선을 다하게 된다는 장점이 있다. 분위기가 제일 중요하다. 신생 스터디에 규칙 등을 이야기해 줄 수 있는 경험 있는 리더가 있다면 더 좋을 것이다. 차트 스터디나 시스템 트레이딩 스터디는 장기간 유지하는 데 있어 어려움이 있을 수 있다. 특히 매매 타점과 로직은 공유할수록 엣지가 줄어들어서 시간이 지날수록 핵심은 없고 껍데기만 남은 스터디가 되는 편이다.

이왕이면 산업, 기업 스터디를 통해서 배우는 것이 좋다고 생각한다. 스터디의 분위기에 따라 다르겠지만 함께 탐방도 가고, 컨퍼런스 콜도 가고, 박람회도 가면서 의견을 교류하는 스터디가 좋다고 생각한다. 주식 스터디는 앞으로 같이 갈 투자 동반자들을 고르는 것과 같다.

- **스터디 지원**

  내 경우 주로 가투소(가치투자연구소)에서 공개 모집을 하거나 블로그, 텔레그램을 통해서 수시 모집을 한다. 모집하는 사람의 이력, 스터디의 분위기를 파악해서 내가 원하는 스터디인지를 체크하는 것이 좋다.

- **스터디 관련 준비**

대부분의 스터디는 모집 시 자기소개서와 기업분석 자료를 요청하는 편이다. 이왕이면 평소에 블로그나 텔레그램 등을 통해서 인지도를 높이는 것이 유리하다. 나만 해도 블로그 기록을 통해 그 사람의 레퍼런스를 쉽게 확인할 수 있다는 점에서 긍정적으로 보는 편이다.

자기소개서는 말 그대로 자기 자신을 어필하는 것이다. 일반 회사의 이력서가 아니라 주식 스터디 관점에서의 자기소개서이다. 당연히 과거 투자 이력과 투자 모임에 어필할 수 있는 내용이 서술되어 있어야 한다.

- **주중? 주말? 지역별 스터디**

스터디에 따라 크게 주중과 주말로 나뉜다. 아무래도 평일 스터디는 직장인 참여가 어려워서 주말 스터디가 많은 편이다.

전업 투자자나 시간적 여유가 있는 자영업자 혹은 회사랑 가까운 곳에서 하는 평일 스터디가 주말 스터디보다 더 적극적이고 유리해 보이지만 이는 케이스 바이 케이스다. 한 가지 팁이라면 유부남의 경우 미래를 위해 주말 스터디 하나쯤은 꼭 하는 것이 좋다. (웃음)

- **주의해야 할 스터디**

주식 스터디는 학술적인 성향이 강하다. 당연히 스터디비는 1/N이지만, 상식적인 수준을 넘어선 비용을 요구하는 곳이 더러 있다. 이런, 스터디 자체가 방장의 비즈니스 모델인 곳은 배제해야 한다.

또한 유사 투자자문(리딩)을 목적으로 불순한 의도를 가진 스터디도 있다. 일반 스터디인 척 속이고 접근하는 곳도 있기 때문에 조심할 필요가 있다.

계속 인원을 충원하는 스터디도 문제가 있다. 많아야 한 달에 1, 2번 모이는데 계속 인원을 충원한다는 것은 내부적으로 문제가 있다는 뜻이다. 인원이 지속적으로 교체되는 곳으로 보인다.

주로 테마주 이야기를 하고, 누구 수익률이 얼마고 누가 뭐 많이 샀다더라 같은 이야기를 나누는 스터디라면 역시 피하는 것이 좋다. 가족 같으면서도 지킬 것은 지키고, 다양한 분위기의 종목들이 언급되는 곳이 좋다. 특정 자산주나 너무 내러티브한 종목, 특정 섹터에 쏠림이 심한 곳은 조심해야 한다.

- **기타**

  스터디는 나와 생각이 다른 다양한 투자자의 뷰를 배우고자 찾는 곳이다. 분야별로 현업에 있거나 전문가들이 있기 때문에 전문성 또한 나쁘지 않다. 스터디에 따라 다르지만 공용 펀드를 운영하는 곳이 많다. 기록을 남기고 적극적으로 운영하는 곳일수록 많은 배움이 있다.

  COVID-19 이후 온라인 스터디도 많아졌기 때문에 장소에 구애를 받지 않아도 된다. 다만 좋은 스터디일수록 지원률이 생각보다 높다. 탈락하더라도 좌절하지 말고 다양한 주식 스터디에 지원해 보자!

# 가치투자에
# 매료되다

　시간이 흐를수록 차트 투자의 비중은 적어지고 가치투자의 비중은 늘어났다. 직장인으로서 트레이딩을 하는 데 한계를 느낀 게 가장 큰 이유였다. '엘리어트 파동이론' 등을 공부했지만 적용하는 데 어려움을 겪었다. 코에 걸면 코걸이, 귀에 걸면 귀걸이 느낌이었다. 후행적으로 엘리어트 파동이론을 대입했을 때는 딱 맞았는데, 실시간으로 대입해 보려고 하니 파동의 시작과 끝을 어디로 봐야 할지를 결국 파악하지 못했다.

　프로그래머 출신인 나는 정형화된 것을 선호하는 편이었다. 국내 주식 차트 책에 나오는 매매 기법으로 시뮬레이션을 하고 직접 매매를 시도했는데 생각보다 수익이 나지 않았다. 아쉽게도 그때는 시스템으로 통계를 뽑아 보지는 못했고, 대신 눈 백테스트(과거 시뮬레이션)를 해 보고 엑셀에 수기로 기입하면서 수익이 날 것 같으면 실매매로 적용해 보려고는 했다. 그렇게 하나둘 반복하면서 수익이 나지 않는 매매 기법은 폐기시켰다.

차트 트레이딩 관련 책을 수십 권 읽었지만 '딱 이거다' 하는 매매 기법을 찾지 못했다. 책에 기준이 정의되어 있지 않았기 때문에, 나 스스로 판단할 때 매수 기준에 약간 못 미친다고 생각하면 어김없이 미끄러지곤 했다. 무엇보다 힘들었던 점은 장중에는 잘 안 보이던 것이, 퇴근하고 집에 가서 HTS 보면서 정리해 보면 보였다는 것이다. 이는 어쩌면 회사에서 장중 매매를 한다는 것이 얼마나 어려운지를 일깨워 주는 하나의 이야기인지도 모른다. 매매 기법 자체도 거의 오픈되지 않았지만, 그렇다고 해서 내가 새로 만들기에는 능력이 되지 않았다. 트레이딩을 하고 있지만 여전히 나는 원리를 이해하지 못하고 있었고, 그저 기법만 보는 사실상 반쪽짜리 매매만 주구장창 했다. '언제 사서 언제 팔끼?' 이런 것만 고민하는 바보 같은 매매 말이다.

나는 당시 직장인의 특성상 주도주 종가 베팅이나 눌림목매매로 스윙을 하곤 했는데, 엇박자를 타는 경우가 많았다. 물론 대형주, 엔벨로프, 하단 매매 등도 했는데, 수익을 잘 쌓아 가다가 꼭 한 번씩 반등 없이 지옥으로 가는 종목이 나왔다. 조건검색식을 이용해 종목을 골랐는데, 유독 내가 고른 종목만 오르지 않곤 했다. 그 결과 열심히 화장실에서 매매하는 노력까지 했음에도 불구하고 생각보다 수익을 내지 못했다.

반면 가치투자를 하고자 매수한 종목들은 느리지만 꾸준히 수익을 쌓아 갔다. 시장도 폭락 이후 상승장이어서 투자 성과가 나름 양호했다. 특히 2009년이 그랬는데, '발로 해도 버는' 시장이어서 들고만 있어도 수익이 났다. 즉 사고파는 것보다 그냥 들고 있는 것들이 수익을 더 많이 냈다.

시장이 좋았을 뿐인데 내 실력이 좋아진 것이라 착각하고 자만심을 주입한 나는 금방 부자가 될 꿈을 꿨다. 힘들게 사고파는 것보다 그저 들고 있는 게 더 많은 수익을 낸다는 걸 깨달은 나는 그렇게 트레이딩보다 가치투자 비중을 늘렸다.

이 시점부터 외국 고전 책을 많이 들여다보았고, 국내 시장과의 괴리감을 느꼈다.
'작은 국내 시장에서 외국에서처럼 가치투자를 할 수 있을까?'
수익은 나고 있었지만 보다 빨리 많은 돈을 벌고 싶었던 나는 주식을 더 잘할 방법을 계속해서 생각하고 있었다. 당구를 처음 배울 적에 눈만 감아도 당구공 굴러가는 게 보였는데, 이때도 다르지 않았다. 하루 24시간 주식 생각뿐이었다. 수익이 나는 게 눈에 보이니 주식이 더 재미있었다. 옆에서 아무리 동기부여를 해도 꼼짝도 안 했던 나인데 금융 치료를 받으니 공부가 더 하고 싶어졌다.

그러던 어느 날 서울에서 나름 인지도 있고 투자에 성공한 사람들과 번개로 만날 기회가 있었다. 나는 서울로 올라가기 전날 밤 잠을 이루지 못했다.

'어떤 질문을 해야 하지? 어떻게 말하지? 내 질문에 부담을 느끼지는 않을까?'

수없이 곱씹으며 설레는 마음을 추스르느라 바빴다.

그러나 막상 만나고 나니 이런 부담감은 금세 사라졌다. 결국 공통 관심사는 주식이었고, 그들의 이야기를 들으면서 그동안 답답했던 내 궁금증이 모두 풀렸다. 내 문제는 PER, ROE, PBR 등 현재 지표에 너무 집착한 데 있었다. 분명 책에서는 미래를 예상할 수 없기 때문에 미래를 추정하는 행위는 좋지 않고 현재 나와 있는 재무제표를 기준으로 판단하라고 했는데, 투자에 성공한 많은 분은 오히려 미래(EPS)에 대해서 이야기를 했다. 나는 그들과의 만남에서 EPS를 추정한 후에 투자하는 것이 어렵지만 효율성이 좋다는 것을 몸소 느꼈다.

그날 이후로 나는 투자로 성공한 사람들의 말을 더 듣고 싶어서, 생각보다 자주 서울에 올라갔다. 그 과정에서 당시 우상이었던 좋은습관 님과 남산주성 님 등을 만났다. 책과 실전이 다르다는 뜻이 아니다. 다만 대면해서 이야기를 나눴을 때 마음에 더 와닿았다.

나는 만남 이후 선배들의 충고대로 규칙적으로 증권사 리포트를 읽으며 일주일에 최소 1개 기업의 사업보고서를 읽고자 했다. 그때 '밸류스타'라는 가상 펀드 사이트가 있었는데 거기서 언급되는 상위 종목들 위주로 사업보고서를 읽고 하나씩 엑셀로 정리했다. 왜 네임드들이 이 기업을 픽했는지를 생각하다 보니 나만의 데이터베이스가 만들어지기 시작했다. 투자의 편린을 살짝 들여다보는 기분을 느꼈다.

어느 순간부터는 퇴근 후 매일 새벽까지 사업보고서와 리포트를 읽었다. 이해를 못해도 우선 자기 자신과의 약속을 지키기 위해 읽고 정리했다. 단순하게 읽을 때는 몰랐는데 엑셀로 정리를 하니까 한눈에 보이고 데이터가 쌓여 가는 게 느껴졌다. 이전과 달리 좋은 가격이 올 때까지 매수를 참는 습관도 형성되었다. 기다리는 게 쉽지 않았지만 공부할수록 주식시장이 어렵다고 느껴져서 쉬이 손이 나가지 않았다.

 잠깐!

### 기업 스터디

주식 투자자라면 기본적으로 주식 책을 읽어야 한다. 책은 간접 투자를 경험할 수 있는 최고의 수단이기 때문이다. 직접 경험하면서 배우는 게 당연히 좋지만, 실수할 경우 자산이 줄어든다는 리스크가 너무 크다.

책 다음으로 좋은 수단은 리포트다. 우리나라의 경우 증권사에서 애널리스트들이 산업 리포트를 주기적으로 발행한다. 가격도 무료다. 개별 기업을 분석하는 것도 중요하지만 그에 앞서 산업 자체를 알 필요가 있다. 산업 리포트를 통해 어떻게 돌아가는지, 어떤 용어를 쓰는지 등을 파악할 수 있다. 초심자일수록 주기적으로 나오는 위클리보다 페이지 수가 많은 산업 리포트를 통해 산업의 구조를 익히는 걸 추천한다. 위클리를 통해서는 산업의 현재 상태 정도만 체크하자.

어느 정도 산업 리포트를 숙지했다면 본인이 가장 이해하기 쉬운 산업에서 개별 종목의 사업보고서를 읽어 본다. 전자공시시스템 홈페이지에 들어가면 확인할 수 있다(dart.fss.or.kr). 보통은 본업과 관련된 산업을 제일 잘 알겠지만, 특별히 없다면 B2C 제품군을 가진 회사들의 산업이 이해가 빠를 것이다. 혹은 생활하면서 접하는 음식료, 가전제품, 화장품, 의류 등 소비재를 선택해 보자. 회사 분석을 위한 사업보고서를 읽는 것이 아니기 때문에 꼼꼼하게 볼 필요는 없다. 단순하게 사업의 내용을 읽어 보고, 제품을 파는 방식과 매출에서 포지션이 어느 정도인지 정도만 체크한다.

이때 명심할 것은 깊게 보면 안 된다는 것이다. 물론 사람에 따라 다르겠지만 보통은 지치기 마련이다. 이 작업을 하는 데 있어 중요한 것은 포기하지 않고 꾸준히 하는 것이다.

같은 산업군에 있는 기업들의 사업보고서를 읽고, 엑셀에 정리하며 기업 간 비교를 해보자. 단순하게 사업보고서를 읽었을 때 보이지 않았던 회사가 비교를 거치면 경쟁력 있는 회사로 보일 것이다. 이때 회사의 매출과 영업이익에 영향을 주는 요소가 무엇인지도 적어 놓으면 좋다. 이 정도만 해도 산업을 하나하나 본다고 말할 수 있다. 좋은 기업을 찾기 위해 분석하는 것이 아니라 산업을 이해하기 위한 분석이기 때문에 공부 차원에서도 매우 긍정적인 접근이다.

대부분의 투자자는 가치투자는 기업을 깊게 분석하기 때문에 나름 확신을 가지고 투자한다고 착각한다. 그러나 진실은 완전히 반대편에 있다. 처음부터 좋은 기업을 찾을 수 없으며, 그렇기 때문에 가재를 잡기 위해 돌을 다 들어 봐야 하는 것처럼 많이 해 보는 것이 중요하다. 돌을 많이 들다 보면 언젠간 가재가 나타나듯이 좋은 기업도 수많은 반복 작업을 거쳐야만 찾아낼 수 있다. 이 과정이 익숙해지면 어디쯤 가재가 서식하고 있을지에 대한 개념이 생긴다. 기업분석의 관점에서 말하면 기업을 보는 눈이 생기는 것이다. 수박 겉핥기라고 할지라도 산업이 어떻게 돈을 버는지 흐름을 파악한다면 사이클이 돌아올 때 해당 산업에서 돌멩이를 들어 올릴 수 있을 것이다. 이는 지루하지만 필수로 해야 하는 작업이다. 시간이 지나면 엑셀에 정리한 것들이 은혜 갚은 까치로 변해서 돌아온다는 사실을 기억하고 꾸준히 하자!

# CHAPTER 02

# 주식 투자 전략에 완성은 없다

# 새로운 세계를
# 마주하다

과거에는 어설프게 주식 담당자와 통화는 했지만 탐방까지는 가 볼 생각을 못했다. 어떻게 해야 할지 너무 막막했고, 직장인이라 월차를 써야 하는데 날짜를 맞추기가 쉽지 않았다. 마침 좋은습관 님, 벼라별 님 등이 부산에 있는 기업들을 탐방 간다고 해서 배울 겸 동행을 부탁했다.

처음 탐방을 간 회사는 피팅 밸브 만드는 곳이었다. 이 경험으로 용기를 얻었고, 부산 스터디 멤버들과 탐방을 가기 시작했다. 처음이 어렵지, 막상 해 보니 할 만하다고 느꼈다. 그렇게 나는 좀 더 적극적인 투자자로 변화하기 시작했다.

그사이 나는 지식과 자산을 불려 처음으로 1억 원이라는 시드 머니를 만들었다. 나에게 1억 원이라는 돈은 너무 크고 의미 있었기에 기분이 좋았다. 앞서도 언급했듯이 리먼 브라더스 파산 때 자산이 초기화되었고, 대부분의 급여를 주식에 투자해 왔다. 지식이 적음에도 이토록 빠르게 1억 원을 만들 수 있었던 건 전적으로 시장 덕택이었다. 나는 이 사실을 알고 있었고, 주로 스크리닝(특정 조건 필터)을 통해서 미래 가치보다는 현재 가치에 중점을 둔 저평가 종목들을 샀다. 대체로 저PBR(주가/주당순자산) 회사들과 저PER(주가/주당순이익) 회사였다. 지금은 구경할 수 없는 PER 1~2짜리 회사도 많았다.

2009년 말, 스마트폰인 아이폰이 국내에 출시되었다. 새로운 세상이 열렸다! 항상 무엇이든 새로운 것을 알아본 여자 친구는 나에게 스티븐 잡스의 책을 주면서 스마트폰 s/w 개발이라는 특명을 내렸다. 나는 그렇게 앱 개발의 매력에 빠져들었다.

그 즈음 서울 투자 모임에서 만난 지인에게 연락이 왔다. 주식 투자 어플리케이션을 만들어서 사업화해 보자는 것이었다. 나는 괜찮은 아이디어라고 생각했고, 지인은 이왕 하는 거 서울로 올라오는 게 어떻겠느냐며 상경을 부추겼다. 스타트업이라는 게 부담스러웠지만 서울에 있으면 주식을 더 편하게 할 수 있을 것이고, 보험 판매 같은 캐시카우도 있으니 생활비를 걱정할 필요도 없다고 스스로를 설득했다. 물론 혼자 결정하기에는 너무 큰 변화였기 때문에 투자하는 지인들에게도 의견을 물어보았다. 신기한 것이 전업 투자자들은 대부분 말린 반면, 직장인들은 대부분 찬성했다. 마음속으로 이미 답을 정한 상황에서는 듣고 싶은 이야기만 들리기 마련이다. 아무 계획도 없었지만 스타트업보다는 그저 전업 투자를 하고 싶었다.

　기업 탐방 횟수가 늘어날수록 지방에 산다는 것이 나를 옥죄는 요소가 되었다. 왜냐하면 마음에 드는 회사는 대부분 서울/경기권에 있었으니까. 서울에 가면 더 주식을 잘할 수 있을 것 같았다. 근거 없는 자신감이었다. 덤으로 성공한 전업 투자자들을 더 쉽게 자주 만날 수 있고, 그들을 통해 가르침을 받을 수 있다는 것이 너무 매력적으로 느껴졌다. 마침 직장 생활이 힘들고 재미없어졌을 무렵이었다. 인생의 큰 기회가 온 것 같아 심장이 요동쳤다.

　결국 나는 병행하며 준비하라던 여자 친구의 만류에도 불구하고 잘 다니던 회사를 그만두고 여자 친구와도 헤어진 후에 서울로 혼자 올라왔다. 첫 서울 생활지는 압구정 사무실 근처 고시원이었다. 장중에는 매매를 조금 하고, 장이 끝나면 코딩을 하면서 어플리케이션을 완성시켰다. 최초의 주식 관련 어플리케이션이라 다운로드 순위는 금방 올라갔지만 문제는 상용화 수익 구조였다. 빨리 만든다는 것에 포커스를 맞춘 탓에 상세 계획을 세우지 않은 것이다. 상용화는 실패했고, 나는 비자발적으로 전업 투자자를 가장한 백수가 되어 버렸다.

　갑갑한 고시원 생활을 견딜 수 없었던 나는 돈을 쥐어짜서 작은 원룸을 구했다. 보험 영업 판매도 해 보고자 했는데 원체 영업력이 없는 터라 별 소득이 없었다. 기껏 가치투자 공부를 열심히 해 놓았는데 현실의 벽에 부딪힌 나는 생활비를 벌고자 다시 트레이딩을 시작했다. 복리의 마법이 없어진 채로 생활비를 매달 투자금에서 인출하는 것이 싫었다. 다시금 장중에 HTS를 보는 생활로 돌아오니 쓸데없는 매매가 늘고, 자연스럽게 뇌동 매매 횟수가 많아졌다. 조급함은 계속해서 실수를 불러일으켰고, 욕심을 절제할 수 없었다. 계획 없이 앞만 보고 직진한 나 스스로를 원망했지만, 그렇다고 부산으로 돌아가거나 새로운 회사에 취직할 마음은 없었다. 투자를 더 잘하겠다고 서울에서 올라왔지만 가치 투자가 아닌 트레이딩을 하고 있으니 탐방 갈 시간은 부족했고, 다른 투자자들을 만나는 빈도도 오히려 부산에 있을 때와 차이가 없었다. 결국 나는 전업 투자자를 가장한 백수였다. 남는 건 시간뿐이었다.

조급함 때문인지 잘 될 것 같았던 트레이딩은 제자리걸음이었다. 좀 벌다가 다시 미끄러지는 경우가 많았다. 이때는 투자 모임을 나가는 것마저 부끄러웠다. 준비가 안 된 채로 전업 투자를 시작한다는 것이 얼마나 무모한 것인지 몸소 느꼈다.

언젠가 이런 내 상황을 투자 모임에서 이야기했더니 선배가 분기 실적 모멘텀 플레이에 대한 이야기를 했다. 나 역시 들어는 봤으나 다음 분기를 예측한다는 것이 쉽지 않아서 적용하지는 않던 차였다. 선배는 내게 구체적으로 방법을 설명해 주었고, 설명을 들으니 나도 충분히 할 수 있을 것 같았다. 기약 없는 트레이딩보다는 더 해 볼 만하다고 느꼈다.

그때부터 나는 시간을 갈아 넣었다. 그동안 분기 실적 모멘텀 플레이는 남들보다 빨리 캐치해야 하는 턴어라운드(흑자 전환) 주식 혹은 탐방이나 주식 담당자와의 통화 등을 통해 내부자 정보가 있어야 한다고 생각했는데, 사실은 실적이 이미 잘 나온 회사를 추적 관찰하다가 다음 분기 때까지 실적이 잘 나오면 공략하는 것이었다. 즉 주가의 움직임은 적은 대신 실적은 좋아서 후반영(PEAD: Post Earnnings Announcement Drift) 될 만한 회사를 찾는 작업이었다. 혹은 원자재 등의 가격 변동으로 레깅(원자재 투입 시차에 따른 마진)이나 전방 산업 체크를 통해 실적 추정이 비교적 쉽지만 상승하지는 않은 회사를 공략하는 것이었다. 마침 후반영 회사가 많아서 수익을 얻는 날이 많아졌다. 시간 가치에 따라 다르지만 주가는 결국엔 실적에 맞춰서 움직인다는 점에서 나는 더 적극적으로 분기 실적 모멘텀 플레이를 활용했다.

🏔️ 잠깐!

## 기업 탐방과 주식 담당자와 통화

기업 탐방에 환상을 가진 투자자가 많은데, 탐방은 필수가 아닌 선택일 뿐이다. 과거에는 적극적인 투자자들이 상대적으로 적고 컴플라이언스 이슈 등이 민감하지 않은 낭만의 시대였기 때문에 발품을 팔아서 노력한 만큼 효율이 좋았다. 하지만 지금은 굳이 탐방이 아니어도 많은 컨퍼런스 콜과 IR로 정보를 얻을 수 있다. 그래서 필수가 아닌 선택이라고 말하는 것이다. 물론 주식 담당자와 얼굴을 보고 이야기하면 심리적으로 안정감을 얻을 수 있다는 장점은 있을 것이다. 더불어 그들은 1, 2시간 정도 오롯이 탐방을 온 사람을 위해 쓴다.

탐방은 회사의 조심스러운 비밀 이야기를 들으러 가는 곳이 아니다. 내가 스터디한 내용이 맞는지를 확인하고 추가로 놓친 부분이 있는지를 체크하기 위해 가는 것이다. 시간 측면에서 효율이 훨씬 좋은 주식 담당자와의 통화를 적극적으로 활용하자.

- **탐방에 대한 TIP**

    개인 투자자가 탐방 일정을 잡는 일은 쉽지 않다. 아무래도 회사 입장에선 개인 주주보다는 기관 투자자를 선호할 수밖에 없다. 아쉬운 문화긴 하지만 반대로 생각하면 이해도 된다. 주식 담당자를 일반 회사원이라고 생각하자.

    탐방 일정을 잡을 때는 다음의 뉘앙스를 풍기면 안 된다.

    > 어디 회사의 누구누구 혹은 개인 주주 누구누구인데 A 회사에 관심 혹은 궁금한 점이 있어서 전화드렸습니다. 혹시 탐방 미팅이 언제쯤 가능하실까요?

    이렇게 물어보면 보통 e-mail로 보내라고 하거나 거절한다. 이런 경우에는 포기하지 말고 최대한 주식 담당자와 통화로 Q&A를 해야 한다. 그리고 다음 날 또 전화해서 '어제 전화한 누구누구인데' 하면서 Q&A를 진행한다. 이렇게 며칠 반복하면 주식 담당자도 나라는 사람을 인식하게 되고 탐방을 받아 줄 가능성이 높아진다. 혹은 기관투자자들과 탐방을 가는 편도 좋다. 증권 계좌를 개설할 때 담당 브로커나 PB를 설정하고 리테일을 통해 탐방을 잡을 수 있다.

    탐방은 회사의 IR 자료를 보면서 설명을 듣고자 가는 게 아니다. 회사에 대해 1, 2시간 안에 궁금한 점을 다 물어봐야 한다. 따라서 탐방 가기 전에 Q&A 목록을 만들어 놓는 것이 중요하다.

나의 경우 혼자보다는 두 명이 갔을 때 공백 없이 질문할 수 있었다. 주식 담당자도 직장인이다 보니 공격적으로 취조하는 모양새를 취하기보다는 회사 칭찬도 하고 주식 담당자 개인의 인센티브 걱정도 같이해 주면서 대화로 풀어 나가는 것이 좋다. 중소기업의 경우 대부분의 주식 담당자는 겸직이다. 일부 분야는 모를 수 있다고 생각해야 한다. 주식 담당자는 재무, 영업부 등 여러 부서의 이야기를 취합해서 투자자에게 전달하는 입장이다. 모른다면 실망하지 말고 주식 담당자에게 알아볼 수 있는 시간을 주고, 그 기회를 활용해서 앞으로 연락할 수 있게끔 인연을 만들어 놓는 것이 좋다.

주식 담당자와의 통화도 마찬가지다. 한 번에 다 물어보고자 하면 주식 담당자의 대답도 점점 단답형이 된다. 또한 사업보고서에 있는 내용을 물어보면 주식 담당자도 같은 내용을 반복하는 것이기에 싫어할 수밖에 없다. 탐방은 1, 2시간 동안 만나는 일종의 약속이지만, 주식 담당자 통화는 불시에 전화를 받는 것이라 주식 담당자도 용무 중에 받았을 가능성이 높다. 따라서 길게 통화하기보다는 미리 만들어 놓은 질문지를 통해 최대한 빨리 중요한 질문들을 하고, 다음에 또 연락하는 것이 더 효율적이다. 이때 혹시 주식 담당자의 톤(뉘앙스)이 바뀌었는지도 체크하면서 적극적인 투자자라는 것을 어필할 필요가 있다. 자주 통화할수록 주식 담당자도 마음을 연다. 필수적으로 체크해야 할 것은 매출, 영업이익에 영향을 줄 수 있는 변수들이다. 아는 변수를 다 물어보고, 혹시나 놓친 변수가 없는지 체크해야 한다. 그렇게 영업이익이 좋아졌다면 왜 좋아진 것인지, 구조적인 성장인지를 파악하는 것이다.

코로나 이후 온라인 컨퍼런스 콜(코퍼레이트 데이 등)이 많이 증가했다. 매우 긍정적이다. 다만 온라인 컨퍼런스 콜은 보통 개인 투자자보다는 기관 투자자 대상이다. 우리나라의 가장 아쉬운 문화이기도 하다. 컨퍼런스 콜이라고 해서 아주 특별하지는 않지만 일부 정보의 비대칭이 여기서 생기기 때문이다. 외국처럼 컨퍼런스 콜 이후 스크립트를 다 공개하면 좋은데 아직까지 국내에서는 컨퍼런스 콜 이후 스크립트를 다 공개하는 회사가 상대적으로 적다. 그래서 최대한 법인 담당 브로커와 관계를 가지거나 리테일 브로커를 통해서 참여 신청을 해 본다. 혹은 담당 애널리스트에게 신청할 수도 있다.

- **컨퍼런스 콜을 체크해 볼 수 있는 곳**
  - 각 증권사 법인 브로커
  - 한국IR협의회(https://www.kirs.or.kr/)
  - 기업공시채널(https://kind.krx.co.kr/)

이 밖에 IR 대행사에 가입을 하면 IR 일정을 체크할 수 있다.

잠깐!

## 분기 실적 모멘텀 플레이

실적 시즌에 맞춰서 실적이 이미 잘 나온 종목을 우선 스크리닝한다. 분기 실적을 YoY(작년 동기 대비), QoQ(전 분기 대비)로 체크하고, 개별주만 실적이 좋아진 것인지 섹터 전체가 좋아진 것인지도 확인한다. 사업보고서에서 실적이 잘 나온 이유를 유추하기 어렵다면 주식 담당자와 전화 통화를 한다.

나는 가능하면 애널리스트들이 커버하지 않는 스몰캡(Small Capital, 중소형주) 종목군을 우선순위로 본다. 혹은 커버하더라도 3M(3개월) 이상 새로운 EPS(주당순이익) 추정치가 없어서 시장에서 소외받을 법한 회사를 선택한다. 실적 발표 이후에는 주가의 움직임을 체크한다. 이외에도 실적 발표 이후 상승했다가 일정 부분 내려온, 다음 분기 실적 기대감이 없어진 종목이나 실적은 좋게 나왔지만 회사의 신뢰성 문제로 상승이 없는 종목을 살핀다.

분기 실적 모멘텀 플레이는 지금 당장 매수해서 수익을 내는 것이 아니라 다음 분기 호실적을 예상하고 매수하는 것이다. 이왕이면 개별 종목보다는 섹터 전체가 호황인 종목이 움직임이 더 좋다.

내수 시장은 규모가 작기 때문에 폭발적인 성장이 나오는 경우가 적다. 즉 대부분의 의미 있는 실적은 수출에서 나오는 편이다. 그래서 해외 전방 산업들의 움직임과 실적 체크를 지속적으로 해야 한다. 내 경우 산업별로 해외 컨퍼런스 콜 스크립트를 주기적으로 체크한다(해당 기업 홈페이지에서 conference call 다운로드).

월별로는 수출입 데이터를 체크한다(HSCODE).

- 관세청 수출입 무역 통계(https://tradedata.go.kr/cts/index.do)
- K-Stat 무역 통계(https://stat.kita.net/newMain.screen)
- TRASS 무역 통계(https://www.bandtrass.or.kr/)

10일 단위로 체크하면 잔파도에 흔들릴 수 있다. 월별 또는 분기별로 체크하는 게 좋다. 사업보고서가 나오면 수주 잔고와 리드 타임을 확인한다. 나는 리드 타임은 짧으면서 수주 잔고가 높은 회사를 공략한다. 작년 대비 분기 실적이 좋아야 하기 때문에 작년에 별로였고 올해 좋아지기 시작하는 회사 위주로 살펴본다(기저 효과 기대). 적자에서 흑자로 턴어라운드한 회사는 생각보다 난이도가 높다. 예상치 못한 돌발 변수가 꼭 나온다.

많은 회사가 구조적인 성장이 아닌 고정비 절감 등으로 일시적으로 턴어라운드를 한다. 불필요한 지출을 줄이는 것도 중요하지만 기본은 매출 성장이다.

증권사 애널리스트 컨센서스가 상향되는데 주가 움직임이 없는 종목도 살펴본다. 커버하는 증권사가 많을수록 신뢰도가 올라가며, 추정 기간은 짧을수록 좋다.

분기 실적 모멘텀 투자의 핵심은 새로운 것을 찾는 것이 아니라 후반영되는 주식을 찾아보는 것이다. 호실적이나 어떤 호재성 이슈가 나왔지만 주가가 상대적으로 오르지 못했거나, 상승했지만 제자리로 돌아와 버린 종목들을 공략하는 것이 핵심이다. 모래사장에서 바늘 찾듯이 새로운 실적을 예상하는 것이 아니기 때문에 생각보다 난이도가 낮다. 그만큼 후반영 회사가 많은 편은 아니다.

10년 넘게 지켜본 결과 분기마다 이런 현상이 나오는 종목은 항상 있다. PEAD 이론은 학계에서 연구된 지 오래된 개념이다. 1985년 버나드와 토마스의 연구를 시작으로 지속적으로 언급되고 발표되었다. 후반영이 생기는 이유는 여러 가지가 있겠지만 제일 큰 것은 신뢰성 문제이다. 스몰캡에서 생기는 정보의 비대칭과 소외 등으로 제대로 반영되지 못하고 이런 현상이 발생한다.

시장은 비정상적이기 때문에 가치와 가격 간 괴리감이 생겨서 가치투자도 가능하다고 생각한다. 결국 시간이 지날수록 주가는 적정가치로 회귀하기 때문에 충분히 가능한 전략이라는 생각이다. 다만 적정가치를 찾아가는 기간 안에 어닝 모멘텀이 소실하기도 하기 때문에 일시적인 성장보다 구조적인 성장일수록 안전 마진이 높다고 보면 된다.

# 스마트폰이라는
# 패러다임의 등장

　나는 평균 2~3개월이라는, 어떻게 보면 짧고 어떻게 보면 긴 스윙을 시작했다. 실적 시즌에 맞춰서, 즉 1년에 4번만 생고생하면 되는 매매법이었다. '담배꽁초 투자'라는 네이밍은 한 번 빨고 버린다는 데서 유래되었다. 당시는 지금처럼 실적 알림 어플리케이션(AWAKE)도 없어서, 후반영 기업이 생각보다 많았다.

　나는 실적 시즌에는 잠을 줄이기로 했다. 마침 남는 건 시간이었기 때문에 최대한 주식 담당자와 통화하면서 확신과 회전률을 높였다. 탐방 역시 필요에 따라 좀 더 적극적으로 다녔다. 때는 바야흐로 2010년. 안드로이드 스마트폰 시장이 개화되면서 부품주들이 호황이었다. 그동안 투자 선배들과의 만남을 통해서 스몰캡과 집중 투자에 대한 중요성을 인지한 나는 계좌에 네 종목 이상 들고 가지 않는 집중 투자를 하며 빠르게 계좌를 불려 나갔다. 하반기에는 키움증권, 대우증권 실전투자대회에도 참가해 상을 받았다. 분기 실적 모멘텀 플레이와 차트 트레이딩 모두에서 양호한 성과가 나왔다.

안정감을 느끼니 자연스레 조급함이 사라졌고, 반대급부로 수익이 불어났다. 매매법은 크게 달라지지 않았다. 그저 마인드가 바뀌었을 뿐이었다. 나는 스몰캡 위주의 투자와 소외된 종목 중 어닝 서프라이즈를 기록한 종목들을 매매했고, 주가는 나의 기대에 보답했다.

한 모금(분기)만 빨고 버리는 매매를 했지만 구조적인 성장이 한 분기에 그치지 않고 지속적으로 나오는 회사들은 홀딩했고, 그 결과 나는 자연스럽게 1, 2년 들고 가는 비교적 짧은 성장주 투자자가 되었다. 그렇게 나만의 투자 방법이 형성되었다.

리먼 브라더스 파산 이후(2009년)에는 시장이 좋아서 계좌를 더블로 찍었고, 2010년에는 스마트폰 부품주가 호황을 이룬 덕분에 계좌를 복리로 더블에 더블을 찍었다. 나는 2011년에 여자 친구와 결혼을 하면서 더 빠르게 벌고 싶은 욕심이 생겼다. 더 많은 기업을 체크하고자 컴퓨터 앞에 앉아서 매매하기보다 주식 담당자와 통화하고 탐방 가는 것에 집중했다. 솔직히 트레이딩으로 거둔 성과는 일정하지 않았다. 여전히 실력이 부족하여 수익을 내다가 나도 모르게 꼭 한 번씩 뇌동 매매를 해서 미끄러지는 순간들이 있었다. 항상 후회하고 다음번엔 그렇게 하지 않겠다고 다짐했지만 조절하지 못했다. 대부분 내가 정한 규칙을 지키지 못할 때 실패로 이어졌다. 그 외는 그냥 매매하고 싶어서 진입하거나 갑작스러운 돌발 호재 등에 의해서 급등할 때 나도 모르게 손이 따라가는 경우였다. 계속 실패만 하면 멈췄겠지만 수익이 날 때도 있어서 멈추지 못했다. 나의 트레이딩은 복불복이었다.

스스로 절제하지 못한다는 것을 인지한 나는 HTS를 보지 않고자 노력했다. 가치투자로 접근한 종목들은 트레이딩과 다르게 꾸준히 수익이 쌓이면서 승승장구했기 때문이다.

여러 이유로 탐방의 횟수가 늘어나면서 트레이딩 비중은 갈수록 줄어들었다. 탐방하고자 이동하는 일이 잦다 보니 매매할 시간 자체가 없었다. 그렇다고 성장가치주 투자 비중을 늘리기에는 스스로 확신이 더 필요했다. 모니터에서 보는 사업보고서가 아니라 직접 내 눈으로 확인하며 확신을 가지고 싶었다. 더불어 A 회사가 양호해 보여서 갔는데 경쟁 회사인 B 회사도 가야 할 것 같은 상황이 늘어났다. 이것이 탐방의 횟수가 늘어난 결정적인 이유였다. 어쩌다 보니 선순환 구조가 되었다.

섹터별로 탐방을 가는 게 구조를 이해하는 데 있어 더 효과적이었다. 인터넷 사업보고서의 글로만 보는 것보다 얼굴 보고 이야기하면 이해가 더 잘 되는 것도 이유 중 하나였다. 그때 내게 남는 것은 시간뿐이었기 때문에 이동의 불편함은 있었지만 아깝지 않았다. 아는 회사가 늘어나면서 지인들의 소개도 이어졌고, 술자리도 많이 불려 나갔다. 새로운 사람들과 만나서 이야기하는 게 너무 즐거웠다.

그 전부터 레버리지는 조금씩 썼지만 결혼하고 나서는 욕심 때문에 레버리지 비중을 급격하게 늘렸다. 결혼 전과 결혼 후에 느끼는 부담감은 차이가 컸다. 주식으로 성과가 나오고 있으니 더 빨리 레버리지를 써서 벌고 싶었다. 그러나 당시의 나는 독이 든 성배인 레버리지를 제대로 쓸 줄 몰랐고, 빠르게 버는 만큼 한 종목만 실패해도 손실이 컸다.

나는 결혼 초기에 사조해표 레버리지 투자로(다국적 기업 카길의 투자 소식과 원재료 레깅) 한 번의 큰 손실을 보았지만 2012년 스마트폰의 호황 덕분에 다행히 금방 복구했다. 과거에 모베이스, 이랜텍, 케이엠더블유 세 종목을 주력으로 보유한 적이 있는데 세 종목 전부 상한가를 가는 날도 있었다. 처음 겪는 일이었다. 그만큼 호황이었고 좋은 시장이었다.

기존에 피처폰을 쓰던 사람들이 거의 대부분 스마트폰으로 교체했

그림 2-1 모베이스 일간 차트(12.08~13.03)

다. 부품주들은 매 분기 호실적을 갱신했고, 순차적으로 이익률이 좋은 회사부터 큰 시세를 주기 시작했다. 카메라, PCB 등에서 휴대폰 케이스 부품주까지 상승할 정도로 호황이었다. 패러다임이 변화할 때는 급하게 움직일 필요가 없다. 미래를 예측하면 더 좋을 테지만, 생활에서 느끼고 판단해도 늦지 않다. 개별 몇 개 기업의 성장이 아닌 산업 자체의 성장이기 때문이다. 사이클도 생각보다 길다.

### 잠깐!

## 스몰캡 투자

대형주의 경우 다수의 애널리스트가 커버하기 때문에 어닝 서프라이즈 확률이 상대적으로 낮고, 상승률 역시 높지 않다. 반면 스몰캡의 경우 슬리피지(주식 거래 시 주문 가격과 실제 체결 가격 사이의 차이) 등의 걱정으로 인해 소외주가 많고, 대형주에 비해 저평가 구간이 많다. 자금이 크면 스몰캡 투자 시 유동성 부분에서 문제가 되지만, 자금이 30억 이하라면 분할 매수를 통해 충분히 스몰캡 투자를 해 볼 만하다(자금이 커도 커버 종목군이 늘어나면 충분히 가능하다).

스몰캡 트레이딩은 매매를 자주 하는 트레이더들에게는 거래량이 나오지 않기에 적합하지 않지만, 가치투자자에게는 부담이 적어 추천할 만하다. 다만 예상할 수 없는 리스크가 한 번은 찾아오기 때문에 그에 따른 분산 투자, 현금 관리, 헤지 등의 리스크 관리가 꼭 필요하다. 스몰캡은 예상할 수 없는 돌발 악재나 시장 리스크에 의해 매도를 해야 할 때 엄청난 슬리피지로 인해 추가 손해가 발생한다. 이처럼 큰 단점도 있지만 그보다 더 많은 장점을 가지고 있기 때문에 구더기 무서워서 장 못 담그는 실수를 하지 말기를 바란다.

스몰캡은 중소기업이 많아서 진빙 신입의 영향을 많이 받는다. 2차, 3차 밴너들이 많은 편이다. 그래서 상대적으로 추적 관찰이 더 편하다. 전방 산업만 잘 체크해도 후순위로 움직이기 때문에 예측과 대응이 쉽다.

또한 생산하는 품목이 제한되어 있어서 기업분석에 용이하며, 스몰캡이 해당 분야에서 리더가 될 경우 폭발적인 성장이 나올 수도 있다. 폭발적으로 성장하여 시가총액이 많아지면 자연스럽게 기관의 컴플라이언스 이슈를 벗어나면서 기관의 진입도 가능해진다. 기관이 진입하면 그만큼 거래량도 자연스럽게 증가하기 때문에 회사가 추정한 것처럼 성장만 제대로 한다면 스몰캡이라도 매도할 때 큰 문제가 없다.

스몰캡을 두려워하지 말자. 오히려 스몰캡은 개인 투자자가 누릴 수 있는 장점 중 하나다. 다들 미국 투자를 긍정적으로 보지만, 미국 중소형주 투자는 쉽지 않다. 우리가 한국에서 누릴 수 있는 정보의 우위를 다 포기하고 비대칭이 없는 미국 중소형주를 투자하는 것은 쉽지 않은 결정이다. 특히 상하한가 제한이 없어서 높은 변동성으로 큰 코 다칠 수도 있다.

### 잠깐!

## 집중 투자

'계란을 한 바구니에 담지 말라'는 격언이 있다. 분산 투자를 통해서 안전 마진을 확보하라는 말이다. 그러나 자금이 적을 때일수록 분산 투자는 실효성이 떨어진다. 통계상으로도 20종목 이상 보유하는 것은 리스크 헤지에 큰 의미가 없다. 분산하면 집중 투자에 비해서 상대적으로 안전하지만 시장 리스크로 인해 하락할 경우에는 분산 투자를 하든 집중 투자를 하든 결과는 사실상 동일하다.

분산 투자는 큰 수익보다는 지키기 위해서 필요하다. 충분히 자금 여유가 생겼을 때 슬리피지 때문에 어쩔 수 없이 자연스럽게 분산하는 것이다. 즉 충분히 자금 여유가 생기기 전까지는 집중 투자를 해야 한다.

보통 집중 투자라고 하면 한 종목에 모든 자금을 투입하는 걸 떠올리는데, 그렇지 않다. 집중 투자는 3~5종목 투자를 말한다. 여기서 추가로 유념해야 할 것은 각각 섹터는 달라야 한다는 것이다. 한 섹터에 집중 투자를 할 경우 레버리지 효과는 아주 크지만, 반대로 돌발 변수가 찾아들 경우 모든 종목이 손절로 끝날 수 있다. 실패했을 때 다시 일어날 수 있을 정도의 분산 투자가 섹터 분산이라고 생각하면 될 것 같다.

집중 투자를 하는 만큼 더 깊게 스터디하고 확신을 가져야 한다. 그만큼 더 보수적으로 생각하고 가볍게 투자 대상을 정하면 안 된다. 다른 기업보다 더 성장하거나 더 저평가라 안전 마진이 높거나 촉매제가 많아서 트리거가 될 종목이 투자 대상 후보다. 내가 선택할 수 있는 것들 중에서 최고를 선별해야 한다.

가치투자자가 시장에서 아웃되는 배경에는 대체로 무리한 레버리지와 자기 확신이 있다. 완벽한 종목은 존재하지 않는다. 나는 소수의 집중 투자가 큰돈을 벌수 있는 지름길이라고 생각하는 편이다. 하지만 그만큼 기업분석 강도를 더 타이트하게 해야 한다. 집중 투자는 초과 수익을 낼 수도 있지만 초과 손실을 얻을 수 있다는 점을 반드시 기억해야 한다.

# 드디어 경제적
# 자유 달성!

　스마트폰이라는 큰 패러다임 덕분에 나의 주식 계좌는 스노우 볼처럼 불어나기 시작했다. 하드웨어를 시작으로 SW까지 바람이 불었고, 선데이토즈 같은 텐 배거 갈 뻔한 종목도 매매를 했다.
　이 즈음에는 장중 매매 횟수도 현저히 줄였다. 나는 하루 일과의 대부분을 탐방으로 보냈는데, 많을 때는 4, 5곳을 몰아서 가기도 했다. 이동 시간을 줄이기 위해 같은 지역에 있는 회사들 탐방 일정을 같은 날 잡았다. 가기 전에 Q&A 목록을 만들고, 다녀와서 탐방 내용을 정리하는 작업을 반복하다 보니 자연스럽게 머릿속에 기업들의 내용이 입력되었다.
　아침에 나가서 밤늦게 집에 돌아오는 날이 많아졌다. 시간의 효율성을 따진다면 사업보고서 보고 주식 담당자와 통화하는 것만으로도 충분했지만, 그때는 투자를 위해서 탐방을 간 것이 아니라 탐방을 위해서 탐방을 갔다. 전 종목 탐방을 가겠다는 쓸데없는 목표가 있었기 때문이다. 그 행위를 통해 '열심히 살고 있구나' 하고 느끼고 싶었던 것 같다. 물론 다시 그렇게 살라고 하면 절대 못할 것 같다. 정말 치열하게 살았다. 그렇게 몇 년간 미친 듯이 탐방을 다녔다.

 탐방을 많이 다니면서 아는 회사도 많아졌고, 그러면서 주식 스터디도 모임도 늘어났다. 나의 멘토였던 좋은습관 님, 느린거북 님, 일신우일신 님, 압구정교주 님 등과 스터디도 같이했다. 스터디를 하고 탐방도 같이 다니면서 내 실력도 늘었다. 혼자 생각하고 투자할 때보다 더 깊은 고민을 하게 되었고, 내게 어떤 면이 부족한지, 어떤 것들을 중점적으로 봐야 하는지를 열심히 배우고 터득했다. 집단지성의 힘은 대단했다.
 밥 먹고, 커피 마시고, 술 마시며 나눈 주식 이야기는 서로에게 영감과 자극을 주며 같이 성장하는 계기가 되었다.

 그렇게 나도 경제적 자유를 달성했다. 특별함보다 포기하지 않는 꾸준함으로 온 우주의 기운을 끌어당긴 것 같았다. 정말 후회 없이 열심히 살았다. 하루 24시간 주식 생각만 했다. 비교를 통해 최대한 좋은 회사들을 샀고, 산 주식은 시간이 지나면서 상승했다. 최대한 종목 풀을 넓히고자 국내 상장사 대부분은 직접 탐방을 다녀왔다. 그저 회사를 믿고 반복적으로 투자했을 뿐인데 복리의 마법으로 경제적 자유를 달성했다. 작은 시장 리스크들이 중간 중간 나오긴 했지만 다행히 리먼 브라더스 파산 같은 큰 위기는 없었다. 지수는 지루한 박스권이었지만 개별 종목에선 문제가 없었다. 성장하는 회사들은 박스권 시장에서도 주가가 상승했다.

차화정같이 대형주 장세도 있었고, 바이오주들만 움직이는 시장도 있었고, 2차전지만 움직이는 시장도 있었다. 그런 와중에도 성장하는 저평가 회사들은 결국 제 가치를 찾아서 평균 회귀하는 데 성공했다. 그러나 단 한 번도 투자가 쉽다고 생각하지 않았고, 공부할수록 더 알아갈수록 투자는 어려웠고 변수가 많았다. 항상 주변 투자자들이 우는 소리를 했는데 그럴 만한 이유가 있다고 느꼈다. 처음 주식할 때 PBR의 시장에서 PER로 옮겨가고, 다시 PEG의 시장으로 가고, 이제 PDR의 시장으로 갔다가 아예 한국장은 안 된다고 한다. 15년 전에도, 10년 전에도, 5년 전에도, 1년 전에도 한국에서 가치투자는 하면 안 된다고 하는 사람은 있

그림 2-2 KOSPI 주간 차트(2008~2024)

었다. 하지만 포기하지 않고 꾸준히 가치투자를 한 누군가는 계속 돈을 벌고 있다. 안 된다고만 하는 부정적인 이야기들만 피해도 투자에서 반은 성공했다고 본다.

 잠깐!

**나는 어떻게 투자할까?**

기업의 존재 가치는 무엇일까? 아마 대부분은 수익 창출이 목적일 것이다. 목적이 수익인 만큼 좋은 회사란 수익을 많이 내는 회사일 것이다. 현재도 수익을 많이 내고, 앞으로도 수익을 많이 낼 것 같은 회사에 투자하는 것이다. 왜 수익이 많이 나는 회사에 투자해야 할까? 회사가 돈을 많이 벌면 기본적으로 배당이 늘어나며, 주주 환원으로 자사주 소각 등 다양한 정책을 펼칠 수 있기 때문이다. 잉여금으로 M&A 등 신규 사업 진출도 도모할 수 있다. 이런 활동으로 주식의 가치는 더욱 상승하게 된다.

주식이라는 것은 결국 기업의 자기자본에 대한 소유권이다. 그래서 투자자들은 앞으로 돈을 많이 벌 것 같은 회사를 선호한다. 만약 꿈만 꾼 상태, 즉 너무 먼 미래의 이야기 같으면 테마주로 불릴 것이고, 실적이 가시화되는 모양새라면 성장주로 불릴 것이고, 꿈이 실적으로 이어진다면 가치주로 불릴 것이다.

돈을 많이 번다는 말은 곧 EPS(주당순이익) 성장률이다. 내 기준에서는 첫째도 EPS 성장, 둘째도 EPS 성장, 셋째도 EPS 성장이다. (EPS만 우선시하는 것처럼 이야기했지만 매출, 영업이익, 순이익 등도 체크해야 한다. 만약 순이익만 체크한다면 일회성 이익, 회계적 이슈 등의 문제가 있다.) 성장하지 못하는 회사는 회사의 존재 가치가 훼손된 것이다.

나는 EPS 성장을 통해 상방을 확인하고, 베팅 비중 조절을 위해 하방을 확인한다. 하방은 안전 마진이다. 가격적인 안전 마진, 청산 가치 안전 마진, 배당에 대한 안전 마진, 밸류에이션에 대한 안전 마진 등 종류가 다양하다. 안전 마진이 높을수록 손실의 위험도는 낮아지며, 그만큼 더 많은 비중을 실을 수 있다. 아쉽게도 안전 마진과 성장은 같은 방향을 바라보지 않는다. 즉 우리가 투자해야 할 시점은 안전 마진과 성장이 적당한 타협점을 찾아서 교차되는 지점이다. 싸고(저평가) 좋은(성장) 회사는 유니콘 같은 존재로 찾을 수 없다.

따라서 우리는 적당하게(밸류에이션) 좋은 회사를 찾아야 한다. 모든 것은 넘버스(실적) 기반이며, 그 위에 내러티브(스토리)가 담긴다.

나는 스크리닝을 통한 기업 발굴은 하지 않는 편이다. 과거의 마법 공식이나 조셉 피오트로스키(Piotroski) 평가 같은 퀀트 투자를 할 때나 적용한다. 내가 가장 먼저 체크하는 항목은 글로벌 경기에 가장 영향력이 큰 나라인 미국의 시장 상황이다. 그날 지수가 상승하는지, 하락하는지가 아닌 산업의 흐름을 지켜본다.

산업의 흐름은 주가의 방향이 아니라 컨퍼런스 콜의 스크립트를 통해서 확인한다. 살펴보는 산업 또는 종목은 전적으로 우리나라의 기업들이 수혜를 받아 실적이 개선될 수 있는지 여부에 따른다. 보통은 매크로를 제외한 Top Down으로 산업에서 종목으로 살펴보는 편이다. 즉 미국 전방 → 국내 전방 → 하청 업체 다음으로 개별 종목을 살펴본다.

또한 분기 실적 측면에서 어닝 서프라이즈를 발표한 회사 위주로 살펴본다(후반영: PEAD). 이때 구조적인 성장인지 일회성 이익인지를 따져 볼 필요가 있다. 반대로 분기 실적에서 어닝 쇼크가 나온 회사들도 살펴보는데, 이 역시 지속적인 악재인지 일회성 악재인지를 체크한다. 만약 하반기에 턴어라운드 하는 기업이라면 다음 해부터 관심을 가진다. 보통 턴어라운드를 하면 당장은 밸류에이션이 나오지 않는다.

나는 이왕이면 1분기에 서프라이즈가 나온 회사를 선호하는데, 회사들은 연말 혹은 연초에 사업계획서를 만들기 때문에 컨센서스의 반영이 1분기 때 가장 빠르게 반영되기 때문이다.

나는 사이클 투자도 좋아한다. 시클리컬(cyclical, 경기민감주)처럼 업황 부진으로 더 이상 나빠질 것이 없고, 앞으로 개선될 여지가 보이는지를 체크한다.

크롤링을 통해 관심 있는 특정 키워드 뉴스는 지속적으로 확인하는데 쇼티지(공급 부족), 품절, 급증, 감산, 과잉 등이 그 예이다. 캐파(capa) 증설 완공 일정, 신제품 출시 등 촉매제가 되는 일정은 달력에 적어 놓는다.

투자 아이디어는 자연스러운 것이다. 투자라는 것이 생활 속에 들어오게 되면 내가 보고 느끼고 생각하는 것들이 자연스럽게 투자와 연결이 된다. 처음에 연결이 잘 안 되는 이유는 기업을 모르기 때문이다. 그래서 지루하더라도 기업보고서를 읽어 보고 정리하는 습관을 가져야 한다.

신규 사업 등으로 인해 멀티플 리레이팅(multiple re-rating, 동종 업계 평균값의 상향)을 기다리는 회사들에는 투자하지 않는다. 멀티플 리레이팅은 개인의 판단보다 시장의 판단이 더 중요하기 때문에 생각보다 시간이 많이 필요하다. 주식 스터디 등을 통해서 다수가 멀티플 리레이팅을 공감할 때만 긍정적으로 본다.

성장이 아닌 구조 조정 등으로 판관비를 축소시켜서 턴어라운드 하는 회사들은 확실한 이익 개선이 보일 때까지 지켜본다. 나는 홀짝 투자를 선호하지 않는다. 뚜껑(결과)을 무리하게 열어 보고 싶지 않다. 또한 CEO의 행적이 나빴거나 자금조달이 잦은 회사는 보지 않는다. 주주 활동을 전혀 하지 않는 보수적인 회사의 경우 투자하기 전에 한 번 더 고민한다. 승계 등의 이슈로 IR을 하지 않는지, 회사가 IR에 대해 자각하지 못하는지 역시 확인하고 투자한다. IR에 대해 자각하지 못하는 회사는 주주총회에서 적극 건의하는 편이다. 승계나 터널링(지배 주주의 사익을 위해 회사 이익을 빼돌리는 행위) 등의 거버넌스 이슈가 있는 회사는 따로 체크해서 해결 이후에 모니터링한다. IR에 적극적이고 주주 친화적인 정책을 많이 하는 회사일수록 긍정적으로 본다. 그러나 갑자기 IR을 열심히 한다면 자금조달 이슈가 있을 수도 있다.

성장성이 2% 부족하더라도 압도적으로 저평가 상태라면 투자할 수도 있다. 평균 회귀(mean reversion)에 따라 압도적으로 저평가라 평가받는 회사는 결국 적당하게 싼 회사로 변한다. 반대로 안전 마진이 부족해도 압도적인 성장을 보인다면 투자할 것이다. 다만 안전 마진이 부족한 만큼 비중을 보다 타이트하게 가져간다. 두 개를 비교하면 기간 대비 수익률은 압도적으로 성장하는 회사가 높다. 하지만 비중에서 차이가 나기 때문에 수익금으로 본다면 비슷하다.

# 가치투자에서 시스템 트레이딩으로

　어느 날부터 기계처럼 가던 탐방을 멈췄다. 항상 옆에서 든든하게 지지해 주던 아내의 건강에 문제가 생긴 게 그 이유였다. 탐방에만 몰두하던 나는 놓치고 있는 것에 대해 생각하게 되었다.
　'이렇게 사는 것이 과연 행복한 삶인가?'
　직장인보다 더 바쁘게 노력하는 내 모습이 스스로 기특했지만 쉴 때가 되었다고 느꼈다. 자금의 여유가 생긴 것도 이유 중 하나였지만, 많은 기업을 탐방 가면서 비슷비슷한 회사 내용을 듣다 보니 더 이상 예전처럼 재미있지 않았다. 알아가는 재미가 떨어지고 설렘이 줄어들었다. 투자에는 분명 도움 되는 행동이었지만, 결정적이라거나 시간 대비 효율이 좋지는 않았다. 주식 담당자와 하는 통화만으로도 충분했다. 개인적으로 주식 담당자와의 통화는 필수지만 탐방은 선택이라고 생각한다.

탐방을 멈추니 개인 시간이 늘어났고, 이 시간의 대부분은 가족과 보냈다. 물론 탐방만 멈췄을 뿐이지, 나의 투자는 계속되었다. 많은 탐방을 다니면서 상장사 대부분의 회사를 알게 되었는데, 종목명만 이야기해도 그 회사의 사업에 대해서 줄줄 이야기할 수 있을 정도였다. 회사의 기본을 알고 있으니 업데이트만 하면 충분히 회사에 대한 커버가 가능했다. 주식 스터디에서 발표하는 종목들도 웬만큼 알고 있으니 Q&A를 할 것도 많았다. 흡사 머릿속에 상장사 업계 지도가 들어간 느낌이었다. 나는 이 지도를 언제든지 열어 볼 수 있도록 엑셀 파일로 정리했다.

더불어 주식 책을 읽는 빈도와 사색하는 시간이 늘었다. 복잡했던 머릿속 지식들이 그제야 정리되는 느낌이었다.

나는 고민이 되거나 스타일을 변경하고자 할 때면 투자 선배들에게 조언을 구한다. 나보다 먼저 그 길을 걸은 사람들의 이야기를 듣고 나면 어느 정도 방향성이 보였다. 지금도 그렇지만 오프라인 주식 투자 스터디가 투자하는 데 있어서 큰 도움이 된다.

자금이 불어나면서 나 역시 더 이상은 스몰캡을 투자하기가 어려워졌다. 가능은 하지만 슬리피지 문제와 매매할 때마다 신경 쓰는 게 싫었다. 특히 커버 종목군이 늘어나면서 양적으로 버거워지기 시작했다.

나는 이 문제에 대해 나보다 투자 자금이 훨씬 큰 선배들에게 조언을 구했다. 그때 내가 생각했던 것보다 바스켓 매매가 효율이 좋다는 것을 처음 알았다. 나는 그렇게 종목 수를 늘리고 중대형주의 포트로 점차 옮겨 갔다. 그에 따라 내 계좌수익률도 보다 보수적으로 변했다. 금액

때문에 수익률은 감소했지만 수익금 측면에서는 부족함이 전혀 없었다.

목표로 했던 경제적 자유를 달성했지만 주식 투자를 멈추겠다는 생각은 전혀 하지 않았다. 여전히 투자하는 것 자체가 너무 재미있었고, 투자의 구루들과 주기적으로 모임을 갖고 의견을 공유하고 술 한 잔 하는 것이 즐거웠다. 존경하고 롤 모델이라 생각하는 사람들과 같은 방향을 보고 같이 간다는 점에서 뿌듯함도 느꼈다.

또한 기업을 조사하고 내가 생각한 투자 포인트에서 주가가 상승할 때의 만족감과 성취감이 컸다. 경제적 자유를 달성하고 나면 주식 외의 자산에 분배하는 이가 많은데, 나의 경우 가치투자 베이스다 보니 크게 불편함이 없었다. 스몰캡 3~4종목 집중 투자에서 바스켓 중대형주로 스타일이 바뀌었지만 만족도는 변하지 않았다. 커버하는 종목이 늘어나면서 정신이 없어졌지만 힘들지는 않았다.

예전처럼 개별주 하나하나를 깊게 분석하는 것이 아니기 때문에 상대적으로 시간적 여유도 있었다. 더 많이 보고 멀리서 보니 나무보다 숲이 보이기 시작했다. 이제는 개별 기업이 아닌 섹터가 눈에 들어왔다. 돈을 벌어서 즐거운 것이 아니라 투자 그 자체가 즐거웠다. 이 회사는 또 어떻게 성장할지, 앞으로 어떻게 돈을 벌어 갈지를 예측하는 것이 힘들지 않았다.

이때쯤 나를 포함하여 초창기 주식 스터디를 같이 시작한 대부분의 멤버가 경제적 자유를 달성했다. 우스갯소리로 100억 달성부터 루키라고 했다. 그중에서 5% 지분 신고하는 멤버도 생기고, 자산운용사를 운용하는 멤버도 생겼다. 1000억대 자산가도 나왔다. 처음에는 직장인이 많았는데 대부분이 전업 투자자로 전환했다. 개인별로 더 벌고 덜 벌고의 차이는 있겠지만, 결과적으로 다 돈을 번 것이다.

나는 2016년 초에 드디어 목표로 하던, 100억 원을 달성했다. 이제는 경제 위기가 아닌 이상 미끄러질 일이 없을 듯하다. 100억 원을 달성하면 다른 기분을 느낄 줄 알았는데, 오히려 재미가 없어졌다. 꼭 사이버 머니 같았다. 이는 그동안 돈을 쓰는 것보다 100억이라는 돈을 모으는 것에 집중한 영향이 크지 않았을까 싶다. 앞만 보고 달린 결과 목표를 달성하니 찾아든 것은 만족감이 아닌 허무감이었던 것이다.

주식은 결국 제3자의 입장에서 사업을 잘하는 회사에 숟가락을 올리는 행위라고 생각했고, 그런 연유로 직접 사업을 하면 잘할 수 있을 것 같았다. 하지만 사업보고서상의 페이퍼로 보는 것과 현실은 달랐다. 나에게는 그에 걸맞은 열정이 부족했고, 나의 돈을 보고 달려드는 사기꾼들을 구별하는 눈을 가지지 못했다. 사업 경험도 없었고, 심지어 사회생활 경험도 부족했다. 나는 사기로 투자금을 날리기 시작했다. 무서운 것은 내가 호구라고 소문이 나면서 파리들이 계속 꼬였다는 것이다. 한 번 꼬이니까 제대로 되는 게 없었다. 판단력이 흐려지니까 주식부터 사업, 인간관계까지 전부 망가졌다. 큰 풍파를 겪으면서 사람 만나는 것이 두려워졌다. 그동안 살아오며 새로운 도전은 항상 흥분과 설렘, 흥미로운 것이라 생각했지만 이제는 두려움으로 바뀐 것이다. 다가오는 모든 사람이 나를 이용하려는 사람으로만 보였다. 말리는 아내의 말도 무시하고 고집대로 사업에 뛰어든 터라 하소연할 곳도 없었다. 그렇게 여의도 생활을 접었다. 주식 스터디 모임도 대부분 탈퇴했다. 나는 방구석 폐인이 되었다.

아내는 이 모든 상황을 초연하게 받아들였다. 아직까지 주식으로 실패한 적은 없으니 다시 주식으로 일어서 보자고 했다. 그때쯤 시작한 것이 시스템 트레이딩이다. 처음 의도는 불순했다. 나는 내가 이대로 죽으면 남겨진 가족을 위해 먹고살 수 있을 정도의 장치는 만들어 둬야겠다고 생각했다. 나는 나 자신과 세상을 싫어했지만 다행히 가족은 너무 사랑했다.

시스템 트레이딩은 주식보다 파생으로 먼저 시작했다. 개별 주식들은 변수가 많아서 기존 시스템 트레이더들은 주식보다는 파생시장을 주로 하고 있었고, 관련된 자료 역시 파생 쪽이 많아서 어쩔 수 없었다. 때마침 파생을 수동으로 하는 선배가 로직을 공유해 주었다. 나는 개발자 출신이지만 로직도, 개발 능력도 부족했다. 나는 인터넷에서 해외 논문을 번역기 돌려가며 공부했다. 마침 고등학교 때부터 알고 지낸 광란이라는 친구도 나랑 같이 주식시장에서 전업 투자를 하고 있었는데, 나보다 프로그래밍 실력이 더 좋았다. 나는 사탕발림으로 광란을 꼬드겨서 같이 개발을 했다.

이때 처음 추세추종 공부도 시작했다. 어느 정도 로직을 완성시켰고 백테스트 기준으로 성과가 양호했기 때문에 주먹구구식으로 실매매를 진행했으나 파생 특성상 어마어마한 변동성 때문에 보고 있으니 살이 떨렸다. 알고 시작한 것이지만 시스템 트레이딩 자체는 초보이기 때문에 그 변동성을 견디기가 어려웠다. 그 결과 분명 시스템 트레이딩인데 자꾸 수동으로 매매했다. 다행히도 수익은 쌓였다. 그러나 내가 아닌 남겨진 가족이 버티기에는 변동성이 어마어마했다.

   나는 좀 더 안정적인 매매가 필요하다고 느끼고는 파생에서 현물로 방향을 전환했다. 그리고 매매할 때 보조 툴로 쓰던 TWAP 추적 알고리즘 툴을 업그레이드했다.

   예를 들어 보자. 펀드매니저가 컨펌을 받고 A라는 종목을 오늘 100억 원어치 사기로 했다고 하자. 이때 펀드매니저는 직접 주문을 넣지 않고 법인 브로커 등을 통해 대리 주문을 넣는다. 그러면 법인 브로커 등은 100억 원을 한꺼번에 주문 넣을 수 없기 때문에 분할로 넣는데, 이때 쓰는 방법이 VWAP(volume weighted average price, 대량의 주문을 넣기 위해 거래량가중 평균가로 주문을 넣는 것), TWAP(time weighted average price, 대량의 주문을 넣기 위해 동일한 시간 간격으로 반복적인 주문을 넣는 것) 등이다.

   기존에 하던 매매들을 나름 정형화시켜서 백테스트를 했는데 결과가 너무 실망스러웠다. 이런 매매 로직을 가지고 그동안 트레이딩했다는 사실에 어이가 없었다. 내 트레이딩 주력 로직은 매매할수록 수익이 안 나는 구조였다.

당시만 해도 일간 차트로 기준봉 매매를 많이 했다. 기준봉 매매는 많은 거래량을 동반한 장대양봉을 기준으로 한다. 당일 아침에 전동거(전일 동 시간 대비 거래량)가 많고 주가 역시 강한 슈팅이 나올 때 따라 진입하는 방식으로, 힘이 좋으면 상한가로 이어지곤 한다. 그렇게 상따 매매로 이어지고, 그대로 종가 베팅까지 이어 간다. 다음 날에는 장대양봉을 기준으로 눌림목매매를 하면서 5일, 20일 이동평균선을 따라 매매했다. 나는 이것이 가장 흔한 매매라고 생각했다.

새로운 매매 로직이 필요했지만 내가 새로 만들기엔 능력이 부족했다. 그래서 국내 유료 트레이딩 강의를 친구와 함께 들었다. 도움이 되기는 했지만 정형화해서 시스템 트레이딩까지 할 수 있는 로직은 보이지 않았다. 막상 정형화해서 백테스트를 해 보면 계륵 같은 매매가 많았다. 매매 전략에 따라 다르지만 적립식 ETF를 사는 것과 결과가 비슷했다.

나는 해외로 눈을 돌렸지만 추세추종 돌파매매를 정형화할 자신이 없었고, 그렇다고 가족에게 가치투자를 가르치기엔 더 자신이 없었다. 퀀트 투자를 하기에는 데이터 크롤링(웹페이지를 그대로 가져와서 데이터를 추출해 내는 행위)을 하는 것이 변경되면 시스템도 업그레이드해야 하기 때문에 애매했다. 나에게는 신경 쓰지 않고 100% 자동으로 매매할 수 있는 시스템 로직이 필요했다. 나름 주식시장에서 정형화되어 있다는 로직을 테스트했지만 만족스러운 결과가 나오지 않았다.

🔔 잠깐!

### 바스켓 매매

바스켓 매매는 관련 종목을 모두 사는 매매법으로, 섹터별로 매매할 때 효율이 좋다. 슬리피지도 없고 자금 운용 면에서 자유롭다. 예를 들어 2차전지, 화장품, 변압기 등 특정 섹터가 전반적으로 실적도 좋고 모멘텀도 있을 경우 그 안에서 종목을 선택하기 어렵다면 모두 사는 것이다. 하나의 섹터 ETF(exchange traded fund)를 만든다고 생각하면 편하다. 비중에 대한 아쉬움은 있겠지만 적어도 FOMO(fear of missing out)는 오지 않는다. 또한 집중 투자에 비해 상대적으로 좀 더 가벼운 분석을 할 수 있다.

바스켓 매매는 개별 기업 하나하나의 깊이 있는 분석보다는 섹터의 방향성이 더 중요하다. 섹터 하나를 묶어서 바스켓으로 살 경우 그 바스켓을 하나의 종목으로 인식하면 된다. 너무 많은 종목을 편입하면 수익률은 시장과 부합할 수밖에 없다.

물론 아무리 바스켓 매매라고는 하지만 개별 기업의 장단점은 따져 봐야 한다. 섹터 안에서 대장 종목, 가장 싼 저평가 종목, 모멘텀이 가장 큰 종목, 성장률이 가장 큰 종목 등으로 구성해서 하나의 바스켓 ETF를 구성해야 한다.

또한 섹터라는 틀에 갇히지 않고 자유롭게 구성을 해도 된다. 스터디 A ETF, 주식 담당자와 통화한 종목 ETF, 이번 달 모멘텀 종목 ETF 등으로 말이다.

대응할 때도 개별 종목이 아닌 묶음으로 하면 된다. 물론 이때 개별 종목의 돌발 이슈들은 대응해야 한다. 수익률이 너무 내려갈까 봐 걱정할 필요는 없다. 막상 좋은 섹터를 바스켓으로 묶다 보면 종목 수가 많아도 집중 투자할 때보다 수익률이 낮은 거지, 생각보다 기대수익률이 좋다. 충분히 할 만하다.

잠깐!

### 레버리지는 독이 든 성배다

10년 넘게 주식시장에 있으면서 일반 트레이더들을 제외하고 가치투자자가 시장에서 아웃되는 경우는 제로에 가깝다. 그럼에도 불구하고 한 번씩 아웃되는 경우를 볼 수 있는데, 대체로 배경에는 과도한 레버리지가 있다. 예상할 수 없는 돌발 변수와 시장 리스크에 대응하지 못해서 아웃되고 만다.

반대로 잘 쓴 레버리지는 자산을 퀀텀 점프시켜 주기도 한다. 칼은 사람을 죽일 수도 있는 위험한 도구지만, 올바르게 사용하면 아주 유용한 도구다. 누가 어디에 어떻게 사용하는지에 따라 사람을 죽일 수 있는 살인 도구가 되기도 하고, 맛있는 요리를 만드는 요리 도구가 되기도 한다. 레버리지도 그렇다. 올바른 원칙 없이 과도하게 사용한 레버리지는 살인 도구가 되곤 하지만, 원칙을 지킨 상태에서 잘 쓴 레버리지는 자산을 퀀텀 점프시켜 주는 효자 도구가 된다.

그럼에도 나는 레버리지는 추천하지 않는다. 칼은 아무리 잘 쓰더라도 실수나 돌발 변수로 인해 스스로를 해칠 수 있기 때문이다.
10년 넘게 전업 투자를 하면서 주변 투자자들이 시장을 떠나는 모습을 빈번하게 지켜봤다. 그때마다 이유는 오직 하나였다. 바로 '레버리지'. 레버리지를 쓰면 리스크가 그만큼 늘어나며 시간 가치까지 생긴다. 그리고 이자 비용도 생각해야 한다. 증권사마다 다르지만 신용의 경우 연장하더라도 한계가 있다. 이것이 레버리지를 쓰고 싶다면 상승장에만 써야 하는 이유이며, 시간 가치 때문에 촉매제가 있어서 트리거가 발현될 수 있는 시점에 써야 한다. 단순하게 저평가된 회사라는 이유만으로 레버리지를 썼다가 이자만 계속 낼 수도 있다. 안전 마진이 부족한, 즉 하방이 열려 있는 종목군에 쓸 경우 큰 타격을 받을 수 있는 것이다.
가장 레버리지를 쓰면 안 되는 경우는 홀짝 매매를 할 때다. 홀짝은 바이오주의 임상 결과, 게임주의 게임 결과 등 결과에 따라 주가의 방향이 크게 움직이는, 달리 말하면 운에 맡기는 매매다. 결과를 알 수 없는 상황에서 레버리지를 써서 실패하면 감당할 수 없는 타격이 찾아들 수 있다.

보너스의 느낌으로 접근해야 한다. 실패하면 큰일난다가 아니라 촉매제로 접근하는 것이다. 개인적으로는 바텀 피셔(저가 매수자)보다는 추세추종으로 레버리지를 접근하는 것이 더 효율적이다. 즉 물타기가 아닌 불타기로 레버리지를 쓰라는 것이다. 떨어지는 칼날에서 레버리지는 정말 위험한 길이다. 고점 대비 주가가 많이 하락했다고 싼 건 아니다. 단순히 주식의 가격을 가지고 싸다 비싸다를 판단하지 말아야 한다.

상승장일 때 보유한 종목에서 추가 상승이 나오면서 의미 있는 구간을 돌파할 때와 추가 셋업이 나올 때마다 피라미딩(상승할 준비가 된 환경)으로 레버리지를 쓰는 것을 개인적으로 선호한다. 그게 아니라면 저평가 종목인데 이벤트 드리븐(이벤트로 인해 가격 변동이 생길 수 있는 과정)이 있는 시점에 맞춰서 레버리지를 잠깐 사용한다. 고속 성장을 하면서 멀티플(동종 업계의 평균값) 대비 저평가 구간인 회사를 보유하고 있으면 앞으로 상승할 확률이 매우 높다. 만약 여기에 다른 촉매제 이슈까지 있다면 사람들에게 알려질 가능성이 높고, 더 빠르게 상승할 가능성이 높아진다. 그런 회사들이 곧 트렌드, 시장의 주도주라고 불린다.

# 시스템 트레이딩에서
# 추세추종 매매로

시스템 트레이딩을 하니 시간이 두 배로 잘 흘러갔다. 힘들었던 순간들도 시간이 흐를수록 무덤덤해져 갔다. 시간이 약이긴 했다.

이 즈음 몇 년간 방구석에서 PC만 보고 있는 나를 아내가 걱정했다. 나도 사실 이렇게 긴 시간 힘들어 할지도, 자연스럽게 치유가 될지도 몰랐다. 다시 세상 밖으로 나와야겠다고 생각했다.

줄어든 자산을 빨리 복구시켜야겠다는 생각에 평소보다 레버리지를 과하게 사용했다. 사실 시스템 트레이딩으로는 자산이 확연하게 늘지 않았는데, 다시금 인베스트를 시작하자 팍팍 불어나는 것이 보였다. 폭락장만 아니라면 인베스트가 확실히 좋았다. 트레이딩에 재능이 없음을 분명히 확인한 나는 주식 담당자와의 통화도 다시 시작했다.

한창 재미있어지고 있을 때 코로나가 터져 버렸다. 메르스처럼 가볍게 지나갈 줄 알았으나 생각보다 파급력이 컸다. 서둘러 레버리지를 껐지만 일부 종목이 타격을 받았다. 이후 주력 종목 중 하나였던 메지온이 임상 철회로 인해 급락하면서 2차 타격을 받았다.

자금이 갑자기 축소되면서 바스켓 매매에서 다시 스몰캡 집중 투자로 돌아갔다. 포트폴리오 편성과 관리가 생각보다 너무 빨리 끝났다.

포트폴리오 편성이 끝나고 나면 최소 한 분기는 딱히 할 일이 없다. 방구석 폐인에서 벗어나 무엇인가 열심히 하고 싶었는데 크게 할 것이 없었다. 새로운 것에 도전하고 싶었지만 사기로 인한 두려움이 컸고, 그래서 주식과 결이 다른 스마트스토어 등의 N잡러를 시도했지만 마음속에 채울 수 없는 빈공간이 있었다.

결국 다시 시스템 트레이딩을 시작했다. 남겨질 가족을 위한 보험이라는 생각과 더 배우고 싶다는 순수한 생각으로 목표 지점이 이동했다. N잡러 기준으로 머니 파이프라인을 하나 추가한다는 느낌이었다. 마음을 열고 공부하니 방향성은 더 좋았다. 특히 투자 동반자였던 광란이라는 친구가 나보다 더 열심히 했다. 사실 그 친구는 나와 길이 달랐는데, 그 친구는 순수한 차티스트 트레이더였기 때문이다. 그러나 그 덕분인지 부족한 부분을 서로 채워 줄 수 있었다. 우리는 자극을 주고받으며 테스트하고 개발하기를 반복했다. 그렇게 시스템 트레이딩을 좀 더 배우고자 했던 초기 목표와 달리, 오히려 일반 트레이딩의 성과가 좋아지기 시작했다. 손매매를 하면서 통계적 유의성을 찾고 데이터를 보니 내가 무엇을 잘못하고 있는지가 보였다.

체계적인 복기의 중요성을 새삼 느꼈다. 스스로 규칙을 재정의하고 원칙을 지키니 뇌동 매매가 확실히 줄어들었다. '뇌동 매매만 줄어도 수익은 난다.' 마인드 컨트롤의 중요성을 확인한 순간이었다.

머리로는 알았지만 직접 데이터를 눈으로 보니까 더 신뢰도가 올라갔다. 수익이 나는 시스템 트레이딩 전략도 하나둘 추가되었다. 시스템 트레이딩을 공부하며 통계의 입장에서 트레이딩을 보다 보니 트레이딩으로도 꾸준히 수익을 볼 수 있음을 알게 됐다.

때마침 트레이딩으로 1000억 원 이상의 자산을 이룩한 분도 만났다. 과거에도 트레이딩으로 1000억 원대의 수익을 낸 분을 뵌 적이 있지만 그때는 내가 이해도가 낮아 그저 그분이 특별하다고만 생각했다. 그런데 이제는 아니다. 트레이딩의 세계에도 발을 걸치고 나니 이해도가 올라갔다. 아는 만큼 보이고 질문의 깊이도 깊어졌다.

두 분에게는 공통분모가 있었다. 트레이딩으로 1000억 원대의 수익을 냈지만 나는 이분들이 트레이더인지 인베스터인지를 정의할 수 없었다. 그분들은 나만큼이나 기업 내용을 잘 알고 있었다. 그분들과 나의 차이는 매매 시기와 베팅에 있었다. 기업분석이 끝나면 생각하는 가치보다 낮을 경우 타이밍을 고려하지 않고 분할로 사는 나와 달리, 그분들은 충분히 기다렸다가 달리는 말에 더 비중을 실었다. 그게 추세추종이었다.

시스템 트레이딩의 주력 전략도 사실상 추세추종 풀백 매매였다. 가치투자만 된다는 편견을 버리니 추세추종이 눈에 들어왔다. 트레이딩 공부를 하면서 무심코 지나친 것들이 모두 추세추종 같았다. 내가 그동안 생각한 트레이딩의 핵심은 언제 사서 언제 팔까, 즉 매매의 타점이었고 종목 풀(pool)이었는데 그보다 중요한 게 있었던 것이다. 승률과 손익비(risk reward ratio)를 조절하고 반복적으로 매매했을 때 수익이 나는 구조를 처음부터 만드는 것이 포인트였다. 또한 연속 실패를 대비해서 자금, 리스크 관리를 꼼꼼히 하는 것도 중요했다.

백테스트를 통한 다양한 전략의 통계를 보니 트레이딩에 대한 확신이 더 생겼다. 승률, 손익비, 리스크 관리 개념을 적용해서 재차 백테스트를 하니 수익이 쌓였다. 상상만으로 '이렇게 하면 되려나?' 하고 생각하는 것과 데이터를 직접 눈으로 보는 사이에는 적지 않은 차이가 있었다.

나는 어떻게 하면 단 1%라도 승률을 올릴 수 있을지, 단 1%라도 더 베팅할 수 있는지, 단 1%라도 더 홀딩할 수 있는지에 대해 수없이 많은 고민을 하고 다양한 전략의 데이터를 뽑았다. 추세추종 매매에도 다양한 방법이 있겠지만, 나는 그중 윌리엄 오닐 방식의 추세추종 돌파를 기본으로 삼고 그 위에 가치투자를 얹었다. 아니, 가치투자 위에 윌리엄 오닐 방식의 추세추종 돌파매매를 올렸다고 표현하는 게 맞겠다. 지금은 cup with handle, VCP, 신고가, Just Draw Line(선 긋기), IPO 셋업, HTF, 불 플래그, 사선 선 긋기(쿨셋업) 등 다양하게 매매하고 있다.

나는 특정한 패턴에 따라 매매하기보다는 펀더멘털상 좋은 기업이 의미 있는 구간(거래량 갱신, 장대양봉, 돌파, 호재 발생, 신고가 갱신 등)에 있고 추세가 보이면 추종하는 편이다. 트레이더보다는 더 개별 기업의 펀더멘털에 가중치를 두면서 추세추종을 하고 있다. 장점이라면 펀더멘털이 좋은 기업은 상승할 확률이 높기 때문에 비중 조절 측면에서 유리한 고지에 있다는 것이고, 반대로 펀더멘털 분석은 기계적으로 단순 로직에 의한 반복적인 매매가 불가능하다는 점에서 단점이라고 볼 수 있다. 경험에 의한 정성적, 재량적 분석 등이 일부 녹아들 수밖에 없다.

내 경우 그동안 가치투자를 꾸준히 한 터라 결과가 나쁘지 않았다. 아니, 확실하게 좋았다. 단순 패턴 위주로 고민을 하고 시장의 돌아가는 자금을 따라가는 것보다 훨씬 자산의 증식 속도가 빨랐다. 그러나 이는 방법론의 차이다. 가치투자에서도 여러 방법이 있듯, 추세추종 매매에도 여러 방법이 있다.

수급이나 시장 자금의 흐름을 잘 파악했다면 아마 그것을 활용한 추세추종 섹터 매매를 했을지도 모른다. 그저 나는 내가 남들보다 조금이라도 우위를 가지고 있다고 판단한 것이 펀더멘털 분석이었기 때문에 그것을 활용하고자 윌리엄 오닐의 추세추종 매매를 선호했을 뿐이다.

> 잠깐!

**추세추종 매매**

일정한 방향으로 나아가는 경향을 추세라고 한다. 즉 추세추종은 그 추세를 따라서 매매하는 것이다.

해당 매매법은 제시 리버모어, 니콜라스 다바스 등이 뼈대를 만들고, 윌리엄 오닐이 CAN SLIM, cup with handle로 정형화시켰다고 할 수 있다. 그 이후 투자 수익률로 기네스북에 오른 댄 쟁거, 전미투자대회 3회 연속 챔피언 데이비드 라이언, 전미투자대회 2회 챔피언 마크 미너비니, 1회 챔피언 레이프 소레이드, 마크 릿치 2세, 올리버 켈, 쿨라매기까지 최근 전미투자대회 우승자 대부분이 추세추종 매매를 하고 있다. 이는 그만큼 검증된 매매법이라는 뜻이기도 하다(전미투자대회: https://financial-competitions.com/).

앞서도 밝혔듯이 나 역시 윌리엄 오닐의 CAN SLIM을 기본으로 하고 있다. 마크 미너비니와 비슷하지만 나는 그의 기법을 재해석해 조금은 다른 길을 걸어가고 있다. 사실 앞서 언급한 사람 모두 방법이 조금씩 다르다. 국내에는 마크 미너비니 덕분에 추세추종 돌파매매가 더 유명해졌지만 말이다.

마크 미너비니는 윌리엄 오닐의 방식에서 더 정형화한 SEPA 전략을 사용한다. 큰 의미에서 추세추종은 말 그대로 어디든 추세가 있으면 진입이 가능하다. 꼭 윌리엄 오닐의 방식일 필요는 없다.

가치투자도 그 안에서 방법이 다 다른 것처럼 내가 하는 추세추종 방식도 하나의 갈래다. 참고로 터틀 트레이딩식의 추세추종 매매법도 있다. 매매의 타점은 다르지만 원리는 동일하다. RS(상대강도)와 다양한 셋업(VCP, low cheat, cup with handle, pocket pivot, 쿨 셋업, IPO 셋업, HTF, Just Draw Line, 풀백, W 패턴 등)을 체크하고 그에 따라 돌파매매를 한다. 다만 나는 기본적으로 가치투자, 그중에서도 성장주 투자를 선호하기 때문에 펀더멘털에 더 가중치를 준다.

돈을 버는 트레이딩은 리스크 관리를 한 상태에서 승률과 손익비를 가지고 반복했을 때 수익이 나는 구조를 만들어 가는 것이지만, 펀더멘털에 가중치가 들어가면 변수가 생긴다. 바로 반복할 수 없다는 변수다. 그러나 반대로 비중력과 홀딩력이 늘어나서 수익이 날 경우 보다 금액이 클 수 있다. 물론 실패할 때는 그만큼 손실도 같이 늘어나지만 말이다.

상대적으로 펀더멘털이 좋은 기업이 일반 추세추종 돌파매매보다 확률이 더 높은 편이다. 순수 추세추종 매매를 하든 펀더멘털에 가중치를 주는 추세추종 하이브리드 매매를 하든 자기가 잘할 수 있는 것을 선택하면 된다.

매매에 뼈대가 되는 CAN SLIM은 윌리엄 오닐이 그동안 큰 상승을 보였던 종목들의 통계를 낸 후에 공통점을 표시한 것이다.

- C: 최근 분기 순이익(Current quarterly earnings)
- A: 연간 순이익(Annual earnings)
- N: 신제품, 신고가(New)
- S: 수요와 공급, 주식 수(Supply)
- L: 주도주(Leader)
- I: 기관 투자자(Institutional sponsorship)
- M: 시장의 방향성(Market)

CAN SLIM 자체에 펀더멘털 요소가 담겨 있다고 보면 된다. 이를 응용해 나는 인베스트와 추세추종을 합친 하이브리드 투자를 하고 있는데, 이런 식의 매매를 하는 투자자를 테크노핀더멘털리스트라고 불린다. 매수는 수몽상 손잡이가 달린 컵(cup with handle) 패턴에서 손잡이를 돌파하는 지점에서 한다.

보통 가치투자 종목에 대해서는 타이밍 매수를 하지 않는다. 매도 또한 마찬가지로, 적정한 가격이다 싶으면 판다. 그러나 추세추종 매매를 알고 나서부터는 조금씩 시간적인 가치를 줄이고 있다. 나는 본질적으로 가치투자자지만 밸류에이션 트랩에 빠져서 매수하지 못하는 비싼 종목도 매수하고 있다. 이는 FOMO를 일부 방지할 뿐만 아니라 종목에 대한 이해도가 애초에 높다 보니 피라미딩에서 유리한 고지에 설 수 있게 해 준다. 불타기에 유리할수록 비중 차이가 생기고, 비중 차이는 곧 큰 수익금으로 연결된다. 일반적인 트레이딩(눌림목, 낙폭 과대, 스캘핑 등)은 매매 텀이 짧기 때문에 가치투자와 공존하기란 불가능하다. 하지만 윌리엄 오닐식의 추세추종 돌파매매는 일부 겹치는 부분이 있으며, 수익 극대화 측면에서도 활용할 수 있다. 개인적으로는 저평가되었다고 생각되는 가격에서 매수해서 내가 생각하는 적정가치에 일부는 매도하고, 매도하지 않은 나머지 물량은 추세추종으로 대응했을 때 수익이 극대화된다고 느꼈다.

나는 적정가치를 보수적으로 생각하는 편이라 매도 후에도 주가가 오르는 경우가 많았다. 즉 매도한 후에 주가가 오를 때마다 생기는 FOMO 감정을 추세추종 매매를 통해 일부 해소할 수 있다.

# 나에게 맞는 매매법은
# 무엇인가?

    나는 현재 인베스트+추세추종+시스템 트레이딩의 길을 걸어가고 있다. 스스로를 하이브리드 투자자라고 생각한다. 투자의 길은 깊이 들어갈수록 여러 갈래로 나뉘지만, 알아가는 재미가 있다. 내 지식이 곧 투자 수익으로 이어지기 때문이다.

    나는 인베스트, 추세추종, 시스템 트레이딩이 각기 다른 갈래지만 결국 얽히고설켜 하나로 귀결되는 만류귀종이라 생각한다. 엉덩이 무겁게 투자하라는 격언이 있다. 인베스트가 하루라도 더 보유하는 것이라면, 트레이딩은 좋은 지점에 다다를 때까지 하루라도 더 쉬는 것이다. 보유와 미보유의 차이가 있지만 참고 기다리는 것은 동일하다. 하나는 가치가, 다른 하나는 가격이 기준이지만 매매하는 행위는 동일하다.

10년 넘게 주식 투자를 하며 내가 몸소 느끼고 배운 것은 투자에 정답은 없다는 것이다. 한편으로는 트레이딩도 가치투자도 다 정답인 셈이다. 어떤 방법으로 매매하든 꾸준히 노력하면 성공할 수 있다는 것을 깨달았다. 문제는 대부분의 사람들이 지름길로 빨리 가고자 한다는 데 있다. 나 역시 그러했지만, 현실은 꾸준히 노력하는 사람이 성공했다.

투자 공부는 자기에게 맞는 옷을 찾아가는 과정이다. 누군가는 트레이딩이, 누군가는 가치투자의 옷이 어울릴 수 있다. 즉 '이 방법은 틀렸어!', '이것만이 정답이야!'라는 생각을 가지고 있다면 배움을 얻을 수 없다.

조금 더 유연한 생각을 하는 게 어떨까? 공부할수록 다양한 방법이 있다. 투자법에 정답이 없다는 말을 원칙 없는 매매를 하라는 뜻으로 받아들이면 안 된다. 주식 공부 역시 끝없는 과정의 연속이다. 실패를 두려워하지 말고 과정을 즐기다 보면 그것들이 차곡차곡 쌓여서 자기만의 전략이 만들어진다.

나 역시 그동안 많은 실패를 했고 여전히 실패하고 있다. 이런 시행착오를 거쳐 발전하고 있다고 생각한다. 그 결과 나는 최소한 오늘보다 내일 더 현명한 결정을 할 거라고 생각한다.

주식 투자 전략에 완성은 없다. 시장은 계속 변하며, 기업은 성장하고, 새로운 기술은 지속적으로 나온다. 다양한 사람의 의견을 듣고 지킬 것은 지키고 받아들일 것은 받아들여서 나의 전략에 적용해야 한다. 내 전략은 앞으로도 계속 변하고, 성장하고 발전할 것이라고 믿어 의심치 않는다. 반복된 실패가 있었기에 지금의 내가 있다고 생각한다. 포기하면 끝이지만 계속 도전하면 결국은 성공한다.

인디안 기우제의 성공 확률은 100%라고 한다. 왜냐하면 그들은 비가 올 때까지 기우제를 하기 때문이다. 어떤 방법으로 투자를 하든지 포기하지 않고 꾸준히 해야 한다. 내 주변에는 나보다 더 똑똑하고 재능 있는 사람이 많지만, 그들은 나처럼 주식 투자로 성공하지 못했다. 그들 역시 부자가 되길 원하고 주식 투자로 성공하길 원하지만, 말로만 할 뿐 행동으로 실천하지 않은 탓이다. 그들에게 이런저런 방법도 알려 주고 계속해 보라고 권유도 했지만, 그들은 행동하지 않은 채 실패 혹은 잘못된 케이스에 대해서만 부정적인 뉘앙스로 이야기하곤 했다.

누구나 포기하지 않고 꾸쥰히 하기만 하면 성공할 수 있다고 생각한다. 다만 개인별로 속도의 차이는 있을 것이다. 그 속도의 차이를 줄일 수 있는 것이 바로 투자의 방법론이며, 이는 사람마다 효율성이 다르기 때문에 자기와 잘 어울리는 방법을 찾아야 한다. 스캘핑 매매, 일반 트레이딩 기준봉 매매, 눌림목매매, 수급 매매, 보조지표 매매 등 모든 매매법은 정답이다. 왜냐하면 이 매매법으로 돈을 번 사람이 적지 않기 때문이다. 누군가는 섹터 바스켓 매매, 주도주 종베(종가 베팅)만 한다. 또 누군가는 저평가 자산주 위주나 바이오같이 전문성 매매를 한다. 그뿐인가! 시클리컬의 사이클 투자만 하는 사람도 있고, 역발상으로 악재 투자만 하는 사람도 있다. 평소에는 관망만 하다가 시장 급락에만 나타나서 지수에 투자하는 사람도 있다. 이렇게 아주 많은 다양한 방법이 있다. 심지어 이 방법들을 구별 없이 모두 하는 사람도 있다.

우리가 따져 볼 것은 '과연 내가 그 방법으로 할 수 있는가?'이다. 이론상으로는 알 수 없다. 해 보면서 많은 시행착오를 겪어야 한다. 수많은 실패를 경험하겠지만 그런 하루하루가 차곡차곡 쌓여 역사가 만들어진다. 몇 번 해 보고 그게 나와 어울리는지를 판단하지 말자. 경험할수록 그 시간이 점점 축소될 것이다. 또한 이는 간접 경험으로 어느 정도 체득이 가능하다. 간접 경험의 가장 좋은 예는 투자로 성공한 사람들의 책이다. 나는 10년 전으로 돌아간다면 주식, 경제, 인문학 등 다양한 책을 읽고 사색할 것이다. 이왕이면 검증된 고전 위주로 읽는 것이 좋다. 오래된 책은 지금의 환경과는 다르다는 편견을 가질 필요가 없다. 시장은 변화하지만 사람의 심리와 본성은 크게 변하지 않기 때문이다. 기준이 다를 뿐이지 사고판다는 행위 자체는 그때나 지금이나 다를 바 없다.

不恥下問(불치하문). 자신보다 못한 사람에게 묻는 것을 부끄럽게 여기지 않는다.

배움은 어디에나 있다. 아는 만큼 보이고 내가 아는 지식은 당연히 전부가 아니다. 바닷가 모래알 같은 존재의 지식이라는 사실을 잊지 말아야 한다. 주식 투자는 공부할수록 끝이 없는 듯하다. 투자에 완성은 없다.

> 잠깐!

## 시스템 트레이딩

시스템 트레이딩을 하고자 한다면 컴퓨터 프로그래밍 지식은 필수 요소다. 다행히 최근에는 파이썬, 챗GPT 덕분에 개발 환경이 더 좋아졌다. 공부 환경 역시 파이썬 관련 책을 보거나 유튜브를 보면 될 정도다(유료 시스템 트레이딩 툴이 많지만 커스터 마이징의 한계가 있다).

시스템 트레이딩을 한다고 했을 때 가장 먼저 해야 할 일은 데이터 수집이다. 증권사 OPEN API나 크롤링을 통해서 데이터를 수집해야 한다. 기본적으로 분봉, 일봉, 호가, 체결 등 매매에 필요한 데이터들을 수집한다. 증권사마다 다르지만 차트도 과거 2년~5년치밖에 제공하지 않기 때문에 꾸준히 수집하는 게 중요하다. 특히 과거 호가 데이터는 구할 수가 없다.

필요한 데이터는 매매법에 따라 다르다. 빠른 돌파인 스캘핑 매매의 경우 호가창 데이터, 체결 데이터 등이 필요한 반면, 일봉 풀백 같은 눌림목매매는 호가, 체결 데이터가 있으면 좋지만 없어도 큰 차이가 나지 않는다. 다만 언제 어떤 매매를 하게 될지 알 수 없으므로 미리 수집하는 것이 좋고, 수집이 어렵다면 KRX 등에서 구입해야 한다.

데이터를 수집할 때는 대수의 법칙을 기억해야 한다. 표본의 크기가 클수록 해당 표본에서 얻어지는 통계량도 정밀해진다. 데이터 수집이 끝나면 단순 데이터에서 그것을 정보로 바꿔야 한다. 정보로 바꾸고 나면 본격적으로 매매 로직을 구상해야 한다. 어떻게 매매를 할 것인지에 대해 정형화시켜야 하는 것이다. 단순하게 '난 이동평균선을 따라 매매해야지' 하고 생각하고 있다면 더 구체적으로 정형화시켜 보자. 어떤 종목을 언제 사고팔 것인지, 어떤 예외 처리와 어떤 서포트를 할 것인지 등 범위를 세세하게 정해 주어야 한다. 컴퓨터는 세팅한 조건에 따라 사고팔기 때문에 구체적으로 정의해 주는 게 중요하다. 아직 매매 로직이 없다면 래리 윌리엄스의 변동성 돌파 전략을 활용해서 테스트해 보는 것도 좋다. 이는 공개된 여러 전략 중 아직도 쓸 만한 전략이다.

- 1. 오늘 시가+(전일 고가-전일 저가)×K(0.4~0.6)
- 2. 당일 가격이 1의 값을 돌파할 경우 매수
- 3. 매수 후 다음 날 시가에 매도

변동성 돌파 전략은 지수 ETF를 매매할 때 효율성을 발휘한다. 참고로 이는 예시일 뿐이며 스스로 매매 로직을 정형화하고 구체화할 줄 알아야 한다.

어느 정도 매매 로직을 구상했다면, 수집한 데이터로 백테스트를 통해 시뮬레이션을 해 본다. 기간은 길수록, 모수는 많을수록 좋다. 시장이 상승장일 때, 하락장일 때, 횡보장일 때 각각 구상한 매매 로직의 결과가 어땠는지, 종목군이 슬리피지에 영향을 많이 받는지, MDD(maximum draw down, 최대 하락폭)는 어느 정도인지, 한 번에 얼마나 매수할 수 있는지, 동시에 몇 종목에 투입 가능한지 등을 실매매를 한다고 가정하고 백테스트를 해 본다. 범위에 있는 변수들의 최적값은 과거치이기 때문에 적당한 평균이 좋다. 백테스트 시뮬레이션 툴은 필수가 아닌 선택이다. 취향에 따라 있어도 되고 없어도 된다. 처음에는 나도 백테스트 시뮬레이션 툴을 가지고 있었지만 갈수록 변수가 추가되고 새로운 아이디어가 생기면서 효율성을 이유로 더는 사용하지 않게 되었다. 지금은 파이썬을 통해서 전략에 따라 백테스트를 따로 돌린다.

나는 여러 팩터와 변수들을 변경하면서 효율성을 찾는 편이다. 각 전략의 변수에 따라 TPI와 빈도수를 체크해서 나름대로 최적값을 선택한다. 조건부 확률인 베이지 통계 등을 이용해도 무관하다. 통계를 뽑아 볼 때 선택 편향과 생존자 편향은 조심해야 한다. 선택 편향은 무작위 표본이 아니라 처음부터 조건을 통해 선택된 데이터이기 때문에 통계의 오류가 생길 가능성이 높다. 생존자 편향 역시 매매 로직을 만들 때 가장 많이 실수하는 문제인데, 한 예로 상한가 따라 잡기 매매 로직을 백테스트한다고 했을 때 이미 상한가 간 종목만 데이터를 뽑아 볼 수 있다. 결과를 보면 아주 좋은 데이터가 나오지만, 실제로는 상한가에 도달했다가 그날 풀려 버리고 하락하는 종목군도 있다. 상한가에 도달했다가 그날 하락한 종목과 풀리지 않은 종목 데이터를 함께 뽑아야 제대로 된 백테스트라고 볼 수 있다.

백테스트 결과가 마음에 들었다면 실제 매매 툴을 만든다. 이때 모의 투자를 통해서 테스트를 충분히 해 보는 게 좋다. 과거 통계를 믿고 가는 것이라 최대한 시스템을 믿고 수정을 안 하는 것이 좋다. 수정을 해야 할 때는 시장 환경이 완전 달라져서 기존 통계의 max, min값을 벗어나는 결과가 연속해서 나올 때다. 전략에 따라 다르겠지만 영구적인 로직은 없다. 로직은 많을수록 좋다.

다양한 상품과 다양한 로직으로 분산할수록 자연스럽게 헤징도 된다. 집에서 PC를 통해서 시스템을 돌려도 되며, AWS 등에 올려서 구동해도 된다.

시스템이 잘 돌아가고 있는지를 확인할 수 있는 모니터링 툴도 필요한데, 나는 텔레그램 봇을 통해 체크하고 있다.

컴퓨터가 자동으로 매매해 주고 그에 따라 수익을 내준다는 것이 매우 환상적으로 들리지만 그만큼 쉽지 않은 길이다. 최소한 손매매(수동으로 직접 하는 매매)로도 수익을 낼 수 있어야 그것을 자동으로 바꿀 수 있다. 손매매로도 수익을 낼 수 없는데 어떻게 시스템 트레이딩을 할 수 있을까? 이는 닭이 먼저냐, 달걀이 먼저냐의 논리와도 같다. 시스템 트레이딩 시장 자체는 매우 폐쇄적이지만 수익을 장기적으로 내는 사람은 존재한다. 특히 여러 일을 동시에 할 수 있다는 점에서, 손매매 역시 개선된다는 점에서 매우 긍정적이다.

# CHAPTER 03

# 인베스트(가치투자)

# 가치투자 = 장기 투자?

　보통 가치투자라고 하면 정통적 가치투자를 떠올린다. 무엇이 정통적이냐고 물었을 때 나는 워런 버핏의 스승이었던 벤저민 그레이엄의 방식으로 미래의 가치보다는 현재 가치에 대한 안전 마진을 높게 생각하는 것이라고 답하는데, 사실 그레이엄의 방식 또한 미래 가치를 아예 보지 않는 것은 아니다. 가치투자를 언급할 때 빠지지 않는 두 인물(피터 린치, 워런 버핏)이기에, 정통적 가치투자는 성장형 가치투자에 가깝다고 할 수 있을 듯싶다.

　나는 가치투자의 여러 종류 중에서도 성장에 더 포커스를 두는 편이다. 이는 피터 린치가 고안한 GARP(growth at reasonable price) 전략에 가깝다. GARP 투자는 성장주에만 치우지지 않는, 즉 가치주 투자도 포괄하고 있다. GARP의 핵심 지표는 PEG(price earning to growth rate)로, PER/EPS 증가율이다. 따라서 PEG가 좋다는 말은 PER은 낮고 EPS 증가율은 높아서 저평가지만 성장률이 높다고 해석할 수 있다.

    누군가 정통적 가치투자와 성장주 가치투자 중 어떤 투자 방법이 좋으냐고 내게 물을 때마다 나는 "성향의 차이"라고 대답한다. 두 투자법 모두 장단점이 있다. 개인적으로는 이렇게 구별하는 것 자체가 불편하기도 하다. 어차피 투자할 때 둘 중 하나만 하는 것도 아니기 때문이다. 성장주 가치투자자만 해도 그 안에서 다양한 방식으로 분류할 수 있다. 정통적 가치투자자도 마찬가지다.

    나는 투자의 방법이 아닌 투자 기간에 따른 분류를 해 보고 싶다. 보통 가치투자라고 하면 장기 투자를 연상하지만 투자 기간과 가치투자는 크게 연관성이 없다. 예를 들어 어떤 종목의 현재가가 내가 생각하는 적정가치보다 30% 낮은 구간에 있기에 매수했는데, 매수하자마자 상한가를 도달했다고 하자. 이때 내가 펀더멘털에 포커스를 두었다면 나는 가치투자를 한 것이라고 말할 수 있다. 즉 '가치투자=장기 투자'라는 고정관념은 버려야 한다.

    투자 기간에 따른 분류는 크게 세 가지로 해 볼 수 있다.

## 투자 기간 3개월~6개월(분기 투자)

    분기 실적 발표 시즌에는 실적 기대감이나 새로운 투자 아이디어(내러티브)에 따라 주가가 빠르게 변동하므로 회전율이 높은 경향이 있다. 주가의 움직임 면에서 가장 탄력성이 좋은 기간이며, 사람들이 관심을 가지지 않는 초기에 더욱 그렇다. 다만 사람들이 관심을 가지지 않는 초기에 매수하려면 그만큼 빨리 알아야 한다는 조건이 붙는다. 열심히 발로 뛰거나 시장에 집중하고 있어야만 주도 섹터 혹은 어닝 서프라이즈 종목을 발굴하고, 시장의 자금 흐름을 파악할 수 있다. 즉 이 시기에는 매우 바쁘며, 피로도가 급속도로 쌓인다. 이때의 수익률은 트렌드 캐치를 얼마나 잘하느냐에 달려 있다. 항상 주도주를 주시하고 있어야 하며, 시장에 민감하게 반응하고 판단하려는 노력을 한순간도 게을리해서는 안 된다.

## 투자 기간 1~2년(연간 투자)

회사의 성장이 시작되는 구간 또는 대외 변수 등에 의해 극도로 저평가된 상태일 때 진입한다. 가치 대비 저평가된 기업은 통상적으로 1, 2년 안에 시장의 재평가를 받아 정상적인 가치 수준으로 회복되는 경향이 있다. 1, 2년은 미래 가치를 일부 반영시키는 성장주도 실적의 가시성을 확인해 볼 수 있는 기간이다. 대부분의 성장주는 완벽하게 실적이 나와서 밸류에이션이 떨어지는 구간보다는 실적이 제대로 나오기 시작하는 초입 구간에 미래 가치에 대한 기대감으로 주가가 반응한다. 실체 없이 기대감으로 움직이는 분기 투자와 달리, 연간 투자는 일부 기대감이 현실화된다는 데 의미가 있다. 투자 포인트에 따라 다르겠지만 나의 평균

보유 기간은 1~3년이다. 상황에 따라서 더 길게 보유하는 기업도 있다. 우리나라 시장의 특성상 시클리컬이 많고 짧은 사이클 구간 역시 3년 정도이기 때문에 가치투자를 지향하는 많은 투자자가 이 기간을 선호한다.

### 투자 기간 10년~(인사이트 투자)

회사나 산업에 대한 전망과 믿음의 영역이다. 성공할 경우에는 자산이 퀀텀 점프가 되지만, 실패할 경우에는 10년간 제자리걸음 혹은 빼도 가 나온다. 회사와 동반자로서 앞으로 우리가 걸어가야 할 방향이다.

**그림 3-1** 투자 기간에 따른 분류 그래프

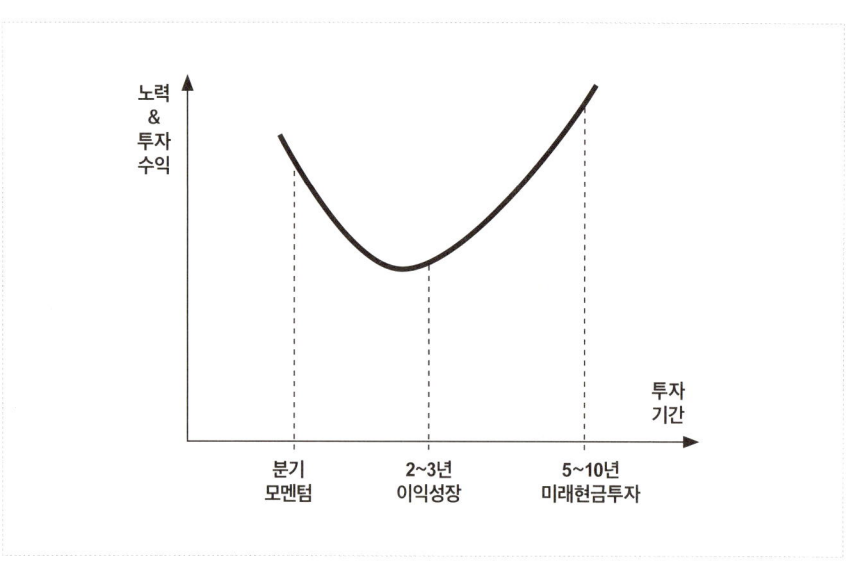

나도 이 정도의 인사이트와 인내력은 없다. 실적 측면에서 가시화된 회사를 좋아하다 보니 이런 인사이트 투자는 제대로 해 본 적이 없지만, 이런 긴 뷰를 가지고 투자를 해 보고 싶은 마음은 있다. 인사이트 투자는 보통 시장 규모가 큰 글로벌 시장에서 경쟁력을 가진 회사들에 투자하며, 아쉽게도 국내 시장에서 찾기에는 매우 어렵다. 나무보다는 숲을 보는 투자라고 볼 수 있다.

# 좋은 주식과
# 나쁜 주식

　가치투자는 저렴할 때 사서 적정가치에 파는 것을 말한다. 즉 가치투자를 하기 위해서는 적정가치에 대해 고민할 필요가 있는데, 문제는 적정가치라는 게 공식처럼 딱 떨어지지 않는다는 데 있다.

　그럼에도 가치투자를 지향하는 사람이라면 적정가치를 계산할 수 있어야 한다. 그래야 가격이 저평가되었는지 고평가되었는지를 판단하고 매수하고 매도할 수 있다.

## 시장은 항상 비이성적이다

　대부분의 초보 투자자가 어려움을 겪는 것 역시 이와 연관되어 있다. 주가가 저평가되었는지를 확인하려면 사업보고서를 들여다봐야 하는

데, 회사를 다니면서 들여다보기란 여간 쉽지 않은 일이다. 주식을 시작한 지 오래되지 않은 투자자는 주식을 보유하고 있지 않으면 근질거림을 느끼는데, 그런 이에게 사업보고서를 분석하고 그에 따라 관심종목을 꾸리라고 한다면 지루해 할 수밖에 없다. 심지어 그렇게 관심종목을 꾸렸는데 바로 주가가 상한가를 간다면 기분이 어떨까? '살걸'이라는 생각과 함께 '에라 모르겠다' 하며 상한가를 간 종목의 친구 또는 그와 비슷한 행보를 보이는 주식을 덜컥 사 버릴지도 모른다. 만약 이렇게 매매했는데 초심자의 행운이 따랐다면 이는 결과적으로 더 위험하다. 도파민에 중독되기 딱 좋은 상태이기 때문이다.

처음부터 내 마음에 드는 좋은 회사를 선택하는 건 불가능에 가깝다. 좋은 주식과 좋은 회사는 엄연히 다르다. 회사의 평판이 좋다고 주가가 항상 상승하는 건 아니라는 말이다. 우리는 이를 분명하게 구별할 수 있어야 한다. 그렇다면 좋은 주식은 무엇일까? 나에게 수익을 주는 주식이다. 반대로 나쁜 주식은 무엇일까? 평판이 아무리 좋은들 나에게 손실을 주는 주식이다.

시장은 항상 비이성적이다. 그래서 회사의 적정가치와 현재 주가 간 괴리감이 존재하는 것이며, 우리는 그 괴리감을 이용해 매매해야 한다. 그것이 바로 가치투자다. 시장이 이상적이라면 항상 주식의 가치는 적정할 것이다.

투자 결정을 내릴 때 시장의 비이성적인 특성뿐만 아니라 투자자 자신의 심리적 편향 또한 고려해야 한다. 확증 편향, 손실 회피, 군중 심리

등 다양한 심리적 오류는 투자 판단을 흐리게 만들 수 있다. 자신만의 투자 원칙을 세우고, 감정에 휘둘리지 않고 객관적인 데이터를 기반으로 투자 결정을 내리는 연습을 해야 한다.

## 그동안 얼마나 벌었는가?

그렇다면 가치란 무엇일까? 단순히 회사에서 이익을 낸 것일까, 아니면 회사가 가진 실물 자산일까? 만약 회사가 가진 실물 자산이라면 회사가 가진 무형의 가치는 어떻게 볼 것인가? 브랜드의 가치는 어떻게 생각해야 할까? 회사가 가진 시장의 지배력은? 가격 결정력은?

회사가 가진 경제적 해자(economic moat) 또한 중요한 가치 판단 요소이다. 경제적 해자란 경쟁사들이 쉽게 모방할 수 없는 차별화된 경쟁 우위를 의미하며 브랜드의 인지도, 기술력, 독점적인 사업 모델 등이 해당된다. 이런 무형의 가치들 때문에 가치를 판단하기 어려운 측면이 있다. 그림 같은 예술작품만 해도 함부로 가격을 매길 수 없지 않은가? 즉 가치 판단은 지극히 상대적이다. 그렇다고 객관적으로 평가하기 어려운 무형의 가치를 간과한다면, 이는 상장 회사에서 기술주를 제외하고 분석하는 것과 다를 바 없다. 기술주를 제외한다면 미래에 벌어들일 수 있는 이익의 규모와 질 역시 예상하기 어렵다. 이는 앙꼬 빠진 찐빵이나 마찬가지다.

예시를 하나 들어 보자. 동네 치킨집을 하나 인수한다고 가정했을 때 기본적으로 과거에 평균적으로 얼마나 벌어 왔는지를 체크할 것이다. 왜냐하면 그걸 기반으로 앞으로 얼마나 벌 수 있을지를 예상할 수 있기 때문이다. 이때 감가상각된 기계 설비까지 합쳐서 인수하기 때문에 이 비용도 포함해야 한다. 현재의 자산도 중요하겠지만 결국 핵심은 앞으로 얼마나 벌 수 있는지다. 이것이 무형의 가치 중에서도 가장 큰 의미를 지닌다고 할 수 있다. 내가 앞으로 이야기할 투자 포인트 역시 이것에 초점을 맞출 것이다. 왜냐하면 주식시장에서의 상장사도 치킨집과 다르지 않기 때문이다.

과거에 꾸준히 비슷한 범위로 벌어 왔다면, 앞으로 얼마나 벌 것인지에 대한 추정치를 비교적 상식선에서 낼 수 있다. 한 예로 매년 10%씩 성장했다면 앞으로 특별한 이슈가 생기지 않는 이상 과거처럼 10%씩 성장할 것이다. 이러한 식으로 가치 판단하는 것이 DCF 모델이다. (당연히 구체적으로는 다르다. DCF 모델은 미래 현금흐름을 현재 가치로 할인하여 기업의 가치를 평가하는 방법으로, 보통 향후 5년간의 현금흐름을 추정한다. 적정한 할인율을 적용하여 현재 가치를 계산하는 DCF를 많이 사용하는 편이다.) 치킨집 역시 연간 10% 성장했다면 급매로 나오지 않는 이상은 적정가치 수준에서 가격이 책정될 가능성이 높다.

그런데 만약 과거에 이익이 들쑥날쑥했다면 어떨까? 추정하는 기준에 따라 미래 전망치가 달라질 것이다. 결국 꾸준하게 성장하지 않았다면 미래 전망치의 신뢰성이 낮아지니 적정가치라는 것도 각자의 기준에 따라 다르게 책정될 수밖에 없다. 누군가는 이 치킨집이 동네에서 제일 잘나가기 때문에 프리미엄을 줘야 한다고 말할 것이고, 또 누군가는 이 치킨집은 프랜차이즈이니 디스 카운트를 해야 한다고 말할 것이다. 미래 전망치에 대한 신뢰성이 낮은 상태에서 할인율의 범위까지 달라진다면 가치 평가의 기준은 더 정할 수 없게 된다.

## 적정 주가와 괴리가 큰 이상적인 회사

다시 주식 이야기를 해 보자. 매년 일정 범위 안에서 꾸준하게 성장한 회사들은 미래 전망치에 대한 신뢰도가 높다 보니 적정하게 움직인다. 그런데 이게 마냥 좋은 것일까? 매년 꾸준하게 성장하는 좋은 회사들은 이미 적정 주가에 대한 캡이 씌어져 있기 때문에 특별한 이벤트가 생기지 않는 한 상승의 한계가 명확하다. 그래서 분명 꾸준하게 성장하는 좋은 회사임에도 좋은 주식이 될 가능성은 낮다.

우리가 찾아야 할 회사는 이런 회사가 아닌 적정 주가와 괴리가 큰 이상적인 회사다. 내가 생각하는 적정 주가보다 현재 주가가 낮다면—즉 저평가라면—사람들이 잘 모르는 소외주이거나 많은 사람이 오해하는 종목일 가능성이 다분하다. 소외와 오해를 해결하는 데는 생각보다 많은 시간이 걸린다. 시간을 단축시키는 방법은 적정가치 이상의 성장(어닝 서프라이즈)이 대표적이다.

그동안 가치투자로 힘든 시간을 보냈다면 스스로에게 질문을 하나

던져 보자.

'시간 가치를 생각하지 않은 채 소외와 오해의 종목들을 매수하고는 마냥 기다리지는 않았나?'

더불어 매수한 회사가 소외와 오해를 해결할 수 있는, 어떤 티핑 포인트(tipping point)를 가졌는지를 생각해 보는 것이다. 티핑 포인트는 기업의 성장 모멘텀을 가속화시키는 결정적인 요소를 의미한다. 신제품 출시, 신규 시장 진출, 규제 완화 등이 그 예다. 기업의 티핑 포인트를 파악하고, 티핑 포인트가 현실화될 가능성을 평가해야 한다.

# 적정가치는 어떻게 책정해야 할까?

적정가치를 판단하기 전에 가치투자의 핵심 개념인 안전 마진(safety margin)을 이해하는 것이 중요하다. 안전 마진은 투자에서 발생할 수 있는 예측 불가능한 위험에 대한 완충 장치 역할을 한다. 벤저민 그레이엄은 안전 마진을 "예상되는 적정가치보다 현저히 낮은 가격에 매수하는 것"이라고 정의했다.

가령 어떤 주식의 예상 적정가치가 10,000원이라고 판단했을 때 20%의 안전 마진을 확보하기 위해서 8,000원 이하에서 매수한다는 것이다. 안전 마진은 투자 대상 기업의 안정성, 산업의 변동성, 개인의 위험 감수 수준에 따라 달라진다. 안전 마진을 고려하려면 결국 적정가치를 고민해야 한다.

그런데 전망치 추정이 힘들다면 어떻게 적정가치를 판단할 수 있을까? 그 해답은 '비교'에 있다. 여기에 한 문장을 더 얹는다면 '모두가 공감할 수 있는'이다. 모두 각자의 적정가치 기준이 있을 테지만, 여기서 말하는 적정가치란 누구나 인정하는 가치다. 즉 타협을 해야 한다.

## 가치 평가에 절대적인 기준은 없다

앞서의 예를 다시금 가져와 보자. 최근에 동네 치킨집 매물이 나왔다고 했을 때 우리가 가장 먼저 살필 것은 최근에 얼마에 거래되었는지 여부다. 그다음에 더 거슬러 올라갔을 때 얼마에 거래되었는지, 매출 금액이 비슷한 가게들의 금액은 얼마인지, 주변 상가들 시세는 어떤지 등을 기준 삼아 비교해서 나름의 적정가치를 산출해 낸다.

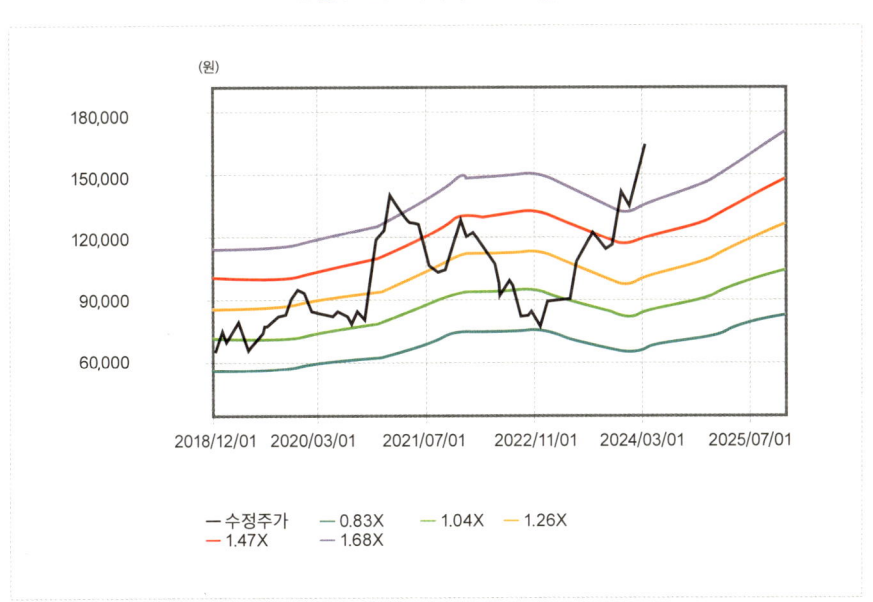

그림 3-2 SK하이닉스 PBR 밴드

상장 회사에서는 기준이 곧 PER 밴드, PBR 밴드, PEER 그룹(또래 집단) 멀티플 등이다. 밴드란 각 지표를 시계열로 분석해서 시각적으로 표현한 것으로, 이를 통해 과거에 해당 회사 및 경쟁사나 비슷한 사업군이 어떤 평가를 받았는지를 체크할 수 있다. 가장 많이 쓰는 PEER 그룹 대비 멀티플도 시장의 흐름에 영향을 많이 받는다.

불과 몇 년 전 강남 아파트 가격을 생각해 보자. 어떤 구간에서는 다 같이 프리미엄을 받았고, 어떤 구간에서는 다 같이 할인을 받았다. 결국 어디 구간과 비교하는지에 따라 비싸 보일 수도 있고 싸 보일 수도 있는 것이다.

PER 밴드와 PBR 밴드는 과거의 주가 수준을 참고하는 지표이므로, 기업의 현재 상황과 미래 전망을 반드시 함께 고려해야 한다. 과거에는 높은 PER을 받은 기업이라도 현재 성장성이 둔화되었다면 PER 밴드 하단에서 움직일 수 있다.

가치 평가에는 절대적인 기준이 없다는 것을 꼭 명심해야 한다.

## 공감할 만한 수준의 적정가치 계산법

절대적인 기준은 없지만 공감할 만한 상식 수준의 적정가치는 추정이 가능하다. A 사업부와 B 사업부 모두 캐파(capaciry, 생산 능력) 대비 매출이 몇 % 증가했다고 하자. 또 두 사업부의 과거 평균 OPM(operating profit margin, 영업이익률)과 역대 OPM은 어느 정도였다고 하자. 거기서 법인세와 이자 비용을 뺀 순이익이 어느 정도 나왔다고 했을 때 이 금액에 PER 밴드상 평균 PER을 곱하면 예상 적정 시가총액을 산출할 수 있다. 이렇게 계산하기만 해도 직관적인 밸류에이션이 나온다.

이때 best case는 혼자 생각하자. 과거 PER이 10배였는데 올해는 성장했으니 내년에는 PER이 7배, 내후년에는 3배, 이런 식으로 가정하면 안 된다. 지속적으로 할인율을 넣어 주어야 하며, 큰 폭의 성장이 나오는 구간에서는 실적 대비 주가의 반영이 제한적이라며 보수적으로 생각하고 판단해야 한다.

기업의 목적은 이익 창출이고, 주식은 기업의 자기자본에 대한 소유권이다. 그래서 버는 이익만큼 잉여금을 주주들에게 분배한다. 주가가 오르는 이유는 이익이 잘 날 것 같은 회사이기 때문이다. 달리 말하면, 주주 한원에 대한 기대감으로 상승하는 것이므로 결국 장기적으로 돈을 잘 벌 것 같은 회사를 골라야 한다. 그런 회사에 수급이 몰리고, 주가가 상승하게 되어 있다. 적정가치에 대한 고민도 중요하지만 그보다 먼저 생각해야 할 것은 구조적으로 앞으로도 돈을 잘 벌 수 있는 회사인지를 파악하는 것이다. 그걸 파악하기 위해서 ROE, 부채 비율, 재무제표 등을 확인하는 것이다.

재무제표 분석은 기업의 재무 상태와 경영 성과를 파악하는 데 필수적인 과정이다. ROE(자기자본이익률)는 기업이 자기자본을 얼마나 효율적으로 활용하여 이익을 창출하는지를 보여 주는 지표이며, 부채비율은 기업의 재무 건전성을 나타내는 지표이다. 이외에도 현금흐름, 매출채권

회전율 등 다양한 재무 지표를 분석하여 기업의 강점과 약점을 파악할 수 있다. 영업활동 현금흐름은 기업의 현금 창출 능력을 보여 주며, 매출채권회전율은 기업의 판매대금 회수 속도를 나타낸다. 이러한 재무 지표들을 종합적으로 분석하면 기업의 투자 가치를 판단하는 데 도움이 된다.

그리고 예상 컨센서스(consensus)는 보통 해당 기업을 커버하는 애널리스트들이 추정한 실적의 평균을 이야기한다. 이런 컨센서스와 비슷하게 나오면 호실적을 발표해도 주가는 기대감이 선반영되어서 조정이 나오기도 한다. 꼭 애널리스트들의 제시한 컨센서스가 아니더라도 스트리트 컨센서스라고 해서 시장 참여자들의 추정치가 주가에 미리 반영되기도 한다. 중소형주는 애널리스트들이 커버를 할 수가 없어 컨센서스가 없는 경우도 많다.

기업의 목적은 이익 창출이기 때문에 수익을 내기 위해 노력을 할 수밖에 없다. 단순히 '사상 최대 실적' 같은 말에 뇌동 매매를 하기보다는 시장의 컨센서스가 얼마나 주가에 녹아 있는지, 회사의 적정가치를 시장에서 얼마나 공감하는지를 고민해야 한다.

# 어떤 종목을 매수해야 할까?

## 저PBR 종목의 허상

 이번에는 상장사의 규모를 작게 가정해 보자. 동네 카페 하나를 인수한다고 했을 때, 어떤 카페를 인수하는 게 좋을까? (주식을 매수한다는 것은 기업의 자기자본에 대한 소유권을 사는 행위다. 지분만큼 인수했다고 생각하면 된다.) 턴어라운드? 상황이 좋지 않아서 헐값에 나온 카페를 내가 인수했다고 상황이 좋아질까? 난이도는 어떨까? (참고로 상장사의 턴어라운드는 난이도가 매우 높다. 체크해야 할 것과 변수가 많아서 턴어라운드 주식은 큰마음을 먹고 스터디해야 한다. 대박이 날 수도 있지만 초보자에게 이런 행운까지는 웬만하면 따르지 않으므로 과감하게 포기하는 것을 추천한다.) 카페에 대해 잘 알아도 힘든데 운영해 본 적도 없고 그저 인터넷을 통해 공부한 게 전부라면 앞으로 잘 될지 여부에 대해 어떻게 알 수 있을까?

만약 카페 비품과 장비들까지 내놓은 카페라면 어떨까? 가격을 세이브한다는 점에서 끌릴 수 있겠지만, 이런 카페에는 허상이 있다. 망해서 청산하는데 누가 장비들의 제값을 쳐 줄까? 즉 비품과 장비까지 인수한다고 해도 실제로는 제 가치만큼이 아닐 수 있다.

이를 주식으로 바꿔 말하면 저PBR(price book value ratio, 주당순자산) 종목이다. PBR이 1 이하이면 저평가로 인식할 테지만 청산 가치(장부 가격) 기준으로 살펴보면 청산하면서 다시 디스 카운트를 해 준다. 결국 추가 할인이 되기 때문에 실제는 저PBR이 아닐 수도 있다. 그래서 저PBR 주식을 살 때는 ROE(Return On Equity)에 대해서도 고민을 해야 한다. PBR이 개선되고자 한다면 ROE를 높이거나 배당/자사주 소각 등 주주 환원을 통해 순자산을 줄여야 하기 때문이다. 아무리 좋은 장비를 보유하고 있다 한들 손님이 없다면 무용지물이다. 아주 싼 가격에 인수하여 장비 재판매를 통해 수익을 얻는 게 아닌 이상 쉽지 않은 일이다.

물론 카페와 달리 극도의 저PBR인 종목은 나름 매력적이다. 대부분의 저PBR 회사는 업력이 오래되고 알짜 땅을 보유하고 있다. 그런 회사들이 저PBR인 상태를 유지한다는 건 달리 말하면 성장성이 부족하다는 뜻이다. 과거에 번 돈으로 현상 유지를 하는 경우가 많다.

여기에 투자 포인트가 있다. 업력이 오래된 회사의 경우 창업주들은 대부분 나이가 들었고, 3세 경영으로 넘어가는 회사가 많다. 많은 경우 3세들은 해외 유학파이거나 자기가 하고 싶은 것을 하고 살았기에 물려받더라도 신규 사업을 하고 싶어 한다. 그렇게 보수적인 부모님 세대와는 다른 길을 걷는다. 이들은 보유한 자산을 매각하거나 보유한 현금성 자산을 이용해 M&A 등 신규 사업을 시작하는데, 이때 저PBR과 성장이 합쳐지면서 드라마틱한 상승이 나오기도 한다.

## 우리가 관심 가져야 하는 종목

카페 이야기로 돌아가 보자. 어떤 카페가 인수하기에 좋을까? 안정적인 고객 기반과 꾸준히 수익을 창출하는 카페를 인수하는 것이 합리적이다. 이를 주식으로 바꿔 말하면 높은 ROE(자기자본이익률)를 계속 유지한 회사다(ROE는 자기자본이익률로 총자산에서 총부채를 뺀 금액이다. ROE가 10%라는 말은 1000만 원을 투자해서 100만 원을 버는 기업이라는 뜻이다). ROE가 높다는 것은 기업이 자기자본을 효율적으로 활용하고 있다는 의미이지만, ROE가 지나치게 높다면 일시적인 요인에 의한 것일 수도 있으므로 주의해야 한다. 꾸준히 적정 수준의 ROE를 유지하는 기업이 보다 안정적인 투자 대상일 수 있다. 이를 카페로 전환하면 자리가 좋아서 유동 인구도 많고, 맛도 나쁘지 않고, 분위기도 양호해서 새로운 사람이 인수하더라도 꾸준히 장사가 잘 될 법한 곳이다.

문제는 권리금, 인수할 때의 가격이다. 싸고 좋은 물건은 존재하지 않는다. 얼마나 합리적인 가격에 인수할 수 있느냐, 카페를 인수하고 언제쯤 투자금을 회수하고 이익으로 돌아설 수 있는지를 따져 봐야 한다. 싸고 좋은 주식은 없기에, 과거에 꾸준히 돈을 잘 벌었고 성장성이 높은 회사가 저PER이 되는 경우는 극히 드물다. 대부분 고PER로 이미 프리미엄을 받고 있다. 따라서 무조건 저평가 회사를 찾는 것보다 좋은 회사를 적당한 가격에 사는 것이 훨씬 유리하다.

하지만 투자금 회수라는 측면에서도 생각해 볼 필요가 있다. PER이 낮을수록, 저PER로 갈수록 투자금 회수가 빨라지기 때문이다. 심지어 가치투자의 기본 전략이 프리미엄을 받고 고성장을 지속적으로 하던 회사가 대외 변수 등으로 인해서 일시적으로 PER이 낮아지며 제자리로 돌아가는 평균 회귀 전략이다. 합리적인 가격에 매수할수록 안전 마진이 확보될 가능성이 높다.

우리는 마냥 가격이 저렴한 저평가 회사를 사는 것이 아니라 평소에 리서치나 스터디를 통해 기업분석을 마친 상태에서 회사 성장은 유지되는 가운데 시장 리스크 같은 돌발 변수 등에 의해 일시적으로 주가가 하락한, 안전 마진이 높아진 종목을 노려야 한다. 급매로 나온 좋은 카페를 인수해야 성공 가능성이 높은 것과 같다.

여기서 또 하나 예를 들어 보자. 보통 카페 운영을 한다고 하면 난이도 측면에서 어렵지 않다고 생각한다. 그런데 만약 특수하게 전문가만 할 수 있는 카페를 운영해야 한다면 어떨까? 기술주나 바이오주는 전문적인 지식과 분석 능력이 필요하므로, 초보 투자자에게는 다소 어려울 수 있다. 다만 이 역시 상식선에서 생각하는 것이 좋다. 너무 기술에 집착하면 오히려 더 어려워지기 때문이다. 기술은 언제든지 변화할 수 있고 계속해서 발전한다. 산업 전반의 흐름과 기업의 경쟁력을 종합적으로 고려하는 균형 잡힌 시각이 중요하다.

난이도 자체가 어렵기 때문에 초보자들은 테크와 바이오 같은 분야보다 소비재 같은 쉬운 섹터를 먼저 스터디하길 바란다. top-down 분석과 bottom-up 분석은 제각기 장단점이 있기 때문에 병행해야 한다. top-down 분석은 거시경제 상황, 산업 트렌드 등을 분석하여 유망한 산업을 선정하고 해당 산업 내에서 경쟁 우위를 가진 기업을 찾는 방법이며, bottom-up 분석은 산업보다 개별 기업의 재무제표, 사업모델, 경쟁력 등을 분석하는 것이다.

## 장사 잘하는 비법

드디어 카페를 인수했다! 사장인 여러분은 카페 장사가 잘 되게 하려면 무엇이 더 필요하다고 생각한다. 당장 떠올릴 수 있는 건 커피와 곁들일 디저트다. 디저트는 매출을 상승시켜 줄 것이다. 다른 방안으로 테이블을 더 놓거나 테이크아웃을 하게끔 유도하거나 배달을 할 수도 있을 것이다. 능력이 좋다면 본인의 카페에서만 마실 수 있는 아이덴티티 커피를 만들 수도 있을 것이다. 물론 이 모든 것은 SNS 등을 통해 홍보해야만 사람들이 무엇이 이 가게의 장점인지를 인지할 수 있을 것이다.

매출을 올리는 방법에는 이처럼 여러 가지가 있다. 주가가 오르는 원인도 이와 다르지 않다. 가장 기본은 상장 회사의 매출, 영업이익, 순이익 등의 성장이겠지만, 표면적인 지표만 보고 지나치지 말고 무엇이 매출과 영업이익에 영향을 주는지에 대해 살펴봐야 한다.

   기본적으로 회사는 판매를 한다. 그것이 물건일 수도 있고, 지식일 수도 있고, 서비스일 수도 있다. 이를 개인에게 팔면 B2C(business to consumer), 기업에게 팔면 B2B(business to business)가 된다.

   커피숍에서 커피만 팔다가 시간이 흐를수록 디저트를 하나둘 선보이는 것처럼 회사 제품도 다변화되기 마련이다. 그에 따라 신규 매출처가 생기면서 추가 매출이 발생한다. 꼭 완전히 새로운 제품이 아니더라도 기존의 제품을 개선하거나 경쟁사 대비 가격적인 메리트를 내세우면 그 또한 새로운 매출처를 발생시키는 것이나 다름없다. 어떤 기업이든 간에 갑자기 폭발적으로 매출이 오르지는 않는다. 그동안 얼마나 잘 준비했는지에 따라 갈리는데, 이것이 곧 R&D 능력이다.

   이를 조금 더 자세히 들여다보자. 카페 확장 공사를 하듯이 제조업 회사들은 지속적으로 공장을 증설한다. 물론 공장을 증설한다고 해서 쇼티지(shortage, 공급 부족)가 아닌 이상 바로바로 팔리지는 않는다. 오히려 증설하면 감가상각이 더 늘어나고, 제품 라인을 안정화하는 데 시간을 필요로 한다. 이 기간 동안 쓰이는 비용 때문에 가동률이 올라오기 전까지는 이익률이 떨어지기 마련이다. 다만 감가상각은 실제로 돈이 없어지는 것이 아니라 장부상의 회계 처리일 뿐이다. 우리가 EV/EBITDA 등을 확인하는 것도 이런 이유에서다.

   카페에서 배달까지 한다는 것은 수출하는 행위와 유사하다. 우리나라는 내수 시장이 작기 때문에 제품이 수출되어야 의미 있는 성장이 나오는 편이다. 다만 수출하면 환율의 민감도가 높아지기 때문에 회사에서 어떻게 환율을 대응하고 있는지와 운반비 부문도 영향을 받기 때문에 함께 체크를 해 주어야 한다. 내수만 하던 기업이 수출하게 되면 기대감과 프리미엄이 덧입혀지기 때문에, 반드시 살펴야 하는 투자 포인트라고 할 수 있다. 이를 매출처의 다변화로 봐도 좋다. 매출 비중이 한쪽으로 너무 쏠리면 잘 될 때는 레버리지 효과가 있어서 급속도로 성장하지만, 문제가 생길 경우에는 반대로 크게 나빠진다. 그래서 매출처가 다변화된 기업이 안정적인 편이다.

아이덴티티 음식은 독과점에 가깝다. 독과점 기업은 경제적 해자를 가지고 있다고 봐야 한다. 높은 진입 장벽과 구조적 경쟁 우위를 가진 회사들은 웬만해서는 시장점유율(market share)이 급격하게 낮아지지 않는다. 시장에 따라 다르겠지만 대부분은 선두 주자 위치에 있다. 후순위로 진입할 경우 경쟁 제품보다 가격이나 품질 면에서 매우 뛰어나야지만 시장점유율을 가져올 수 있다. 약간의 개선 정도로는 쉽게 바뀌지 않는다. 특히 B2C는 기존 제품에 문제가 생긴 게 아닌 이상 시장점유율의 변화가 빨리 이뤄지지 않는 편이다. B2B도 생명과 연관되었거나 공장의 라인이 멈춰서 비용이 폭발적으로 증가하는 제품군의 경우 획기적인 게 등장하지 않는 이상 기존 제품을 대체하지 못한다. 반면 내재화나 국산화, 밴더 이원화 등의 목적을 가지고 제품을 만드는 경우에는 신규 제품이 빨리 채용되기도 한다.

## 이익률 높이는 방법

카페 인수에도 문제가 없고 장사도 잘 된다. 그런데 문제가 하나 있다. 마진이 적어서 이익이 생각만큼 나오지 않는다. 고생만 하고 남는 게 없는 것이다. 카페도 그렇겠지만 상장사 입장에서 영업이익률은 곧 회사의 경쟁력이다. 마진이 높을수록 좋고, 그 높은 마진을 유지하면 더 좋다.

사업마다 평균이익률은 다르기 때문에 절댓값으로 비교하지 말고, 산업별로 비교하는 게 좋다. 이때 유용한 지표가 하나 있으니 바로 PSR(price sales ratio)이다. PSR은 주가매출액비율로, 낮을수록 저평가다. 이를 달리 말하면, 그만큼 영업이익률이 낮은 회사이기 때문에 좋은 회사로 평가받을 리는 만무하다. 그럼에도 불구하고 저PSR 종목을 긍정적으로 보는 이유가 있다.

예를 들어, A라는 회사는 영업이익률이 1%, B라는 회사는 영업이익률 10%라고 가정하자. 두 회사 모두 올해 단가가 인상되면서 영업이익률이 1% 개선되었다. 고작 1%지만 A 회사는 100% 성장했고, B 회사는 10% 성장했다. 이런 점 때문에 저PSR 회사에서 영업이익률 개선의 조짐이 보일 때 큰 폭의 상승을 기대하고 투자하는 것이다. 단 이때 구조적인 이유로 이익률이 개선되어야 한다.

카페 역시 제품군마다 마진이 다르다. 어떤 커피는 마진이 많고, 어떤 음료수는 마진이 적다. 그래서 고객의 유입을 위해 마진이 적은 제품을 미끼 상품으로도 판매하기도 한다. 상장사 역시—대표적으로 피부미용 회사들의 경우―기계를 먼저 배포하고 자기 회사 소모품을 사용하도록 한다. 기계는 아주 싼 가격에 넘기고 소모품에서 마진을 남기는 것이다. ASP(average sales price)가 높은 제품 MIX에 대해서도 고민을 해야 한다. 평균 판매 단가가 높은 제품군의 비중이 커질수록 이익률의 개선 효과는 좋아질 수밖에 없다.

## Q, P, C 중 무엇을 우선순위로 둬야 할까?

그동안 Q(생산량) 판매량에 대한 이야기를 했는데 P(판매가)도 생각해보자. 커피 가격을 올리면 자연스럽게 카페 매출도 오른다고 생각할 수 있다. 그러나 이건 가격이 오른 커피를 사먹었을 때의 이야기다. 오히려 소비자로 하여금 반감을 일으킬 수 있기에 합리적으로 가격을 올려야 한다. 공감을 얻어야 하는 것이다. 사회적인 이슈, 주변 상권의 가격 상승, 원두 등 원자재 가격 상승 같은 이유가 있을 때 조심스럽게 커피 가격도 올려야 한다.

회사가 얼마나 가격 결정권을 가지고 있는지도 중요하다. 이는 곧 회사의 경쟁력이기 때문이다. 필수소비재의 경우 가격을 올리는 것이 쉽지 않다. 대부분 정부 정책에 의해서 가격이 결정되기 때문이다.

일반 회사의 경우 원자재 가격에 따라 제품 가격도 올리는데 그사이 레깅(lagging effect)이 발생하기도 한다. 원재료를 구입한 시점과 제품을 판매한 시점이 달라서 생기는 경우다. 대부분의 회사는 원자재가 쌀 때

미리 사서 재고로 보유하기 때문에, 오히려 생산할수록 손해가 나는 현상이 생기기도 한다. (원자재 가격이 상승하면 제품 가격도 올려야 하는데, 가격 전가력이 거의 없는 하청업체의 한계 때문에 제품 가격은 유지된다.)

하청업체에 투자할 때는 여러 불편한 점이 있다. 단순히 Q와 P의 상승만 기대하기엔 신경 써야 할 게 많기 때문이다. 대표적인 예로 납품단가 인하(CR, cost reduction)가 있다. 하청업체가 신규 제품을 개발하면 초기에는 원청업체가 개발비 일부 인정해 주어 이익을 보장받지만, 생산량이 늘면서부터 이야기는 달라진다. 원청업체가 점차 CR을 요구하기 때문이다. 생산량이 늘수록 고정비보다 영업이익이 더 크게 증가하기 때문에 영업 레버리지 효과(매출액이 증가할 때 영업이익률이 더 높아지는 현상)가 발생해야 하지만, 영업이익률이 높아질수록 원청업체는 추가적인 CR을 요구한다. 이 때문에 상장된 하청업체들은 자발적으로 C(비용)를 올려서 이익률을 낮추곤 한다.

투자 우선순위를 정하면 Q와 P가 같이 증가하는 것이 가장 좋다. 둘 중 하나만 고르라면 Q가 우선시된다. 한편 C의 감소는 곧 이익 증가로 이어지는데, 한 예로 카페를 운영한다고 했을 때 아르바이트생을 해고하고 직접 일하면 고정비 지출은 감소하고 이익은 늘어날 것이다. 물론 원두를 대량 구매하여 단가를 낮추거나 생두를 직접 볶거나 불필요한 광고비를 줄이고 세세한 비용을 통제하는 것으로 비용을 줄일 수도 있을 것이다.

어쨌든 좋은 회사 운영의 지표는 매출 대비 고정비 비율을 유지하는 것이다. 턴어라운드 기업에 대한 투자가 어려운 이유도 여기에 있다. 많은 회사가 구조적인 성장이 아니라 단기적인 비용 통제를 통해 잠깐의 흑자를 기록하기 때문이다. 이러한 일시적인 성장은 시장에서 제대로 평가받지 못하며, 이는 다시 적자로 돌아설 가능성을 내포한다. 따라서 회사가 비용 절감을 통해 구조 조정, 수직 계열화, 자동화 시스템 도입, 수율 개선, 원가 절감 등 어떤 노력을 기울이는지를 확인하는 것이 중요하다.

Q(생산량), P(판매가), C(비용)는 기업의 수익성을 결정하는 중요한 요소이다. 결국 기업은 Q, P, C의 균형을 유지하면서 이익을 극대화해야 한다. Q를 늘리고자 생산 설비 확대, 마케팅 강화 등을 하거나 P를 높이고자 브랜드 가치 제고, 제품 차별화 등의 전략을 추진하거나 C를 줄이고자 원가 절감, 생산 효율성 향상 등의 노력을 하는 것이다. Q, P, C가 균형을 유지하면서 어떻게 변화하고 있는지 체크하는 것이 중요하다.

# 저평가 가치주 vs. 내러티브 종목

앞서도 이야기했듯이 좋은 회사는 구조적으로 Q와 P는 증가하고 C는 감소하는 기업이다. 즉 매출과 영업이익이 증가하는 기업이다.

$$영업이익 = Q \times P - C$$

좋은 회사는 영업이익률(OPM)이 높으며 이를 지속한다. 다만 너무 높은 영업이익률은 주의할 필요가 있다. 추후에 떨어지는 경우가 많기 때문이다. 시장은 일회성이 아닌 꾸준히 수익을 잘 내는, 구조적으로 성장하는 회사를 선호하기에 이런 기업을 찾는 것이 성장형 가치투자의 제1조건이라 할 수 있다.

그다음이 밸류에이션(PER, PBR 등)의 비교를 통해 싼지 비싼지 여부를 따지는 가치 측정이다. 과거에 아무리 돈을 잘 벌던 회사도 미래 전망이 불투명하다면 주가는 하락한다. 저PER의 함정이다. 업황마다 다르겠지만 PER이 2이기에 저평가라고 생각하며 매수했는데 내년에 PER이 4가 된다면 어떨까? 지금 실적 기준으로는 저평가지만 사실은 역성장하고 있는 것이다. 미래를 알 수 없기 때문에 이미 나온 실적을 기준 삼아 보면 밸류에이션 트랩에 빠질 수 있다. 이 문제를 해결하기 위해서는 내년, 내후년 실적을 추정해야 하는데, 이 역시 쉽지 않은 문제다. 단순 지표 몇 개만으로는 현재 가격이 싼지, 비싼지를 판단할 수 없다.

결과값을 유추하고자 한다면 해당 기업과 산업을 깊이 공부해야 한다. 실적이 어느 정도 나올 것이라는 추정보다는 앞으로 흐름이 어떻게 될 것인지에 대한 방향성을 익히는 것이다. 회사는 돈을 벌기 위해 존재하기에 저PER 종목이라면 앞으로 실적이 유지되거나 자연 성장분 정도는 나와야 그나마 평균 회귀에 따라 적정가치라는 자리로 돌아갈 수 있다. 역성장하는 회사에게는 일시적인 상황이 아닌 이상 이런 전략이 불가능하다. 일시적인 상황은 시장지배력이나 더 크게 성장하고자 비용을 지출하는 경우다. 어쨌든 중요한 것은 성장이든 역성장이든 지속성이다.

반복해서 이야기하지만 EPS(주당순이익)가 최대한 빨리 가시화될수록 투자에서 안전 마진은 높아진다. 실적이 눈에 띄게 증가하면 회사는 저평가 가치주가 되고, 미래 전망만 있다면 내러티브 종목이 된다. 이런 내러티브와 넘버스(실적)가 골고루 섞여 있는 회사일수록 주가가 빠르게 상승한다. 투자자들이 가장 선호하는 회사이기 때문이다.

미래 전망만 가진 내러티브 종목들은 상대적으로 안전 마진이 부족하며, 주식시장의 자금 흐름과 분위기 등을 지속적으로 체크해야 하는 불편함이 있다. 이런 종목들은 크게 상승해도, 크게 하락해도 어색하지 않다. 그만큼 변동성이 크고 투자 난이도가 높다. 수급과 분위기가 하루아침에 바뀌기도 한다. 어제만 해도 축제 분위기였는데 오늘 갑자기 급락이 나와도 전혀 이상하지 않는 것이 바로 내러티브 종목이다. 항상 빠르게 강한 상승을 보여 주고 시장을 선도하지만 변동성이 크기 때문에 비중 투자에 망설여지는 이유다. 투자는 수익률이 아닌 수익금이 중요하다. 아무리 빠르고 강한 상승을 보여 준다고 해도 포트폴리오상 비중을 싣지 못한다면 계좌는 제자리걸음일 수밖에 없다. 그렇다고 비중을 늘리면 큰 변동성 때문에 투자 심리가 흔들리고, 지속적인 수익을 보장할 수 없다. 그래서 내러티브와 넘버스가 적당히 교차가 되어야 한다.

이쯤에서 궁금증이 생길 것이다. '내러티브가 있어야만 상승이 강하게 나오는 걸까? 내러티브 종목을 매수해야만 수익이 나는 걸까?' 내 대답은 "그렇지 않다"이다. 재미없어 보이는 가치투자 종목들도 평균 회귀에 따라 적정가치인 제자리로 돌아온다. 성장이 있는 저평가 가치주를 싼 가격에 지속적으로 매수하다 보면 결국 평균 회귀에 따라 나에게도 기회가 오는 것이다.

문제는 평균 회귀가 언제쯤 오는지를 알 수 없다는 데 있다. 대부분 그 시기를 기다리지 못해서 저평가 가치주보다는 시장의 주도주, 즉 내러티브 종목들을 매매하곤 하는데 지속적으로 팔로우하고 매일 바쁘게 추적 관찰할 수 있다면 이 방법을 택하면 되겠지만, 아니라면 저평가 가치주를 싼 가격에 사서 평균 회귀가 올 때까지 기다리는 게 현명할 것이다. 두 방법 모두 장단점이 있기에 스스로에게 맞는 방법을 택하면 된다.

참고로 적지 않은 투자자들이 금액이 커질수록 보수적으로 변하면서 지키는 투자를 선호한다. 오해하지 말아야 할 것은 지킨다고 해서 성장이 없다는 말은 아니다. 저평가+성장의 교차점을 얼마나 잘 조절했는지에 따라서 가치투자 종목도 내러티브를 갖추며 상승하곤 한다. 실제 투자에선 넘버스(실적)를 기반으로 적당한 내러티브(스토리)를 더할 때 가장 효율이 좋다.

**그림 3-3** 저평가+성장 교차 그래프 이미지

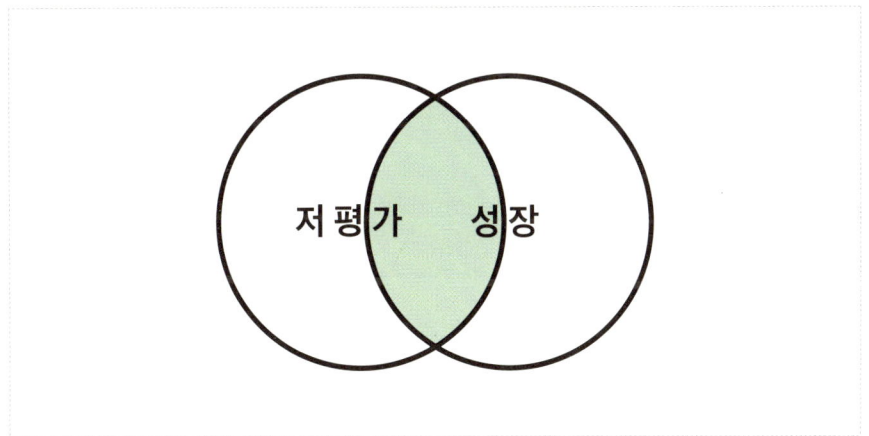

# 내가 보는 지표들

가치투자에서의 대명제는 '주가는 실적에 수렴한다'이다. 각기 반영이 다른 시간 가치와 함께 유튜브, 텔레그램, 패시브 등의 수급으로 인해 많이 왜곡되고 있지만, 대명제는 여전히 사실이다. 또 하나의 진실은 주가는 누군가 많이 사야 올라간다는 것이다.

저평가된 회사만 본다면 앞으로 돈을 잘 벌 수 있을지에 대해 판단할 수가 없다. 그래서 나는 다음 분기 혹은 내년부터 실적이 가시화되어서 앞으로 저평가 구간으로 들어갈 종목을 찾는다. 성장의 기울기는 가파를수록 좋고, 실적의 가시성은 빠를수록 좋다. 개별주보다는 산업이 성장하는 게 좋고, 쉽게 비교할 수 있는 PEER 그룹이 있으면 더 좋다. 다만 이때 PEER 그룹과의 단순 비교를 통해 싼지 비싼지 여부를 판단하면 오류가 생길 수도 있다. 예를 들어 A가 B보다 저평가라서 매수했는데 A의 주가가 상승하면서 B와 밸류에이션이 비슷해지면 B가 싸 보일 수 있는 것이다. 이후에 B가 오르면 다시 A가 싸 보이는, 무한 반복의 굴레에 빠질 수도 있다.

몇 가지를 추가로 이야기하면 시장의 규모가 클수록 좋고, 시가총액은 적당히 적으면 좋다. 더불어 시장에서 실적을 쉽게 추정할 수 없어야 한다. 누구나 예상할 수 있는 실적은 주가를 제한적으로 움직이게 한다. 그렇다고 예상 범위 이상의 어닝 서프라이즈는 난이도가 높기 때문에, 안전 마진까지 고려해서 복합적으로 살펴보는 게 좋다. 안전 마진과 성장은 높을수록 좋다. 재무제표상의 문제는 없는지, CEO 리스크는 없는지, 변수로 무엇을 체크해야 하는지 등을 살펴보는 것이다. 추가로 매출과 영업이익에 영향을 주는 요소도 살펴본다.

이후에 우리가 할 일은 비교를 거친 비교다. 좀 더 성장하는 회사는 없는지, 좀 더 안전 마진을 가진 회사는 없는지, 좀 더 사람들이 선호하는 회사는 없는지 등을 한 차례 거른 종목들끼리 비교하고 포트에 편입한다. 이런 비교는 많은 종목 pool이 있어야 가능하다. 많은 종목 pool은 지속적으로 사업보고서나 애널리스트들이 작성한 기관리포트를 읽고 정리하는 과정에서 만들어진다.

사실 가치투자도 투자 방법론 중의 하나일 뿐이다. '1+1=2'처럼 공식이 있는 게 아니라서 이 자체가 철학이 되면 삶이 피곤해진다. 그저 한 가지 당부하고 싶은 건 대명제만 까먹지 말자는 것이다. 이것만 지킨다면 큰 실수는 하지 않을 것이다. 또한 과한 레버리지를 사용하지 않는다면 적어도 시장에서 살아남을 수 있을 것이고, 인내하면 결국 시간이 다 해결해 준다. 왜냐하면 영원히 저평가인 종목은 존재할 수 없기 때문이다. 언젠가 성장이 트리거가 되어서 적정가치로 다시 평가받을 것이다.

생각하기에 따라 끝도 없이 어렵기도 하고 쉽기도 한 것이 주식이다. 답은 간단하다. 오를 주식을 사면 된다. 오를 주식은 구조적으로 큰 성장을 지속하는 회사다. 한 가지 염두에 둬야 할 것은 이를 확인하는 과정에서 주가, 차트 패턴, 매크로 변수, 뉴스, 수급이 아닌 회사의 가치(구조적으로 성장을 지속할 수 있는지)를 먼저 체크해야 한다는 것이다. 나머지는 그다음 요소다. 추세추종 매매라고 해서 다르지 않다. 추세가 보이는 종목을 트레이딩하는 것인데, 추세가 생기는 종목이 곧 성장하는 기업이다. 그래서 리포트나 뉴스를 보고 미국 등의 전방 산업을 체크하면서 성장하는 기업을 찾는 것이다.

이쯤에서 이 책을 읽을 독자들의 마음을 대변하겠다. 혹시 모래사장에서 바늘 찾기 같다고 느끼는가? 그러나 모든 게 그렇듯이 처음이 어렵다. 많이 하다 보면 익숙해지고, 투자 아이디어도 계속 튀어 나온다. 대부분의 초보 투자자가 하는 실수 중 하나는 종목 스터디를 할 때 회사가 가진 기술에 먼저 주목하고 종목을 사야 할 이유를 거기에 짜 맞추는 것이다. 그러나 모든 회사는 돈을 벌기 위해 존재한다. 흔히 말하는 잡주도 목적은 수익 창출이다. 난 그런 행위를 반복하는 사람들에게

차라리 안 사야 할 이유를 찾으라고 말하곤 한다.

　아웃 퍼폼(Outperform)하는, 시장 또는 산업보다 더 빨리 성장할 거라고 생각되는 회사를 찾아야 한다. 이는 비교를 통해 걸러지는데, 비교를 하기 위해서는 많은 회사를 알아야 한다. 그 과정에서 우리는 자기만의 데이터베이스를 만들어 낸다. 시장 또는 산업보다 더 빨리 성장하는 기업을 찾는 가장 쉬운 방법은 실적이 잘 나온 회사를 비교하는 것이다. 그리고 앞으로도 잘 나올지만 체크하면 된다. 그래서 후반영 투자(PEAD, post earnnings anuouncement drift)가가 가장 접근하기 용이하다. 내가 가장 좋아하면서 즐겨 하는 투자도 바로 후반영 투자이다. 이와 관련해서는 뒤에서 다루겠다.

> 잠깐!

**체크 포인트**

- 매출과 이익의 성장성은 높을수록 좋다.
- 이익의 지속성은 장기적으로 유지해야 한다.
- 이익의 가시성은 빠를수록 좋다.
- 시장 규모는 클수록 좋다.
- 시가총액의 제한은 없으나 슬리피지를 걱정하지 않는 수준으로 작을수록 유리하다.
- 대형주라도 구조적 성장을 한다면 큰 폭의 상승률이 나온다.
- 애널리스트 리포트나 뉴스는 없을수록 좋다.
- 사양 사업보다는 신성장 사업이 유리하다.
- 내러티브와 넘버스가 공존할수록 좋다.
- B2B보다는 B2C가 좀 더 접근성이 좋고 모니터링이 쉬운 편이다.
- HSCODE 등으로 수출입을 바로 체크할 수 있는(그래서 모든 사람이 다 알 수 있는) 회사는 오히려 어렵다(수출입 통계로 큰 그림을 놓치는 경우가 생긴다).
- 게임/바이오처럼 성공과 실패가 나오는 홀짝 산업은 투자 난이도가 높지만 만약 지표의 해석 능력이 있다면 반대로 난이도가 내려간다.
- 이해하기 어려운 산업보다는 쉬운 산업에서 하자. 쇼티지나 흥행 요소가 있는 종목이 좋다.
- 시클리컬보다는 구조적 성장이 좋다.
- 나 홀로 개별주보다는 섹터 전체의 움직임(industry action) 같은 동반 산업 성장이 좋다.
- 이익률은 높을수록 좋지만 너무 높은 건 좋지 않다. 앞으로 개선할 가능성보다 하락할 가능성이 더 높기 때문이다. 영업 레버리지 효과 등으로 앞으로 개선되는 이익률이 가장 좋다.
- 매출처, 특정 제품 등이 한 곳에 몰려 있는 것보다 다변화된 것이 좋다.
- 과거 대주주 이슈 등과 같은 CEO 리스크는 없을수록 좋고, 지분은 너무 많아도 너무 적어도 안 된다. 투자조합 등이 대주주인 곳은 처음부터 배제해야 한다.

- 승계 등의 이슈가 있는 회사는 더 보수적으로 체크해야 한다.
- 대주주 개별 회사의 터널링 작업을 필히 체크해야 한다. 산업이 좋아져도 개별 회사에서 이익을 가져가는 경우가 많다.
- CB 등의 자금조달 이력이 있다면 오버행(주식시장에 매물로 나오는 잠재적 물량) 물량이 나오는 시기와 리픽싱, 콜 옵션(메자닌 같은 상품에서 매도 청구권) 부분을 꼭 체크해야 한다.
- 과거에 지속적으로 자금조달 이슈가 있었던 회사는 배제한다.
- 기관의 컴플라이언스(준법 감시와 내부 통제) 이슈를 통과했거나 당장은 안 되어도 늦어도 다음 해에는 통과해야 한다.
- 신규 상장주는 가장 좋을 때 상장하는 경우가 많아서 좀 더 깊은 분석을 해야 한다.
- 부채 비율이 높은 회사는 금리에 따른 이자 때문에 순이익이 급감할 수 있다.
- 매출채권이 예상보다 늘어나거나 무형자산이 많으면 4Q에 비용 처리를 하는 경우가 많다.
- 쇼티지가 아니라면 캐파 증설 후 감가상각비와 수율 등의 안정화 문제로 이익률이 하락할 수 있다.
- 수출 비중이 높은 회사는 환헤지를 꼭 체크해야 한다.
- 원자재 영향이 큰 회사 역시 레깅을 잘 체크해야 한다.
- 가격결정력이 얼마나 있는지 체크해야 한다.
- 운송비 등의 비용이 큰 회사 물류비를 체크해야 한다.
- 주주 친화 정책을 펼치는 회사일수록 좋다.
- 시장과 소통을 잘 안 하지만 앞으로 IR을 할 의지가 있는 회사가 유리하다.
- IR을 안 하다가 갑자기 IR을 한다면 대부분 자금조달 이슈 혹은 IR 담당자가 바뀌었거나 우리사주를 받고 나서 시장과 소통을 시작하는 경우다.
- 스트리트 컨센서스(애널리스트의 실적 추정치 평균)가 높으면 어닝 서프라이즈가 나와도 주가는 셀 온(sell on, 주식시장에서 특정 이벤트나 뉴스가 발생했을 때 파는 전략)이 나오는 경우가 많다.
- 시장과 소통하는 IR은 좋고, 막연히 컨센서스를 불러 주는 IR은 좋지 않다.

# 내가 매수하는
# 방법

    가치투자의 가장 큰 장점은 매수 타이밍에 대한 고민을 하지 않아도 된다는 것이다. 구조적 성장을 하는 회사를 찾았고 실적의 가시성이 높아서 올해 혹은 내년부터 저평가 구간에 들어갈 가능성이 높다고 판단된다면 그때부터는 분할 매수 구간이다. 나는 내가 생각한 적정가치보다 저렴할 경우 어떤 트리거—뉴스, 실적, 이벤트 등—가 나오기 전까지 기간 설정을 하고 계속 분할 매수한다. 이때 주가의 단기적인 움직임은 신경 쓰지 않고, 안전 마진과 업사이드(목표주가 대비 상승 여력. 다운사이드는 하락 위험을 말한다) 그리고 실현 가능성을 생각한다. 기대 수익이 아무리 높아도 실현 가능성이 낮다면 기대수익률은 낮다. 대표적으로 성공과 실패가 정해져 있는 홀짝(바이오/게임 등)이 그렇다.

    물론 싸게 살수록 더 좋지만, 비싸게 사더라도 원하는 비중을 채우려

고만 노력할 뿐 오늘 내일의 가격에 민감하게 반응하지 않는다. 계좌에 나오는 평가수익률은 중요한 것이 아니다. 가치투자자들은 남에게 자랑하기 위해 투자하지 않는다. 더불어 수익률보다는 수익금을 생각하며, 수익금의 크기는 포트폴리오 내에서 해당 종목의 비중이 결정한다.

분할 매수를 하는데 자꾸 상승해서 기대수익률이 많이 감소하면 그때부터는 매수를 멈추고 다시 내려오길 기다리거나 다른 종목을 찾고자 비교 스터디를 시작한다. 다른 종목과의 비교를 계속한다. 이후 이미 주가가 상승해서 매수한 종목의 기대수익률보다 다른 종목의 기대수익률이 높고 실현 가능성이 높다면 크로싱 매매를 한다. 반면 막상 비교를 했는데 다른 종목의 크로싱 매매에 매력이 없다면 기존 종목을 계속 보유한다.

어차피 우리가 선택한 종목은 구조적으로 성장하여 향후 몇 년간은 성장이 보장된 회사이다. 시장 리스크만 아니라면 보유만 하고 있어도 수익이 날 가능성이 높다. 더 빨리 더 많이 성장하는 종목이 없다면 당장은 이미 상승한 보유 종목을 홀딩한다. 비록 기대수익률이 낮지만, 굳이 매도할 필요는 없다.

차트 매매에 대한 스킬을 배웠다면 매매하는 데 조금은 도움이 된다. 당연한 이야기지만 아는 만큼 쓸 수 있고, 배척하고 전혀 모르면 활용이 불가능하다. 내 경우 장중에 HTS를 계속 보는 것이 싫어서 주로 예약 매매를 하거나 TWAP(시간 분할 주문)을 통해 특정 시간과 가격까지 조건을 걸어 두고 계속 분할 매수를 하는 편이다. 스스로 절제할 수 없다면 시세를 자주 보지 않는 걸 추천한다. 볼수록 뇌동 매매 횟수가 자연스럽게 늘어난다. 즉 최대한 HTS나 MTS를 안 보는 것이 실수를 막는 방법이다.

평소에 많은 종목을 리서치하고, 대외 변수 등에 의해 일시적으로 좋은 가격에 도달한 종목에서 업사이드가 많이 보일 때 진입하는 것이 가장 안전 마진이 높은 방법이다. 추세적으로 하락하는 종목에서 떨어지는 칼날을 잡기보다는 하락 이후 반등이 나오는 시점부터 매수하는 게 시간적으로 더 유리하다. 진짜 추세 전환이 아닌 기술적인 반등이라도 하락 이후 반등 때 매수하는 습관을 가지자. 어차피 바닥과 꼭지는 알 수 없다. 하락장에서는 보유한 현금을 천천히 쓸수록 시간적·심리적 안전 마진이 생긴다. 심리가 한 번 무너지면 그 이후 매매도 전부 무너진다.

포트폴리오 방어 차원에서 헤지를 하는 습관도 좋다. 고점 대비해서 주가가 많이 하락했다고, 저렴해 보인다고 매매하는 실수를 하지 말아야 한다. 매매는 가격이 아닌 회사의 가치(펀더멘털)를 기준 삼아 해야 한다.

### TWAP와 VWAP

시간 분할 주문으로 장중 시간을 나눠서 주문을 넣는 방식이다.

예를 들어 1만 주의 주문을 체결하고자 한다면 3분 간격으로 장 시작부터 끝날 때까지 6시간 동안 주문을 넣겠다고 설정할 수 있다. 같은 시간 간격으로 동일하게 매수를 하게 된다.

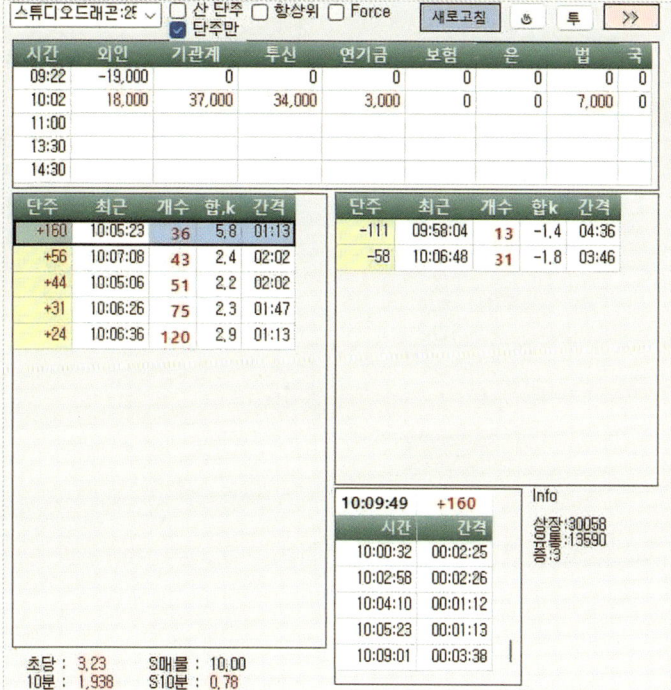

그림 3-4 TWAP 추적 알고리즘을 이용한 사례

예시로 TWAP 추적 알고리즘을 이용한 스튜디오드래곤의 현재 상태이다(해당 프로그램은 직접 구현을 했다).

160주씩 1분 13초 간격으로 현재 36번 매수가 진행 중이다.

24주씩 1분 13초 간격으로 120번 매수가 진행 중이다.

2분 2초 간격으로 56주, 44주를 매수 중이다.

TWAP 주문으로 들어오는 매수와 매도를 합치면 현재 10분당 약 1,938주씩 매수하고 있다고 해석할 수 있다. 가격 리미트를 걸게 되면 원하는 가격까지만 주문을 넣을 수 있고, 주가가 상승하든 하락하든 평균에 수렴하게 된다.

비슷한 주문으로 VWAP(거래량 가중평균 주문)도 있다. 이는 시간이 아닌 거래량에 따라 주문량이 달라지는 매매 방식이다.

**그림 3-5** VWAP 추적 알고리즘을 이용한 사례

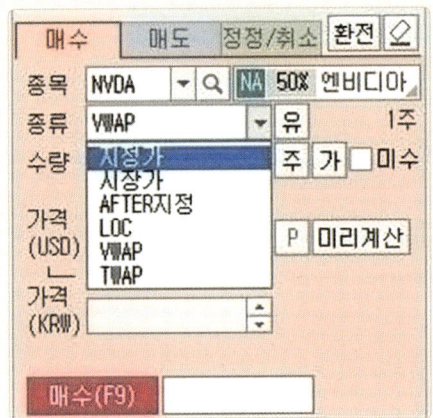

증권사 HTS에 따라서 TWAP, VWAP 주문을 지원하지 않는 곳도 있으니 참고하자.

# 내가 매도하는 방법

## 주가는 시간이 지날수록 탄력성이 떨어진다

매도 방법은 간단하다. 자기가 생각하는 적정가치에 팔면 된다. 당연히 모든 투자자의 적정가치는 각자의 기준에 따라 다를 수밖에 없다.

나는 항상 보수적인 적정가치를 생각한다. 실적도 가장 나쁜 시나리오를 기준으로 추정하며 Multiple, PER/PBR 밴드 등을 다 체크한 후에 가장 낮은 값을 기준으로 적정가치를 매긴다. 할인율도 국채 이상이나 10%를 적용시키고 있다. 다만 적정가치가 정답은 아니기 때문에 전량 매도하기보다는 비중을 줄여 나간다.

주가의 움직임은 시간이 지날수록 탄력성이 떨어진다. 추세를 따라 계속 우상향할 수도 있지만, 보통은 시장에 잘 알려지지 않은 초기에 가장 탄력이 좋다. 시간이 지날수록 많은 사람이 해당 주식을 알게 되고 실적 추정마저 하고 나면 캡이 씌어져서 상승의 한계가 보이기 시작한다. 기대수익률이 적을수록 상승 탄력이 떨어진다고 보면 된다.

시간 대비 효율성에 대해서도 고민을 해야 한다. 그럴 때는 내가 생각하는 적정가치에 도달하기 전에 교차 매매를 고민해야 한다. 종목 업사이드가 100%가 넘어서 매수를 했는데 이제 적정가치까지 업사이드가 30% 정도밖에 안 남았다고 가정하자. 이때 다른 종목 스터디를 했더니 업사이드가 100% 이상이다. 이럴 때는 굳이 매수한 종목의 적정 주가까지 기다리기보다는 비중을 줄이고, 남은 물량으로 나중에 스터디한 종목을 매수하면 좋다.

## 구조적인 성장인데 하락하는 경우

상승해서 적정 주가에 도달하는 행복한 매매만 고민했다면, 이제 반대로 하락에 대한 고민도 해 보자. 구조적 성장인데도 불구하고 하락하는 경우는 크게 세 가지밖에 없다.

- 시장 리스크
- 잘못된 분석
- 다른 적정가치

## 1. 시장 리스크

시장 리스크로 인해 주가가 하락할 경우 나는 회사의 펀더멘털에 문제가 없는 한 홀딩하는 편이다. 레버리지만 아니라면 결국 매크로로 인한 하락은 시간이 지나면 복구된다. 문제는 대부분의 시장 리스크는 회사의 실적에 직간접적으로 영향을 준다는 것이다. 실적에 영향을 주는 리스크라면 일부 비중 조절을 한다. 주가 하락에 대한 비중 축소가 아니라 시장 리스크의 규모와 지속성에 대한 판단을 하고 기업의 이익 추정치가 감소한다면 그만큼 위험 노출도를 줄인다는 느낌이다. 다만 '코로나' 사태처럼 가볍게 생각하고 대응을 안 하다 보면 한 번씩 큰 하락을 맞을 수도 있다. 그런 현상을 대비해서 헤지(hedge) 같은 리스크 관리를 추가로 하는 편이다. 헤지 역시 시장 리스크를 완벽하게 피할 수는 없지만, 멘탈 관리 차원에서 꾸준히 한다.

## 2. 잘못된 분석

잘못된 분석은 말 그대로 그 회사가 구조적인 성장을 할 것으로 보았는데 예상과 다르게 흘러갈 때다. 내가 분석을 잘못했을 수도 있고, 회사의 문제로 투자 포인트가 훼손되었을 수도 있다. 중요한 점은 성장한다는 메인 전제에 문제가 생겼다는 것이다. 따라서 이때는 눈물의 손절을 해야 한다. 만약 성장에는 문제가 없는데 한 분기 실적이 딜레이되거나 기울기가 변경된 거라면 나는 비중만 조절하고, 전량 매도는 하지 않는다.

주가가 하락하는 데는 대부분 이유가 있다. 회사를 믿고 방치하는 건 가치투자가 아니다. 지속적인 추적 관찰을 통해 내가 생각한 투자 포인트들에 문제가 없는지 체크해야 한다. 실적 발표를 하는 3개월마다 회사를 체크한다고 생각하면 된다. 구조적으로 성장하는 회사가 내가 매수한 지점에서 50% 하락한다면 이건 신이 나에게 기회를 준 것이 아니다. 분명 내가 놓친 리스크가 발현된 것이니 체크하고 또 체크해야 한다. 좋은 회사가 이유 없이 하락하는 경우는 정말 잘 없다. 수급이나 일회성 이슈 등으로 인해 하락하는 경우가 아니라면 말이다.

## 3. 다른 적정가치

초보 투자자들이 많이 겪는 케이스다. 구조적 성장을 하는 회사를 프리미엄을 주고 사는 경우다. 본인 생각과 시장에서 판단하는 적정가치 간 차이가 생길 때 이런 일이 발생한다. 그래서 적정가치 계산은 최대한 보수적으로 해야 한다. 이를 위해서는 하지 말아야 할 행동이 몇 가지 있다.

- 글로벌 MS(market share, 시장점유율) 1위 회사들을 PEER 그룹이라고 비교하는 행동
- 과거 시장과 업황이 가장 좋았을 시기에 받던 PER을 적용하는 행동
- 국내 PEER 그룹을 볼 때 가장 높은 회사와 비교하는 행동
- 미래 EPS를 추정할 때 실현 가능성이 낮은 것까지 끌고 와서 best 케이스로 추정하는 행동
- 미래의 시간 가치가 많이 남았는데도 캐파만 생각해서 3~4년 뒤 실적까지 끌고 오는 행동

- **일회성 이익까지 포함해서 밸류에이션을 계산하는 행동**
- **할인율이 아니라 프리미엄을 주는 행동**

적정가치는 많은 사람이 공감할 수 있어야 한다. 나 혼자만 추정하는 적정가치는 실패할 가능성이 매우 높다. 사업을 해 보면 알겠지만 막상 어떤 신사업이나 신제품이 갑자기 빵빵 터져서 매출로 찍히는 경우는 많지 않다. 투자자가 원하는 시간과 회사가 원하는 시간은 다를 수밖에 없다. 최대한 보수적으로 생각하고 대응하자. 비교를 많이 할수록 내 계좌의 수익률은 올라간다는 점을 꼭 명심해야 한다.

또한 투자는 언제든지 예상할 수 없는 변수로 인해서 실패할 수 있다는 점을 기억하자. 사야 할 이유가 아닌 사지 말아야 할 이유를 고민하며 리서치하는 것이 더 효과적이다.

# 나의 수익
# 극대화 전략

    우리가 찾을 종목은 최대한 빨리 많이 상승할 회사다. 구조적 성장을 하는 회사 중에서도 사람들이 선호하는 산업에 속해 있다면 주가는 더 빠르게 반응한다. 앞서도 언급했듯이 내러티브(스토리)와 넘버스(실적)가 공존할수록 좋다.

    사양 산업에서도 경쟁자 몰락, 레깅 효과 등의 이유로 성장하는 구간에 도달하곤 하지만, 이는 다른 핫한 회사들이 상승한 후에 살 것이 없을 때의 이야기다. 이 종목들은 상대적으로 키를 맞추는 데 시간이 걸린다.

    저평가된 회사(가장 싼)보다는 고성장하는 회사(가장 비싼)를 매수하는 것이 시간 가치 면에서 유리하다. 내 경우 주로 바스켓 매매로 대장주와 가장 저평가된 주식을 함께 매수한다. 또한 한 번 또는 두 번 거치는 회사보다는 다이렉트로 도달하는 회사의 반응이 빠르다. '제2의 XXX', '숨겨진 수혜주'보다 잘 알려진 회사를 매수하는 것이 시간 가치 면에서 더 좋다는 이야기다. 물론 소외주는 저평가된 상태라 안전 마진이 높아 비중 베팅 면에서 유리하지만, 시간 가치 면에서 불리한 만큼 저평가 상태로 많은 시간을 보낼 수도 있음을 명심해야 한다. 나의 경우 삼성전자가 좋아 보인다면 현물뿐만 아니라 선물까지 매수하기도 한다. 종목 선택이 애매하다면 ETF로 매수하고, 바스켓으로 해당 ETF의 대형주를 샀다면 고베타 스몰캡도 편입시키는 편이다.

나는 물타기 매매는 웬만하면 하지 않는다. 그 예외가 수급, 일회성 등 추정할 수 있는 변수로 내려갈 경우다. 나는 내가 예상하는 적정가치와 매력적인 업사이드 전까지는 꾸준히 분할 매수를 하는 편이다.

나머지 수익 극대화는 추세추종 전략을 가치투자에 적용하는 것이다. 적정가치에 도달했다고 전량 매도하는 것이 아니라 일부 비중을 줄인 후에 추세가 꺾일 때까지 홀딩을 한다. 성장이 가시화되면서 주가가 상승 추세에 있을 경우 적정가치 이상으로 프리미엄을 받는 경우가 많다. 내 경우 보수적으로 적정가치를 산출하기 때문에 대체로 적정가치 이상으로 상승하곤 한다. 맥주도 거품이 제일 맛있고 주식도 거품이 제일 맛있다. 너무 일찍 팔았던 경험이 많다면 매도할 때 일부라도 추세추종을 적용해 보자.

나는 주가가 고점 대비 많이 하락했다고 해서 매수하거나 주가가 많이 상승했다고 해서 매도하지 않는다. 주식의 가격만으로 매매하는 일은 거의 없다. 가치투자의 기본은 가격이 아니라 가치다. 나는 매수한 회사가 저평가 구간에서 많은 거래량과 장대양봉을 동반하며 상한가에 도달했다고 해서 매도하지 않는다. 많은 거래량을 동반한 장대양봉은 새로운 추세의 시작점일 수 있기 때문이다. 나는 성급하게 판단하기보다 상황을 지켜보면서 대응한다. 오랜 시간 동안 스터디하며 비교를 통해 선택한 종목이기 때문이다. 어렵게 선택한 종목을 가볍게 매매할 수는 없는 일이다. 그래서 매매하기 전에 한 번 더 생각하고 고민한다.

이때 주의할 점은 종목과 사랑에 빠져서는 결코 안 된다는 것이다. 적지 않은 가치투자자가 과한 레버리지를 쓰면서 시장에서 아웃되곤 하는데, 이는 종목과 사랑에 빠지는 데서 비롯된다. 잡주만의 이야기가 아니다. 좋은 회사도 아웃되는 건 마찬가지다. 스터디를 통한 강한 확신은 비중을 싣거나 홀딩하는 측면에서 굳건하게 버티게 만드는 동력이 되기도 하지만, 남들은 아니라는데 혼자만 과한 확신을 가졌을 때는 실패로 이어지는 지름길이 된다. 주식은 많은 사람이 공감할 때 더 빨리 많이 오른다. 소외주도 어떤 트리거에 의해서 티핑 포인트가 생겨야만 상승한다. 트리거 없이는 아무리 좋은 회사도 좋은 주식이 되지 못한다.

# 멘탈을 위한
# 보험, 헤지

　개별 종목의 리스크는 강도 높은 분석을 통해 어느 정도 해결할 수 있다. 자산 분배 전략(국채, 금, 현금, 코인 등으로 자산을 분산하는 것)도 안정성을 올려 준다는 점에서 도움이 되지만, 이따금 크게 터지는 시장 리스크는 자산 분배도 어쩔 수 없다. 그 예가 리먼 브라더스 사태, 금융 위기, IMF 그리고 최근에 터진 COVID-19다.

　따라서 제대로 된 헤징을 할 필요가 있다. 이는 개별 종목에 대한 헤지가 아닌 시장에 대한 헤지 개념이다. 풋/콜 옵션을 사거나 선물을 매도하는 게 그중 하나일 것이다.

　풋 옵션은 특정 가격에 주식을 팔 권리를 매매하는 것이다. 가령 현재 A 주식이 10만 원인데 시장이 하락할 경우를 대비해 9만 원에 팔 수 있는 권리를 사 둔다. 만약 이후 A 주식의 가격이 8만 원으로 떨어진다면 사둔 옵션 덕분에 9만 원에 팔 수 있게 되니 손실이 줄어드는 효과가 생긴다.

콜 옵션은 특정 가격에 주식을 살 수 있는 권리를 매매하는 것이다. 시장이 하락하면 콜 옵션의 가치가 줄어들기 때문에 매도자는 이익을 볼 수 있다.

선물 매도는 특정 가격에 자산을 매매하기로 약속하는 것이다.

이처럼 다양한 방법으로 헤지를 할 수 있지만, 파생은 현물과 다르게 시간 가치가 있다. 우리가 기억해야 할 진실은 헤지의 목적은 전체 포트폴리오의 손실을 줄이는 것이라는 점이다. 헤지로 수익을 낼 수는 없다. 시장이 하락 구간에 접어들었는데 보유한 종목에는 이상이 없어서 매도할 수 없을 때, 과도한 슬리피지 등으로 매매가 불가능할 때 보험 차원에서 포트폴리오에 추가하는 것이다.

ETF 곱버스 등으로도 헤지할 수 있지만 레버리지 효과가 적고 자금이 많이 드는 관계로 헤지 본연의 역할은 하지 못한다. 적은 자금으로도 레버리지 효과가 큰, 순수 파생으로 헤지하는 것이 포트폴리오 자금 측면에서 효율적이다.

시장이 하락하지 않더라도 헤지펀드 운영하듯이 평소에도 헤지를 걸고 포트폴리오를 구성하는 습관을 가지면 좋다. 주식시장에서 롱 런 하는 방법 중 하나이기도 하다.

투자자라면 항상 실패할 수도 있다는 생각을 가져야 한다. 강도 높은 기업분석을 한다 해도 종목 리스크를 100% 해결할 수 없기 때문이다. 실패할 수도 있다는 생각을 항상 한다면 무리한 베팅을 하지 않을 것이며, 실패해도 다시 일어날 수 있다. 투자에서 중요한 것은 지속적인 수익이다. 순식간에 큰돈을 벌겠다는 생각보다 오래 시장에 살아남아서 복리 효과를 누리겠다는 마음가짐으로 투자에 임하자.

# 후반영을 활용한
# 투자 사례

### 방향성과 앞으로의 흐름

　실적 추정에도 다양한 방법이 있다. 과거에 꾸준히 돈을 잘 번 회사들은 특별한 이슈가 발생하지 않는 한 앞으로도 잘 벌 가능성이 높다. 그리고 이 사실을 누구나 인지하고 있기 때문에 저평가가 될 가능성은 매우 낮다.

　그러니 과거에는 실적이 들쑥날쑥했으나 분기 실적이 좋게 나온 회사들 위주로 살펴보자. 이미 한 분기 실적이 좋게 나왔기 때문에 이것이 일회성인지 구조적인 성장인지를 충분히 파악할 수 있다. 전자공시시스템(dart.fss.or.kr)에 들어가서 사업보고서를 읽고, 그것만으로 부족하다면 주식 담당자와 통화하거나 관련 섹터 또는 애널리스트 리포트 위주로 살펴보면 된다. 충분히 파악할 수 있다고 말했지만, 사실 정확하게 추정할 수 있는 방법은 없다. 우리가 살필 것은 방향성과 앞으로의 흐름이다. 이미 분기 실적이 좋게 나왔다는 것은 회사의 변화가 시작되고 있다는 뜻이기 때문이다.

## 분기 실적을 파악해야 하는 이유

사업보고서를 읽을 때는 잘 나온 것들 중 특이점이 있는 것만 엑셀에 정리한다. 순간의 트레이딩을 위해서가 아니라 왜 잘 나왔는지, 앞으로도 잘 나올 것인지를 염두에 두고 살펴본다.

한 예로 코스메카코리아(잉글우드랩)를 한 번 살펴보자[그림 3-6]. 2023년 5월 9일, 장이 끝나고 코스메카코리아가 1분기 잠정 실적을 공시했는데, 깜짝 놀랄 만한 실적을 발표했다.

- 매출 - YoY(전년 동기 대비) 30.3% 성장
- 영업이익 - YoY 1,410.9% 성장
- 지배순이익 - 흑자 전환

우리가 체크할 것은 왜 이런 실적이 나왔는지, 혹시 일회성은 아닌지 여부다. 고맙게도 코스메카코리아는 실적 발표 이후 회사 홈페이지에 IR 자료를 올려 주었는데, 우리는 이 자료를 통해 최대한 이유를 파악해야 한다. 코스메카코리아는 실적 발표 당일에 시간외는 상한가에 도달했고 다음 날에는 쩜상으로 시작했다. 그럼에도 나는 매매할 생각을

**그림 3-6** 코스메카코리아 실적 발표 공시(출처: DART)

DART 코스메카코리아

본문: 2023.05.09 연결재무제표기준영업(잠정)실적(공정공시)

첨부: +첨부선택+

☞ 본 공시사항은 [한국거래소 코스닥시장본부] 소관사항입니다.

## 연결재무제표 기준 영업(잠정)실적(공정공시)

※ 동 정보는 확정치가 아닌 잠정치로서 향후 확정치와는 다를 수 있음.

1. 연결실적내용

| 구분(단위 : 백만원, %) | | 당기실적 (23.1Q) | 전기실적 (22.4Q) | 전기대비증감액(증감율) | 전년동기실적 (22.1Q) | 전년동기대비증감액(증감율) |
|---|---|---|---|---|---|---|
| 매출액 | 당해실적 | 115,932 | 106,446 | 9,486 (8.9%) | 88,997 | 26,935 (30.3%) |
| | 누계실적 | 115,932 | - | - | 88,997 | 26,935 (30.3%) |
| 영업이익 | 당해실적 | 9,254 | 3,758 | 5,496 (146.2%) | 612 | 8,642 (1,410.9%) |
| | 누계실적 | 9,254 | - | - | 612 | 8,642 (1,410.9%) |
| 법인세비용차감전계속사업이익 | 당해실적 | 9,490 | -2,331 | 11,821 (흑자전환) | 403 | 9,087 (2,254.8%) |
| | 누계실적 | 9,490 | - | - | 403 | 9,087 (2,254.8%) |
| 당기순이익 | 당해실적 | 7,357 | -246 | 7,602 (흑자전환) | 116 | 7,241 (6,251.7%) |
| | 누계실적 | 7,357 | - | - | 116 | 7,241 (6,251.7%) |
| 지배기업 소유주지분 순이익 | 당해실적 | 4,472 | 329 | 4,143 (1,259.2%) | -23 | 4,495 (흑자전환) |
| | 누계실적 | 4,472 | - | - | -23 | 4,495 (흑자전환) |
| - | | - | - | - | - | - |

그림 3-7 잉글우드랩 일간 차트(22.12~23.12)

그림 3-8 코스메카코리아 일간 차트(22.12~23.12)

하지 않았다. 실적이 잘 나온 원인을 알기 전까지는 매매하지 않는 게 나의 원칙이다.

코스메카코리아와 자회사인 잉글우드랩 둘 다 실적 발표 이틀 만에 저점에서 50%가 올랐고, 조정 구간에 접어들었다. 이미 실적이라는 재료가 소멸했고 단기적으로 높은 상승이 나왔기 때문에 더 보는 건 의미 없을까? 그렇지 않다. 일회성으로 실적이 좋아진 것이라면 주가는 상승분을 반납하고 다시 내려올 것이다. 그러나 반대로 구조적인 성장을 이뤄 냈다면 건전한 조정을 거치면서 주가는 우상향할 것이다. 이것이 왜 분기 실적이 어닝 서프라이즈가 나왔는지를 파악해야 하는 이유다.

## 사업보고서에서 체크해야 할 것들

[그림 3-9]는 코스메카코리아의 연결 손익계산서이다. 제일 먼저 매출액의 성장을 체크하고자 최근 나온 분기, 반기, 사업보고서를 확인한다. 연결재무제표 기준으로 확인하며 연결 자회사가 없는 회사는 개별 재무제표를 확인하면 된다. YoY(전년 동기 대비), QoQ(전 분기 대비)로 체크한다.

매출/영업이익/순이익 성장 모두 중요하지만 기본적으로 매출액의 성장이 밑바탕이 되어야 한다. 매출액이 성장하는 회사라면 공헌이익에 대해서도 고민해야 한다.

### 그림 3-9 코스메카코리아 연결 손익계산서(출처: DART)

**연결 포괄손익계산서**

제 25 기 1분기 2023.01.01 부터 2023.03.31 까지
제 24 기 1분기 2022.01.01 부터 2022.03.31 까지

(단위 : 원)

| | 제 25 기 1분기 | | 제 24 기 1분기 | |
|---|---|---|---|---|
| | 3개월 | 누적 | 3개월 | 누적 |
| 매출액 | 115,932,322,832 | 115,932,322,832 | 88,997,255,599 | 88,997,255,599 |
| 매출원가 | 92,280,970,593 | 92,280,970,593 | 76,233,177,243 | 76,233,177,243 |
| 매출총이익 | 23,651,352,239 | 23,651,352,239 | 12,764,078,356 | 12,764,078,356 |
| 판매비와관리비 | 14,397,296,059 | 14,397,296,059 | 12,151,594,865 | 12,151,594,865 |
| 영업이익 | 9,254,056,180 | 9,254,056,180 | 612,483,491 | 612,483,491 |
| 금융수익 | 2,573,197,303 | 2,573,197,303 | 884,489,064 | 884,489,064 |
| 금융원가 | 2,250,251,905 | 2,250,251,905 | 1,075,583,792 | 1,075,583,792 |
| 기타영업외수익 | 3,932,364 | 3,932,364 | 91,687,774 | 91,687,774 |
| 기타영업외비용 | 91,154,567 | 91,154,567 | 110,079,547 | 110,079,547 |
| 법인세비용차감전순이익 | 9,489,779,375 | 9,489,779,375 | 402,996,990 | 402,996,990 |
| 법인세비용 | 2,132,980,785 | 2,132,980,785 | 287,173,808 | 287,173,808 |
| 당기순이익 | 7,356,798,590 | 7,356,798,590 | 115,823,182 | 115,823,182 |
| 당기순이익의 귀속 | | | | |
| 지배기업소유주지분 | 4,471,649,759 | 4,471,649,759 | (23,048,040) | (23,048,040) |
| 비지배지분 | 2,885,148,831 | 2,885,148,831 | 138,871,222 | 138,871,222 |
| 기타포괄손익 | 2,876,443,197 | 2,876,443,197 | 1,865,306,437 | 1,865,306,437 |
| 당기손익으로 재분류될 수 있는 항목(세후기타포괄손익) | 2,985,409,988 | 2,985,409,988 | 1,942,892,936 | 1,942,892,936 |
| 해외사업환산손익 | 2,985,409,988 | 2,985,409,988 | 1,942,892,936 | 1,942,892,936 |
| 당기손익으로 재분류되지 않는항목(세후기타포괄손익) | (108,966,791) | (108,966,791) | (77,586,499) | (77,586,499) |
| 확정급여제도의 재측정요소 | (108,966,791) | (108,966,791) | (77,586,499) | (77,586,499) |
| 총포괄손익 | 10,233,241,787 | 10,233,241,787 | 1,981,129,619 | 1,981,129,619 |
| 총 포괄손익의 귀속 | | | | |
| 지배기업소유주지분 | 5,993,552,319 | 5,993,552,319 | 946,156,561 | 946,156,561 |
| 비지배지분 | 4,239,689,468 | 4,239,689,468 | 1,034,973,058 | 1,034,973,058 |
| 주당이익 | | | | |
| 기본주당이익 (단위 : 원) | 419 | 419 | (2) | (2) |

> 공헌이익(contribution margin) = 매출액 − 변동비(variable costs)

고정비 비중이 높은 사업은 매출이 증가하면 고정비를 빠르게 상쇄

그림 3-10 코스메카코리아 매출 및 수주상황(출처: DART)

| 사업부문 | 구분 | 판매경로 | 매출액(백만원) | 매출비중(%) |
|---|---|---|---|---|
| 화장품 | 제품 | 내수 | 101,637 | 87.7 |
| | | 수출 | 12,823 | 11.1 |
| | | 합계 | 114,460 | 98.7 |
| | 상품 | 내수 | 866 | 0.7 |
| | | 수출 | - | - |
| | | 합계 | 866 | 0.7 |
| | 기타 | 내수 | 607 | 0.5 |
| | | 수출 | - | - |
| | | 합계 | 607 | 0.5 |
| 합계 | | 내수 | 103,109 | 88.9 |
| | | 수출 | 12,823 | 11.1 |
| | | 합계 | 115,932 | 100.0 |

하여 공헌이익이 폭발적으로 증가한다. 변동비 비중이 높은 사업은 매출이 증가해도 변동비가 같이 증가하므로 공헌이익의 증가 폭이 상대적으로 작을 수 있다. 그렇지만 매출이 일정 수준 이상 되면 고정비를 초과하여 이익이 큰 폭으로 증가할 수도 있다. 그래서 매출액의 성장이 밑바탕이 된다.

매출이 증가했다면 '사업의 내용'에서 '4. 매출 및 수주상황'으로 사업부별 매출액을 확인한다. 사업부별, 제품별 매출 브레이크 다운을 표시한 회사도 있고, 없는 회사도 있다. 회사 홈페이지의 공식 IR 자료를 이용하거나 없다면 과거 사업보고서를 같이 확인해서 엑셀로 옮기는 작업을 한다. 나는 보통 5~8분기의 실적을 같이 살펴보는 편이다.

**그림 3-11** 코스메카코리아 공장가동률(출처: DART)

2) 생산실적 및 가동률
(1) 생산실적
(가) 한국

(단위 : 천개)

| 품명 | 제25기 1분기<br>(2023년 1분기) | 제24기<br>(2022년) | 제23기<br>(2021년) |
|---|---|---|---|
| 기초 | 26,329 | 163,170 | 171,833 |
| 색조 | 3,091 | 12,172 | 8,865 |
| 합계 | 29,420 | 175,342 | 180,698 |

(나) 중국

(단위 : 천개)

| 품명 | 제25기 1분기<br>(2023년 1분기) | 제24기<br>(2022년) | 제23기<br>(2021년) |
|---|---|---|---|
| 기초 | 7,401 | 35,783 | 68,377 |
| 색조 | 3,209 | 8,508 | 9,651 |
| 합계 | 10,610 | 44,291 | 78,028 |

(다) 미국

(단위 : 천개)

| 품명 | 제25기 1분기<br>(2023년 1분기) | 제24기<br>(2022년) | 제23기<br>(2021년) |
|---|---|---|---|
| 제품 | 12,794 | 60,098 | 53,075 |
| 반제품 | 691 | 2,764 | 2,830 |
| 합계 | 13,486 | 62,862 | 55,906 |

주) 미국 생산실적은 잉글우드랩㈜ 기준이며, 연결 매출 인식기준으로 작성해 자회사 ㈜잉글우드랩코리아가 포함되어 있습니다.

자세한 내용들은 '재무에 관한 사항'에서 '3. 연결재무제표 주석'을 확인한다. 공장가동률은 어떤지, 원재료 현황은 어떤지, 체크할 수 있는 것은 모두 체크해 봐야 한다. 어떤 제품이 어느 지역, 어느 매출처에서 늘어난 걸까? YoY로 비교하면서 바뀐 비율(%)로 체크하고 주석을 확인한다.

사업보고서의 기본적인 체크를 마쳤으면 확인할 수 없는 것들을 따

**그림 3-12 코스메카코리아 원재료 현황(출처: DART)**

가. 원재료
1) 주요 현황
(기준일 : 2023.03.31)                                              (단위 : 백만원, %)

| 유형 | 품목 | 구체적용도 | 매입액 | 비중 | 비고 |
|---|---|---|---|---|---|
| 원재료 | TINOSORB 등 | 자외선차단제 등 | 16,163 | 37.5 | ㈜에스지앤비 등 |
| 부자재 | 닥터자르트 용기 | 기본 화장품 용기 등 | 26,926 | 62.5 | |
| | 합계 | | 43,089 | 100.0 | - |

2) 주요 가격 변동 추이
(단위 : 원)

| 품목 | 제25기 1분기<br>(2023년 1분기) | 제24기<br>(2022년) | 제23기<br>(2021년) |
|---|---|---|---|
| TINOSORB | 134,200 | 112,615 | 110,000 |
| 닥터자르트 용기 | 1,360 | 1,130 | 1,090 |

주) 각 품목별 구성이 다양하며 주력 원재료 품목만 산출하여 산정하였습니다.

로 Q&A로 정리해서 주식 담당자와 통화하거나 탐방을 통해 체크한다. 가령 기타 비용 등의 경우 회사에 따라 사업보고서 주석에 상세한 설명이 나와 있기도 하고 없기도 하다. 궁금한 것들로 미리 질문지를 만든다. 최근에는 사업보고서를 PDF로 다운받은 후 AI에게 읽어 보라고 지시한 후 질문하는 것도 꽤나 효율적이다.

관련된 기업과 산업의 애널리스트 리포트와 미국 인디 브랜드들 컨퍼런스 콜 스크립트 역시 놓치지 않는다. 글로벌 OEM/ODM 회사의 실적이 좋아진 것에는 여러 이유가 있겠지만 제일 큰 건 미국시장 인디 브랜드들의 성장이다. 중국 매출 비중이 높았던 기존의 고급 브랜드들은 중국시장에서 로컬 브랜드가 성장함에 따라 문제가 생겼다. 이에 매출처 다변화를 시도하는 와중에 코로나라는 변수가 등장했고, 그 영향으로 오프라인보다 온라인 생활이 더 늘어나면서 인플루언서의 힘은 더 강해졌다. 이후 리오프닝이 시작되면서 밀렸던 화장품 수요가 증가했다. 이때 막강해진 인플루언서들이 아이디어만 가지고 화장품 사업에 뛰어들었는데, 이들의 아이디어를 충족해 주는 곳이 바로 코스메카코리아(잉글우드랩) 같은 OEM/ODM 회사다. 그들의 화장품을 대신 제조해 주기 때문이다. 따라서 OEM/ODM 회사는 잠깐 반짝하는 것이 아니라 구조적으로 당분간 성장할 것으로 보인다.

체크해야 할 것들은 캐파와 가동률, 미국시장에서의 인디 브랜드들의 성장 여부다. 특히 기능성 화장품인 선크림(OTC) 등의 호황 여부를 모니터링해야 한다.

이 과정을 통해 성장한다는 확신을 가졌다면 이제는 밸류에이션을 비교할 차례다. 화장품 OEM/ODM 업체들의 멀티플, 브랜드 업체들 그리고 국내 대형사들, 과거 PER BAND는 어떤지를 살펴보는 것이다. 아쉽게도 당시 국내 대형 화장품 회사들은 중국향 화장품 비중이 높은 탓에 피해를 보고 있었다. 일본, 동남아, 미국시장에서는 성장했으나 중국향에서 본 피해를 상쇄하는 정도였다. 이럴 때는 '섹터 리스크가 있어서 주도 섹터가 되기는 어렵겠구나', '프리미엄을 받기엔 섹터 전체가 호황은 아니구나', '선별이 필요하겠구나' 하고 생각하면 된다.

이런 상황에서는 과거 중국시장이 호황이었을 때 어느 정도의 평가를 받았는지 살펴보면 된다. 당시 약 PER 12~15배, 프리미엄을 받을 때는 20배까지도 받았다(PER 밴드를 볼 때는 최상단과 최하단은 날리고 평균값 위주로만 봐야 한다). 지금은 프리미엄을 받는 시장이 아니니 평균인 12~15배는 받을 수 있다고 생각하면 된다. 타깃 PER 없이 단순하게 저평가 여부만 생각해 보는 것이다.

## 분기 실적으로 저평가 여부 추정하는 법

원하는 건 일회성이 아닌 구조적인 성장인데 올해 실적이 어떻게 나올지는 알 수 없다. 이때는 일단 나온 수치인 1분기 실적으로 판단해야 한다. 코스메카코리아의 영업이익은 93억 원이고, 계절성을 띠는 경향이 있지만 일단은 무시하자. 이미 나온 실적을 네 번 곱하니 약 372억 원이 나온다. 1분기 실적이 나온 5월의 주가는 단기간에 50% 이상 상승했고, 당시 시가총액은 2000억 원가량이었다. 이에 따라 예상 POR은 5.X배 수준이다(시가총액/영업이익).

이 계산에 따르면 코스메카코리아는 1분기에 어닝 서프라이즈가 나오고 단기간에 주식이 50% 이상 상승했음에도 저평가 구간으로 판단할 수 있다. PER 멀티플 평균이 12~15배인데 POR이 5.X배이니 상식적으로 저평가 구간이다. PER의 기준은 순이익이고, POR의 기준은 영업이익이다. 나는 이처럼 흐름만 볼 때는 POR 위주로 미래 실적을 추정하고, 그다음에 PER을 본다. 정확한 밸류에이션 측정이 아니라 실적에 대한 방향성 체크용이다. POR은 적자 기업 평가 및 업종 간 비교에는 유용하지만 이익률을 반영하지 않아서 단독으로 사용하기엔 어렵다. 특히 POR이 낮아서 저평가라 생각하지만 매출 성장만 하고 이익이 나지 않는다면 투자 매력도는 상대적으로 떨어진다. 적자 기업은 손익분기점(BEP)과 공헌이익에 대해서 반드시 고민을 해야 한다.

1분기 실적×4를 했기 때문에 신뢰성이 낮아 보이는가? 그러나 우리는 앞서 미국시장 인디 브랜드들의 호황으로 인해 수혜를 받는다는 것을 보고서와 주식 담당자와의 통화로 인지했다. 따라서 가동률이 높아질수록 영업레버리지 효과로 인해 이익률이 개선될 거라고 충분히 생각할 수 있다. 이 말인즉슨 앞서 예측한 수치보다 더 잘 나올 가능성이 높다는 것이다. 중요한 건 다음 분기 실적을 맞히는 것이 아니라 방향성과 성장의 기울기를 가늠하는 것이다. 전년 대비(YoY) 성장으로 기지 효과가 나타날 가능성이 높고, 미국향 OEM/ODM 업체들도 호실적이 나올 확률이 높다. 이에 따른 섹터 전체의 움직임(industry action)도 발생할 수 있다. 예상 POR만으로도 앞으로의 업사이드(목표주가 대비 상승 여력)를 충분히 예측할 수 있다.

다만 이렇게 간단하게 방향성을 체크할 때도 분기 실적에 일회성 이익이 있는지, 시즈널리티(seasonality) 같은 계절적 영향이 있었는지를 확인해야 한다. 급격한 성장의 턴어라운드가 아니라면 '분기 실적×4' 말고 직전 4분기의 합으로도 추론할 수 있다.

## 분할 매수의 기준

이 과정을 거쳐 저평가 구간이라고 판단했다면 이제 분할 매수로 접근할 때다. 내 경우 사고 싶은 종목의 주가가 떨어지면 더 기분이 좋아진다. 앞서 말했듯이 분할 매수를 할 수 있기 때문이다. 나는 기계적으로 계속 매수한다.

분할 매수의 기준을 묻는 사람들이 있는데, 가치투자에서는 정해 두지 않는 편이다. 다만 한 가지, 내가 생각하는 적정가치보다 저렴하고 업사이드가 충분하다면, 이란 전제는 붙인다. 더불어 트리거가 될 수 있는 지점까지는 어느 정도 비중을 채워 둔다. 예를 들어 1분기 실적을 보고 앞으로도 실적이 좋을 것이라고 예상했다면 2분기 실적 발표 전까지 비중을 채우는 편이다.

1분기에 어닝 서프라이즈 실적을 발표하고 50% 이상 오른 코스메카코리아는 이 글을 쓰는 시점까지 150% 이상의 추가 상승이 나왔다. 이 말인즉슨 단기적으로 50% 상승했다는 이유만으로 매수하기 부담스럽다는 생각을 버리라는 것이다. 바닥권이면 더없이 좋겠지만 우리는 실적이 나온 뒤에 체크하기 때문에 대부분의 회사는 이미 상승한 경우가 많다. 대신 앞으로 성장 가능성이 높기에 시계열을 더 길게 보고 후반영(PEAD)을 기대하면 된다.

코스메카코리아의 2023년 컨센서스는 매출 4723억, 영업이익 476억, 순이익 371억이다. 애널리스트 추정치 3개월 평균 기준이다. 이 글을 쓰는 현재 시가총액은 4000억 원대로 POR은 8.X배 수준이다. 이변이 생기지 않는다면 2024년에도 성장을 기대할 만하다.

PER이 아닌 POR을 이야기하는 것은 밸류에이션을 가늠하는 장이기 때문이다. 2022년에는 POR이 40배, 2023년에는 POR이 8.X배, 2024년에는 POR이 6.X배, 2025년에는 POR 4.X배…. 나는 이렇게 의미 있는 성장이 나오고, 멀티플 대비 밸류에이션이 낮은 종목을 선호하는 편이다.

코스메카코리아는 1분기 실적 발표 이후 더 많이 상승했지만 여전히 멀티플 대비해서 저평가로 생각되기 때문에 일부는 홀딩 중이다. 단 한 가지 말해 두고 싶은 점은 무조건 멀티플보다 낮은 종목을 선호하지는 않는다는 것이다. 한 예로 스터디한 종목의 평균 POR이 10배인 시점에서 POR이 15배인 종목도 긍정적으로 본다. 다만 이때는 앞으로의 성장률이 다른 종목들보다 훨씬 높게 나와서 프리미엄을 받을 수 있는지, 즉 성장의 기울기에 대한 고민이 동반되어야 한다. 이왕이면 성장도 하면서 저평가 구간까지 있는 종목이 좋다. 특히 기저 효과로 전년 대비 실적이 좋은 종목들을 선호하는 편이다.

## 적정가치를 판단하는 것은 시장이다

나는 23년 5월에 화장품 중소형 섹터의 전체 움직임을 확인하고 코스메카코리아, 잉글우드랩, 실리콘투, 펌텍코리아, 브이티를 포트에 편입했다.

이제는 매도를 고민해야 할 때다. 언제 팔아야 할까? 정석은 성장이 둔화되거나 멀티플 이상의 프리미엄 구간에 도달할 때지만, 적정가치 멀티플에 도달했다고 해서 바로 매도할 필요는 없다. 10년 넘게 투자하는

**그림 3-13** 실리콘투 일간 차트(23.02~12)

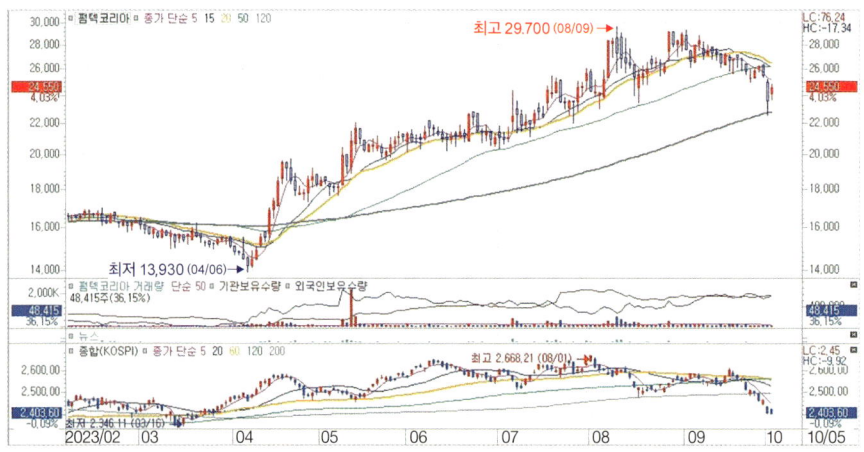

**그림 3-14** 펌텍코리아 일간 차트(23.02~10)

동안 단 한 번도 고속 성장하는 회사들이 프리미엄을 받지 않은 걸 본 적이 없다. 맥주와 주식은 거품이 제 맛이다. 프리미엄 받는 시기를 충분히 즐겨야 한다.

적정가치는 판단하기 나름이다. 즉 기준이 애매하다. 한 예로 중고차를 판다고 하자. 나는 5000만 원이 적정하다고 생각했는데, 딜러는 3000만 원을 부를 수도 있다. 이럴 때는 결국 시장의 평균과 합의를 통해 조절할 수밖에 없다. 또한 비슷한 차종과 중고차 수급에 따라 시세는 달라지기 마련이다. 그게 곧 멀티플인데, 멀티플은 시장의 약세 혹은 강세에 따라 달라진다. 실적 추정을 통해 미래 EPS를 계산해야 하는데 이것 역시 쉽지 않다. 어설픈 적정가치 계산은 수익을 갉아먹는 역할밖에 하지 못한다. 적정가치를 판단하는 것은 시장이다.

## 포트폴리오 리밸런싱을 고려하라

지속적으로 모니터링을 해서 회사의 EPS에 영향을 주는 요소들을 체크해야 한다. 미국 경기가 위축되면서 화장품 소비가 감소할 수도 있고, 인디 브랜드의 호황이 끝날 수도 있다.

주가의 움직임을 보라는 것이 아니다. 코스메카코리아의 투자 포인트는 미국의 인디 브랜드 성장이니, 우선적으로 미국의 인디 브랜드 회사들을 체크해야 한다. 미국의 올리브영이 뉴스에 나온다면 다음 날 사측 주식 담당자와 통화를 해서 얼마나 영향을 받는지를 체크해야 한다. 매도 시점도 이를 통해 조절해야 한다.

단순히 많이 상승했기 때문에 이익을 실현하거나 시장 리스크가 두려워서 매도하지 마라. 나는 그 문제가 실적에 영향을 줄 것 같다면 대응하고, 실적에 영향을 주지 않을 것 같으면 딱히 대응하지 않는다. 실적에 영향을 주지 않는 노이즈들은 시간이 지나면 대부분 회복한다. 실적에 영향을 주는 요소가 없는데도 매도하는 경우는 한 가지뿐이다. 더 좋은 기업을 스터디해서 포트폴리오를 리밸런싱하는 것이다.

주가가 상승할수록 업사이드는 감소한다. 이럴 때 기간 대비 기대수익률이 더 높은 종목이 있다면 나는 포트폴리오 조절 차원에서 교차매매를 한다. 성장률이 둔화된다는 것은 성장이 멈췄다는 말과 같다. 많은 투자자가 이 시점에서 밸류에이션을 보고 아직 업사이드가 남았다고 판단한 후 보유하곤 하는데, 안타깝게도 대부분의 회사는 성장이 둔화되는 모습이 나오고 나면 멀티플 밴드 상단까지 올라가지 못한다. 잘해야 유지이고, 높은 확률로 하락이 나온다.

## 비중 조절이 핵심이다

인베스트에서 손절은 기술적 분석에서의 손절과 다르다. 인베스트에서는 리스크를 막을 용도뿐만 아니라 비중 조절 차원에서도 손절을 하기 때문이다.

처음에 어떤 종목을 매수할 때는 여러 투자 포인트가 존재한다. 당연히 1순위는 실적의 성장과 저평가다. 하지만 그다음부터는 투자자에 따라 달라진다. 실적에 당장 영향을 주지 않지만 트리거가 될 수 있는 이슈, 테마 수급 등 여러 보조 투자 포인트가 있다. 이 중 어떤 투자 포인트가 훼손되느냐에 따라 비중 조절도 달라진다. 다만 누구에게나 1순위는 EPS의 성장과 밸류에이션이라는 것만은 분명하다.

가령 IT 업체들의 경우 매년 CES 등의 대형 전시를 통해 신제품 발표 및 방향성이 나온다. 소외받던 IT 회사들도 이 시기쯤에 언급되면서 자연스럽게 노출 빈도가 잦아지고, 그에 따라 주가도 움직일 가능성이 높다. 오버행 이슈 해결, 자사주 매입 등도 같은 이유에서 보조 투자 포인트라고 할 수 있다.

시장 매크로 영향으로 인한 폭락은 예상하기가 어렵기 때문에 매크로를 분석하지는 않았으면 한다. 이를 공부하는 행위는 매우 비효율적이다. 시간은 시간대로 쓰는데 장기적으로 계속 맞힌다는 건 사실상 불가능에 가깝기 때문이다.

나는 시장이 어떻게 돌아가는지를 분위기로 인지한다. 언론에서 불안감을 조성하고 그에 따라 주식시장이 하락하면 그 위기가 내가 투자한 회사의 EPS에 영향을 주는지를 판단한다. 참고로 대부분의 글로벌 경제 위기는 내가 투자한 회사의 EPS에 영향을 주었다. 이런 경우에는 비중 조절을 한다.

매크로로 인해 주가가 하락했다고 물타기를 하지 않는다. 나는 가격에 의한 매매가 아니라 실적에 의한 매매를 한다. 나머지는 평균 회귀의 원칙에 따라 시간이 해결해 준다고 믿는다. 스터디로 큰 그림을 그려 놓으면 월별 수출입 통계 같은 수치에 흔들릴 일이 없다.

 잠깐!

### PEAD의 이유

PEAD는 이익 발표 후 주가 표류 현상(post-earnings announcement drift)으로 일정 기간 동안 주가가 한 방향으로 움직이는 것을 말한다. 이익 발표 후 주가가 시장의 기대치를 초과했을 경우에는 지속적인 상승세를, 반대로 시장의 기대치를 밑돌았을 경우에는 지속적인 하락세를 보인다.

이런 현상이 생기는 주요 원인으로는 다음과 같다.

- **정보의 과소 반응**: 투자자들은 새로운 정보에 대해 과소 반응한다. 그래서 해당 정보를 천천히 소화하고, 기간이 지남에 따라 주가가 조정된다.
- **형태적 편향**: 투자자들은 과거의 경험이나 신념에 의해 새로운 정보를 즉각적으로 반영하지 못하는 경향이 있다. 대표적으로 확증 편향이 있다.
- **차익 거래의 제한**: 공매도 제한, 높은 거래 비용, 유동성 부족 등 슬리피지 발생으로 차익 거래가 어려워 PEAD 현상이 발생한다.
- **시장 구조적 요인**: 국내 주식시장은 개인 투자자의 비중이 높고 정보 비대칭성이 커서 PEAD 현상이 두드러질 수 있다.

특히 투자자 심리(시장 센티먼트)가 비관적일수록 PEAD 현상이 더 강하게 나타난다. 악재 정보에 대한 주가 반응이 제한적일 때, 주가는 점진적으로 하락하는 경향을 보인다. 또한 공매도가 제한된 종목에서 이익 발표 후 주가의 상승 또는 하락이 더 길게 지속되는 경향이 있다.

# 생활에서
# 투자 아이디어 찾기

생활에서도 투자 아이디어를 얻을 수 있다. 앞에서 설명한 회사처럼 화장품 쪽이지만 OEM이 아닌 브랜드 회사인 브이티가 그 예다.

브이티에서 리들샷이라는 브랜드로 마이크로니들 같은 작은 침이 들어간 화장품을 판매하기 시작했다. 국내보다 일본에서 인지도가 높은 회사라 일본에서 공격적인 마케팅을 벌였는데, 그 결과 메가와리(큐텐의 할인 행사)에서 주목할 만한 판매량을 기록했다.

마이크로니들은 작은 침으로 피부에 상처를 내어 화장품 흡수를 촉진시키고, 상처가 회복되면서 피부가 좋아지는 효과를 내는 상품이다. 마침 아내도 쓰고 있어서 나도 한 번 사용해 봤는데 피부가 좋아질 것 같은 느낌을 받았다. 다른 사용자들의 후기도 매우 긍정적이었다. 나는 메가 히트 상품이 될 것 같은 예감 아래 매수에 동참했다. 뒤에서 배우겠지만 추세추종 셋업까지 떴다. 바닥권에서 50% 이상 올랐을 때 매수

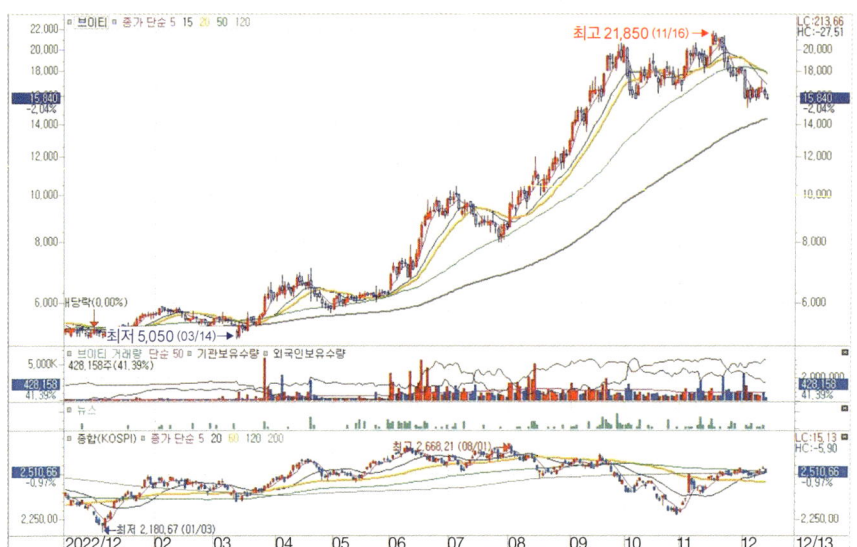

그림 3-15 브이티 일간 차트(22.12~23.12)

했는데, 현재 주가는 130% 이상 상승한 상태다.

이 회사는 기업분석을 하면 리스크가 발견될 수도 있다. 단지 나는 생활에서 투자 아이디어를 얻는 경우가 생각보다 많다는 것을 말하고 싶었다.

또 하나 생각나는 예시가 있다. 프로지스테롤이라는 건강기능식품을 해외를 통해 판매하는 케어젠이라는 회사의 제품을 역직구로 구매해 먹어 본 적이 있다. 체중 감량 및 혈당 강하 효과를 직접 경험한 나는 곧장 매수에 동참했다. 삼양식품의 불닭볶음면도 마트 갈 때마다 한 묶음씩 사는 음식이 되는 것을 보고 고민 없이 매수했다.

생활 속 투자가 습관이 되면 행동 하나하나가 투자와 이어지고, 그렇게 생각하게 된다. 가령 아침에 눈을 떴는데 미세먼지가 많다면 공기청정기, 필터, 마스크와 연관된 회사들을 떠올리는 것이다. 아침에 씻고 출근 준비하면서 만나는 세안제, 탈모샴푸, 화장품 또는 HMR(간편식)이나 출근길에 보이는 차종에서 힌트를 얻을 수도 있다. 혹은 그날따라 전기차나 하이브리드차가 유독 눈에 많이 띈다면 그쪽 관련주를 찾아볼 수도 있다. 사람들이 어떤 브랜드의 옷을 많이 입고 다닌다면 그 브랜드가 속한 회사의 주식을 검색해 볼 수도 있고, 지하철에서 흘깃 보니 어떤 게임이나 노래를 많이 듣는다면 그와 관련한 회사의 주식 정보를 찾아볼 수도 있다. 맘카페에서 이슈가 되는 것도 투자 아이디어로 활용할 만하다. 이처럼 우리는 투자할 수 있는 모든 B2C 제품군을 떠올려 볼 수 있다.

투자 아이디어는 가족, 친구, 아내 등의 소비 형태만 유심히 봐도 무궁무진하게 나온다. 이때 중요한 것은 그 제품들이 회사 매출에 어느 정도의 도움이 되는지를 파악하는 것이다. 삼성전자에서 아무리 세탁기가 잘 팔린다고 해도 매출에 유의미하지는 않다. 현재 어느 정도의 포지션이고 앞으로 마진은 어떻게 될 것 같으며 결과적으로 메가 히트 제품군으로 갈 수 있는지를 살펴봐야 한다. 이외에도 다른 사업부는 어떤지, 밸류에이션은 어떤지에 대해서도 고민해야 한다.

투자와 이어서 생각하는 습관을 가지면 많은 기회를 창출할 수 있다. 이런 작은 힌트들이 리서치로 이어진다. 특히 이런 소비재들은 리서치할 시간을 충분히 준다. 출시하자마자 메가 히트 치는 제품군은 흔치 않다.

# 수주와 수주 잔고를
# 이용한 투자

나는 수주와 수주 잔고를 통한 투자도 하는 편이다. 내가 제룡전기에 처음 관심을 가진 것은 수주 현황을 보고부터였다.

당시만 해도 변압기에 대해서 스터디를 한 적이 없었기에 관심 밖에 있던 회사였는데, 어느 날 눈에 띄게 연속적으로 수주를 받는 현황을 보았다. 이때 처음 변압기를 스터디했고, 나는 결과적으로 단기간에 끝날 쇼티지(공급 부족)가 아니라고 판단했다. 그러고는 즉시 포트폴리오에 변압기 4총사(효성중공업, 제룡전기, 일진전기, HD현대일렉트릭)를 편입시켰다. 참고로 쇼티지로 인한 사이클은 금방 끝나지 않는다.

심지어 변압기는 미국이 인프라 투자를 고려할 때 필수 제품으로, 중국과의 트러블로 인해 우리나라가 수혜를 받을 수 있는 몇 안 되는 산업이다. 실제로 수주를 받으면서 수주 잔고가 좋아졌고, 지속적인 호실적이 예상되는 상황인 동시에 밸류에이션도 나쁘지 않아서 매수를 하는

그림 3-16 제룡전기 수주 현황(출처: DART)

| | | | |
|---|---|---|---|
| 코 제룡전기 | 단일판매・공급계약체결 | 제룡전기 | 2023.09.14 |
| 코 제룡전기 | [기재정정]단일판매・공급계약체결 | 제룡전기 | 2023.09.13 |
| 코 제룡전기 | 단일판매・공급계약체결 | 제룡전기 | 2023.09.01 |
| 코 제룡전기 | [기재정정]단일판매・공급계약체결 | 제룡전기 | 2023.05.02 |
| 코 제룡전기 | [기재정정]단일판매・공급계약체결 | 제룡전기 | 2023.03.23 |
| 코 제룡전기 | 단일판매・공급계약체결 | 제룡전기 | 2023.03.15 |
| 코 제룡전기 | 단일판매・공급계약체결 | 제룡전기 | 2023.02.20 |
| 코 제룡전기 | [기재정정]단일판매・공급계약체결 | 제룡전기 | 2023.02.01 |
| 코 제룡전기 | [기재정정]단일판매・공급계약체결 | 제룡전기 | 2022.12.21 |
| 코 제룡전기 | 단일판매・공급계약체결 | 제룡전기 | 2022.11.22 |
| 코 제룡전기 | [기재정정]단일판매・공급계약체결 | 제룡전기 | 2022.10.21 |
| 코 제룡전기 | 단일판매・공급계약체결 | 제룡전기 | 2022.10.20 |
| 코 제룡전기 | [기재정정]단일판매・공급계약체결 | 제룡전기 | 2022.09.15 |
| 코 제룡전기 | 단일판매・공급계약체결 | 제룡전기 | 2022.09.05 |
| 코 제룡전기 | [기재정정]단일판매・공급계약체결 | 제룡전기 | 2022.07.12 |
| 코 제룡전기 | 단일판매・공급계약체결 | 제룡전기 | 2022.06.17 |
| 코 제룡전기 | 단일판매・공급계약체결 | 제룡전기 | 2022.06.16 |
| 코 제룡전기 | 단일판매・공급계약체결 | 제룡전기 | 2022.06.02 |
| 코 제룡전기 | 단일판매・공급계약체결 | 제룡전기 | 2022.05.26 |
| 코 제룡전기 | 단일판매・공급계약체결 | 제룡전기 | 2022.04.06 |
| 코 제룡전기 | [기재정정]단일판매・공급계약체결 | 제룡전기 | 2022.04.04 |
| 코 제룡전기 | 단일판매・공급계약체결 | 제룡전기 | 2022.03.16 |
| 코 제룡전기 | 단일판매・공급계약체결 | 제룡전기 | 2022.03.02 |
| 코 제룡전기 | 단일판매・공급계약체결 | 제룡전기 | 2022.01.26 |
| 코 제룡전기 | 단일판매・공급계약체결 | 제룡전기 | 2021.12.23 |

**그림 3-17** 제룡전기 매출 및 수주 상황(출처: DART)

| 품명 | 수주일자 | 납기 | 수주총액 수량 | 수주총액 금액 | 기납품액 수량 | 기납품액 금액 | 수주잔고 수량 | 수주잔고 금액 |
|---|---|---|---|---|---|---|---|---|
| 미국 PSE&G SiFE 주상 | 2022.03.31 | 2023.01.31 | 4,250 | 21,733,860,000 | 614 | 3,139,903,539 | 3,636 | 18,593,956,461 |
| 미국 PSEG NJ 3상 AM PAD | 2022.06.21 | 2023.10.31 | 505 | 19,617,680,833 | - | - | 505 | 19,617,680,833 |
| 미국 PSEG AM 주상 | 2022.06.23 | 2023.10.27 | 2,339 | 14,349,009,381 | - | - | 2,339 | 14,349,009,381 |
| 미국 PSE&G 1P AM PAD | 2022.09.01 | 2023.10.31 | 1,350 | 13,592,504,520 | - | - | 1,350 | 13,592,504,520 |
| 미국 PSEG AM 주상 | 2022.06.23 | 2023.10.27 | 2,189 | 13,062,962,346 | - | - | 2,189 | 13,062,962,346 |
| 미국 PSEG AM 주상 | 2022.06.23 | 2023.10.27 | 2,216 | 12,966,640,008 | - | - | 2,216 | 12,966,640,008 |
| 미국 PSEG AM 주상 | 2022.06.23 | 2023.10.27 | 2,142 | 12,735,849,924 | - | - | 2,142 | 12,735,849,924 |
| 미국 PSEG LI AM주상 | 2022.06.25 | 2023.10.27 | 2,150 | 11,209,283,800 | - | - | 2,150 | 11,209,283,800 |
| 미국 PSEG NJ AM 1P PAD | 2022.06.14 | 2023.10.31 | 886 | 9,173,758,160 | - | - | 886 | 9,173,758,160 |
| 미국 PSEG AM PAD | 2022.03.14 | 2022.12.31 | 1,200 | 8,314,398,924 | 600 | 4,157,199,462 | 600 | 4,157,199,462 |
| 미국 PSEG LI AM 3상 PAD | 2022.04.08 | 2023.07.31 | 252 | 8,213,238,325 | - | - | 252 | 8,213,238,325 |
| 미국 AEP AM 주상 | 2022.05.31 | 2023.11.30 | 1,310 | 6,563,310,430 | - | - | 1,310 | 6,563,310,430 |
| 미국 OGE 단상 AM PAD | 2022.06.02 | 2024.02.15 | 540 | 5,963,731,920 | - | - | 540 | 5,963,731,920 |
| 보은~임성리 철도건설 29kV GIS | 2021.06.30 | 2024.12.31 | 1 | 5,529,711,955 | - | - | 1 | 5,529,711,955 |
| 미국 AEP AM 주상 | 2022.05.31 | 2023.11.30 | 1,190 | 5,434,055,020 | - | - | 1,190 | 5,434,055,020 |
| 170kV GIS 동성강 | 2022.01.09 | 2023 | 1 | 5,363,619,082 | - | - | 1 | 5,363,619,082 |
| 미국 OGE 단상 AM PAD | 2022.04.06 | 2023.07.30 | 540 | 5,204,973,033 | - | - | 540 | 5,204,973,033 |
| 미국 AEP AM 주상 | 2022.07.08 | 2024.03.08 | 830 | 4,450,218,605 | - | - | 830 | 4,450,218,605 |
| 합계 | | | 23,891 | 183,478,806,266 | 1,214 | 7,297,103,001 | 22,677 | 176,181,703,265 |

※ 보고서 작성기준일 현재 거래가 종료되지 아니한 주요 제품에 대한 수주 현황을 기재하고 있으며, 수주총액은 설치용역금액이 포함된 금액입니다.

데 망설임이 조금도 없었다.

한 분기가 아닌 매 분기의 수주잔고를 확인해서 엑셀로 옮긴 후 전체 추이를 파악해야 한다.

이렇게 수주 공시를 확인하고 사업보고서에 나오는 수주 잔고를 확인하는 것만으로도 충분히 투자가 가능하다. 물론 이때도 중요한 것은 지속성이다. 아무리 수주 잔고가 많아도 앞으로 수주가 축소된다면 피크 아웃 이야기가 나올 수가 있다. 지속적으로 증가해야 하며, 긴 사이클의 쇼티지일 경우 공장 증설 등의 이슈가 나와 주면 금상첨화다. 공장 증설로 인해 일시적으로 수익은 줄어들 수 있지만, 완공되고 가동률이 올라가면 매출과 이익도 그만큼 증가하기 때문이다.

또한 아무리 수주 잔고가 많아도 회사마다 리드 타임(납기까지 기간)이

**그림 3-18** 제룡전기 부문별 수주잔고 합계【출처: 버틀러(www.butler.works)】

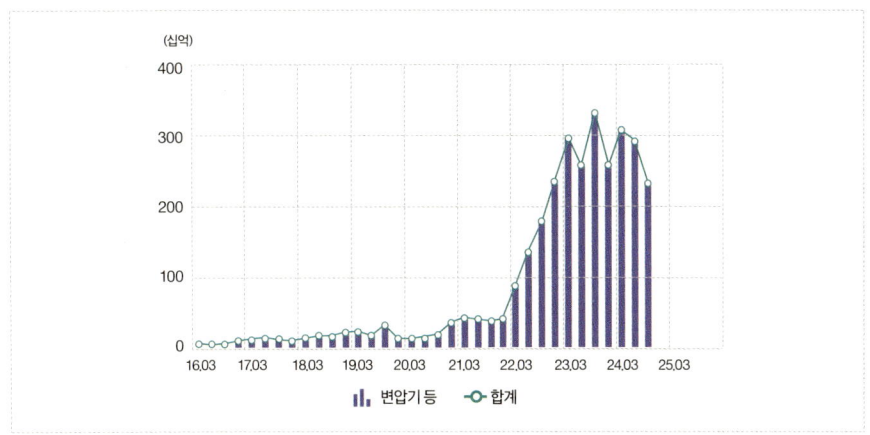

**그림 3-19** 제룡전기 일간 차트(2022~2023)

다르기 때문에 리드 타임을 꼭 체크해야 한다. 참고로 수주형 산업(조선, 장비 등)은 실적의 가시화보다 수주 잔고에 따라 주가가 선반영되는 경향이 있다.

# 시설 투자 일정을
# 이용한 투자

기업에서 시설 투자를 하는 것은 긍정적이다. 사업이 잘 되고 있거나 경영진이 앞으로의 전망을 긍정적으로 본다는 뜻이기 때문이다. 다만 문제는 대부분의 경영진은 시장 전망을 항상 긍정적으로 보기 때문에 과잉 투자가 되기도 한다는 데 있다. 그리고 투자 집행 이후 수율과 공장가동률이 올라오기 전까지는 감가상각 등에 의해 실제 실적에는 악영향을 미치기도 한다. 그럼에도 불구하고 시설 투자를 진행하는 시점에는 대부분 긍정적으로 인식한다.

전자공시(Dart.fss.or.kr)에서 '보고서명'을 선택한 후 '신규시설투자'를 검색한다.

공시를 보고 투자 규모와 완공 시점 일정을 정리한 후 완공 시점에 회사를 모니터링하면서 수율과 가동률을 체크한다. 그런 후에 실제 실적으로 연결되는 시점에 대해서 고민한다.

그림 3-20 시설투자 검색 예시(출처: DART)

# 내부자 매수와
# 증여, 지분 신고 등

　내부자(최대 주주 등)가 장내 매수를 하는 것 역시 긍정적으로 볼 수 있다. 자기 회사의 주식이 저평가 구간이라고 판단되거나 전망을 긍정적으로 보는 경우가 많기 때문이다. 내부자가 의미 있는 규모의 장내 매수를 한다면 특별한 이유가 있는 경우가 많다.

　다만 투자자의 시간과 내부자의 시간은 결이 다르다. 투자자는 하루라도 빨리 모멘텀이 발현되고 실적이 좋아지며 주가가 상승하길 원하지만, 내부자의 뷰는 아주 길다. 방향성은 동일하지만 시간의 차이가 존재한다.

　또한 내부자가 어떤 이유로 매수하는지에 따라 상승의 시기가 달라진다. 상속, 증여 등의 목적으로 증여받는 사람이 장내 매수를 하는 경우는 상속 리스크로 투자자들에게 외면받는다.

증여세는 타인에게 주식을 증여할 때 발생하는 세금인데 증여일 기준 이전 2개월, 이후 2개월(총 4개월)의 평균주가로 세금을 계산한다. 세금을 적게 내고자 한다면 최대한 저평가 구간일 때 증여해야 하며, 증여가 끝날 때까지 주가가 상승하지 않아야 최대 주주에게 유리하다.

슈퍼개미, 기관, 외국인들이 5% 지분 신고를 하는 경우도 있다. 최대 주주를 제외한 투자자들의 보유 지분이 5%가 넘어가면 의무적으로 공시를 해야 하며, 5% 공시 이후부터는 주식 수가 변경될 때마다 공시를 해야 한다. 5% 이하로 내려가면 공시 의무는 사라진다.

5% 이상의 지분을 매입했다는 것은 회사를 긍정적으로 보고 있다는 뜻이다. 다만 5% 이상의 지분 신고를 한 시점에는 이미 주가가 많이 오르는 경우가 많기 때문에 5% 지분 신고를 긍정적으로 해석하기보다는 왜 매수했는지, 개별 기업보다 산업으로 5% 지분 신고가 된 것은 없는지를 체크해야 한다.

스몰캡의 5% 지분 신고는 오버행 이슈가 될 수 있기 때문에 부담스럽게 생각해야 하며, 연말에 가까워질수록 5% 지분 신고는 주주 제안 등의 이벤트성이 발생할 수도 있다.

# 고PER에 매수,
# 저PER에 매도

    대부분의 우리나라 주식은 시클리컬(경기민감주)이라고 볼 수 있다. 조선, 해운, 철강, 화학, 건설, 반도체가 그 예다. 경기에 따라 실적과 주식의 움직임이 연동되기 때문에, 장기 투자로 스트롱 바이(srrong buy, 적극 매수)하고 홀딩하는 것이 아니라 사이클에 맞춰서 트레이딩 차원에서 투자를 해야 한다.

    사이클 투자는 매매 시점이 어느 정도 정해져 있다. 기본 원칙은 경기가 나쁠 때 매수하고, 경기가 좋아질 때 매도하는 것이다. 나는 반도체의 경우 DRAM 가격이 내려가고 상황이 나빠져서 감산에 들어갈 때부터 추적 관찰을 한다. 첫 매수 시점은 적자가 지속적으로 나오다가 적자폭이 감소하는 모습이 보일 때고, 반면 반도체 회사들의 실적이 잘 나와서 저평가 구간이라고 언론에서 떠들 때 매도를 시작한다.

    시클리컬 업종들은 절대 싸 보인다고 매수하면 안 된다. 나쁠 때 사서

그림 3-21 SK하이닉스 주간 차트(2020~2024)

좋을 때 팔아야 한다는 것을 기억하자. 고PER에 매수, 저PER에 매도하는 것이다.

대표적인 반도체 기업인 SK하이닉스도 23년 반도체 불황이었을 때가 매수 시점이다. 앞서도 여러 차례 말했지만 서둘러 매수하기보다는 천천히 매수하는 습관을 들여야 한다. 투자자가 보는 시계열과 회사의 시계열은 다르며, 그럼에도 투자자는 기대하고 빨리 움직이는 경향이 있다. 이런 경향을 인지하면서 기다리고 더 고민한 끝에 매수에 동참해야 한다.

가치 좌파, 가치 우파 중 나는 바닥을 찍고 반등이 나오는 가치 우파 시점을 더 선호하는 편이다. 진짜 바닥이 아닐 수도 있지만 확실히 시간은 줄여 준다.

혹은 W 패턴(쌍바닥), 즉 오른쪽 엉덩이가 더 낮은 상태에서 반등하면 매수한다.

**그림 3-22** W 패턴

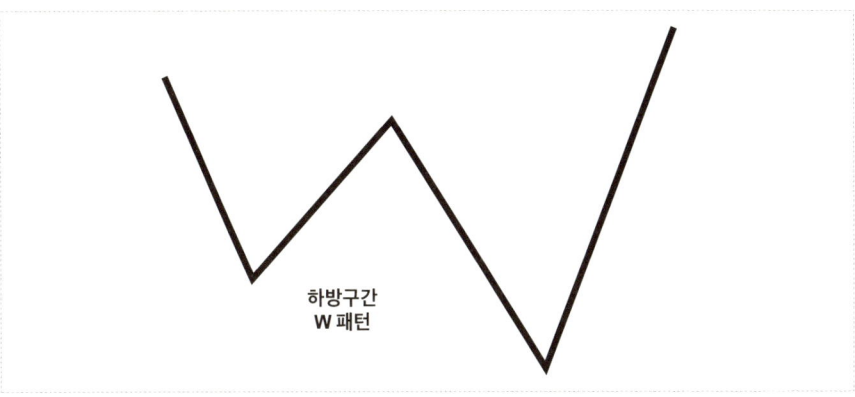

# 처음부터 대박 종목을
# 고르겠다고 생각하지 마라

　과거 투자 내역보다 더 찾아보기 쉬울 듯해서 최근 사례들을 이야기했다. 간단하게 언급만 한 것이니 자세한 기업분석은 스스로 해 봐야 한다. 뉴스, 산업 리포트, 스크리닝 등 다양한 방법으로 종목을 선택할 수 있다. 내가 강조하고 싶은 것은 삶 속에서 주식과 연관되어 생각하는 습관이다. 처음이 어렵지, 꾸준히 하다 보면 자연스러워진다. 작은 생각들이 모인 점이, 정보라는 선이 되고, 투자 아이디어라는 면으로 변한다. 세상에 정보는 차고 넘치는데, 이렇게 연결하는 작업을 하지 못한다면 활용할 수가 없다. 정보의 질도 중요하지만 그보다 정보를 생각하고 연결하는 깊이가 더 중요하다. 이 정보들을 내가 상상하는 미래와 연결해야 한다. 이런 작업들은 포기하지 않는 꾸준함이 결국 해결해 준다.

　처음부터 대박 종목을 고르겠다고 생각하지 마라. 기업을 하나하나 스터디하다 보면 언젠가 기회가 찾아온다. 많이 알아야 기회도 자주 찾아온다. 이것이 사업보고서와 산업 리포트를 꾸준히 봐야 하는 이유다.

　글을 읽는 게 힘들다면 탐방을 다니면서 귀동냥을 하고 정리하라. 지금은 그저 그런 회사일지 몰라도 알고만 있으면 다음에 기회가 올 때 잡을 수 있다. 그런 종목의 데이터가 쌓이면서 자연스럽게 아는 회사도 늘어나고 비교도 할 수 있다. 비교할 수 있다는 것이 매우 중요하다. 비교하지 않으면 내가 본 것만 좋아 보이는 착시현상에 매몰된다. 하나만 보기 때문에 좋은 점만 보이는 것이다. 그렇게 확증 편향이 되고 투자 실패로 이어지는 경우가 많다.

　투자의 꽃이라는 스몰캡, 집중 투자, 레버리지, 이 세 가지를 동시에 사용하면 어떨까? 성공하면 투자 자산이 퀀텀 점프가 되지만 실패하면 복구할 수가 없다. 투자할 때는 언제나 실패할 수 있다고 생각해야 한다. 실패하더라도 딛고 일어설 수 있을 여력은 남아 있어야 한다.

　아무리 내가 종목을 잘 알고 있어도 우리가 파악할 수 없는 돌발 변수, 시장 리스크 등이 갑자기 생길 수 있다. 대부분의 투자자는 그동안 자기가 벌어 왔던 방식을 쉽게 바꾸지 못한다. 세 가지를 동시에 써서 투자에 성공한 사람은 자기의 그릇은 그만큼 커지지 못했기 때문에 슬럼프가 오기도 하고, 한편으로는 이 방식으로 오히려 시장에서 아웃되기도 한다.

　스몰캡, 집중 투자, 레버리지는 적당한 분배를 해야 한다. 양보해서 스몰캡과 집중 투자까지는 해도 되지만 레버리지는 몇 번이고 고심해야 한다.

    시중에 인베스트(가치투자) 관련해서 좋은 고전 책이 많다. 좀 더 깊이 있게 접근하고 싶다면 다양한 책을 읽어 보길 바란다. 이론보다는 실전에서 적용할 수 있는 이야기를 하고자 했고, 그중에서도 내가 자주 쓰는 방법론인 후반영을 소개했다. 아무것도 없는 황무지에서 상승할 주식을 찾는 것이 아니라 이미 실적이 잘 나온 회사를 분석하여 구조적으로 성장할 수 있는지를 확인하는 게 이 투자법의 핵심이다. 파생되어서 실적이 잘 나온 개별 회사만 보는 것이 아니라 섹터가 호황이라면 아직 실적이 나오지 않는 경쟁사에서 기회가 생기기도 한다. 결국 또 반복이지만, 많은 회사를 알고 있어야 기회가 생긴다. '시간 가치는 다르지만 기업의 주가는 실적에 비례한다'라는 대명제만 까먹지 않으면 된다.

> 잠깐!

### 기업의 비즈니스 모델 파악하는 법

가치투자자는 차트보다는 사업보고서나 산업리포트, IR 자료를 더 살펴봐야 한다. 이러한 자료들이 기업의 본질적 가치를 파악하는 데 필요한 핵심 정보를 제공하기 때문이다.

각 자료를 볼 때 중요한 것은 회사가 앞으로 성장할 수 있는지 여부를 파악하는 것이다. 가장 먼저 체크해야 하는 것은 기업의 비즈니스 모델이다. 전자공시시스템(DART)에 들어가서 최근 분기의 사업보고서를 확인하고, '사업의 내용'부터 주의 깊게 살펴보자. 이 섹션에서 회사가 어떻게 수익을 창출하는지, 현재 매출 상황이 어떤지 등을 확인할 수 있다.

주요 체크 포인트는 다음과 같다.

- 주요 제품 및 서비스는 무엇인지?
- 특징과 경쟁력은 어떤지?
- 시장에서의 위치는 어떤지?
- 경쟁사는 어떤지?
- 주요 고객과 판매채널은 어떤지?
- 기업의 경쟁력은 무엇인지?

다음으로 매출에 영향을 주는 변수들을 체크해야 한다. 이는 크게 내부적 요인과 외부적 요인으로 구분할 수 있다.

■ **내부적 요인**
- 신제품 등 출시 계획이 있는지?
- 캐파 증설이 있는지?
- R&D 투자가 매출 성장에 어떤 영향을 주는지?

■ **외부적 요인**
- 계절성 요인이 있는지?
- 규제나 정책 등의 영향이 있는지?

- 환율이나 경기 변동에 영향이 있는지?
- 원자재 변동에 영향이 있는지?

이러한 요인들을 파악하고 지속적으로 모니터링해야 할 항목들을 정리해 놓아야 한다.

 잠깐!

### 사업보고서에서 무엇을 중점적으로 봐야 할까?

재무제표는 기업의 재무 건전성과 함께 수익성을 평가할 수 있는 핵심 도구다. 재무상태표, 손익계산서, 현금흐름표를 종합적으로 분석하여 기업의 재무적 상황을 정확히 파악해야 한다.

- **재무상태표**
  - 자산의 구성과 질: 유동자산과 비유동자산의 비율, 무형자산의 비중 등등
  - 부채 수준: 부채비율, 유동비율 등을 통한 재무 안정성 평가
  - 자본의 구조: 자본금, 이익잉여금 등의 변화 추이

- **손익계산서**
  - 매출액 성장률: 지속적인 성장이 이루어지고 있는지 확인
  - 수익성 지표: 매출총이익률, 영업이익률, 순이익률 등의 추이
  - 비용 구조: 매출원가, 판관비 등의 비중과 변화

- **현금흐름표**
  - 영업활동현금흐름: 실제 사업에 창출되는 현금의 규모
  - 투자활동현금흐름: 미래 성장을 위한 투자 현황
  - 재무활동현금흐름: 자금 조달 및 배당 정책 파악

재무분석이 끝나면 기타 중요한 요소들을 살펴봐야 한다.

- **기타 체크 포인트**
  - 경영진의 능력은 어떤지?
  - 주요 주주와 지분 구조는 어떤지?
  - 다른 리스크들은 없는지?

사업보고서를 통한 기업 분석은 숫자를 읽는 것 이상의 의미를 가지고 있다. 이는 기업의 비즈니스 모델, 경쟁력, 재무 상태 그리고 미래 성장 가능성까지 종합적으로 평가하는 과정이다.

투자자는 이러한 분석을 통해 기업의 현재 가치뿐만 아니라 미래 가치까지 예측할 수 있어야 한다. 또한 이러한 분석은 지속적으로 이루어져야 하며, 시장 환경의 변화와 기업의 대응을 주의 깊게 관찰해야 한다.

가치투자의 성공 여부는 기업에 대한 깊이 있는 이해에서 시작되며, 사업보고서는 그 이해의 출발점이다. 따라서 투자자들은 사업보고서를 형식적 문서로 여기지 말고 기업의 본질을 파악할 수 있는 귀중한 정보의 보고로 인식해야 한다.

시간과 노력이 들지만, 장기적으로 볼 때 이는 투자 성과를 크게 향상시킬 수 있는 가장 확실한 방법이다.

# CHAPTER 04

# 추세추종 트레이딩

# 언제 사고 언제 팔아야
# 하는지보다 중요한 것

## 내가 추세추종 돌파매매를 선택한 이유

    대부분의 초보 트레이더들은 타점과 기법에 대해서 고민한다. 언제 사서 언제 파는지가 중요하다고 생각하는 것이다. 그러나 그렇지 않다. 누구나 할 수 있으면서도, 같은 행동을 반복했을 때 수익이 나는 매매법이 있어야 주식시장에서 살아남을 수 있다. 보다 구체적으로 이야기하면 내가 생각하는 이기는 트레이딩은 리스크 관리를 했다는 전제 아래, 반복적인 행동을 했을 때 수익이 쌓이는 것이다. 내가 중요하게 생각하는 것은 리스크 관리다. 자금 관리, 멘탈 관리, 승률과 손익비를 효율적으로 조절만 한다면 추세에서 매매하든 역추세에서 매매하든 중요하지 않다. 리스크 관리만 된다면 자신만의 규칙 안에서 트레이딩 엣지를 찾을 수 있다.

다만 이때 다른 사람들도 좋은 지점이라고 여기는지를 생각해 볼 필요는 있다. 주식은 많은 사람이 사면 가격이 오르고 반대로 팔면 가격이 떨어진다. 결국 다수결로 정해지기 때문에 누구나 좋게 보는 지점을 의식하지 않을 수 없다. 이런 점에서 재료 매매는 난이도가 높다. 재료의 크기라는 것은 주관적이고 해석의 여지가 많다.

나는 주식을 잘 모르는 초보자도 반복할 수 있는 트레이딩 방법을 배워야 한다고 생각한다. 마이클 코벨이 쓴 『터틀 트레이딩』에서 리처드 데니스와 빌 에크하르트는 일반인들을 대상으로 트레이딩 교육을 실시하여, 체계적인 학습을 통해 누구나 성공적인 트레이더가 될 수 있음을 입증했다. 선천적인 기질도 중요하겠지만, 후천적인 학습만으로도 트레이딩을 잘할 수 있다는 것이다.

나 역시 경험에 의한 선택적 재량 투자가 아닌, 규칙만 지키면 지속적으로 수익을 얻을 수 있는 매매를 선호한다. 수많은 트레이딩 방법 중에서 내가 즐겨 쓰는 매매법은 윌리엄 오닐 방식의 추세추종 돌파매매다. 미리 말하지만 이것이 답은 아니다. 그저 다양한 방법으로 트레이딩을 해 보았지만 재능이 부족하다는 것을 깨달았고, 그래서 정형화시켜서 반복할 수 있는 매매를 찾다 보니 추세추종 돌파매매가 가장 알맞은 옷처럼 여겨졌을 뿐이다.

추세추종은 말 그대로 추세가 있는 종목을 추종하는 것이다. 추세는 설명하기 곤란하지만 누가 봐도 상승하거나 하락하는 모양새를 그린다.

즉 단기적으로든 장기적으로든 일관성이 있는 그림이다. 나는 주간 차트로 봤을 때 상승이나 하락의 추세를 보이는 걸 선호한다. 즉 내가 하는 추세추종 트레이딩은 단기적이지 않다. 나의 트레이딩은 매일 HTS를 보면서 밥도 제대로 먹지 못하는 단기 트레이딩과는 거리가 있다. (내게 단기 트레이딩은 손흥민같이 천재과가 하는 거라고 여겨진다.)

따라서 나의 트레이딩을 따라 하고자 한다면 추세가 계속 이어지는 한 몇 년이라도 들고 갈 각오가 동반되어야 한다. 추세추종의 근본은 추세가 있는 종목에 올라타서 꺾이면 내려오는 것이기 때문이다. 추세를 예상하고 달려드는 게 아니라 명확하게 추세가 보이는 종목에 대응한다.

## 승률, 손익비, 리스크 관리

대부분의 초보 트레이더는 첫 장대양봉에 불나방같이 뛰어들곤 한다. 물론 장대양봉은 변곡점이 되기도 하지만 단순히 단기 수급에 의해서 하루 동안의 축제로 끝나는 경우도 많다.

매매 횟수는 느는데 승률은 떨어진다면 조금이라도 승률이 높은 매매법 또는 지점을 찾고자 해야 한다. 야구선수도 본인만의 자신 있는 존이 있듯이 우리도 그 존을 찾거나 만들어야 한다.

나는 하루에 수십 번, 매일매일 매매하지 않는다. 나에게 트레이딩은 도파민을 위한 홀짝 게임이 아니라 지속적으로 수익을 내기 위해 하는 하나의 방식이다.

추세추종 돌파매매를 할 때는 크게 세 가지를 기억해 둬야 한다. 바로 승률, 손익비, 리스크 관리다. 이는 사실 모든 주식, 아니 사고팔 수 있는 모든 행위에 적용이 가능한 규칙이다.

내 평균 승률은 30%대다. 생각보다 낮아서 실망스러운가? 그럼에도 나는 손실보다 수익을 더 많이 본다.

동전 던지기로 예를 들어 보자. 앞면이 나오면 성공한다고 가정하고, 동전을 10번 던진다. 다만 성공하면 +6%이고, 실패하면 -2%다. 10번을 던지니 앞면이 3번 나오고 뒷면이 7번 나왔다. 실패한 걸까, 성공한 걸까? 이번에는 성공하면 +2%이고, 실패하면 -2%라고 가정하자. 10번을 던지니 똑같이 앞면이 3번 나오고 뒷면이 7번 나왔다. 실패한 걸까, 성공한 걸까?

'손실은 짧게, 수익은 길게'라는 말을 들어 봤을 것이다. 여기서 바로 손익비의 개념이 나온다. 매수할 때 -8%가 되면 손절하고, +24%가 되면 매도하기로 했다고 하자. 이러면 손익비는 1:3이다. 손실 대비 수익이 3배 크기 때문이다. 규칙을 세운 만큼 한 번 매매하면 100만 원 손실이거나 300만 원 수익인 상황이 펼쳐진다. 승률이 30%대로 낮아도 수학적으로 반복하면 수익이 쌓이는 매매법인 것이다. 승률이 30%면 손익비 2.33가 손익분기점이다.

30%의 승률은 단순히 10번 중 3번 성공한다는 의미를 넘어서, 장기

적으로 봤을 때 예측 불가한 연속 실패 리스크를 내포하고 있다. 시작부터 연속적으로 실패한다면 아무리 손익비가 좋다고 해도 제대로 된 투자를 해 보지 못한 채 파산할 수 있다.

70% 실패 확률의 위험성을 수학적으로 계산해 보자.

$[P(n)=0.7^n]$
- 10연속 실패 발생 확률 = $0.7^{10}$ = 2.8%
- 20연속 실패 발생 확률 = $0.7^{20}$ = 0.008%
- 30연속 실패 발생 확률 = $0.7^{30}$ = 0.00002%

단 1%의 확률이라도 100번 반복하면 발생 가능성은 63%로 급증한다. 결국 이론상 낮은 확률도 실제 거래에서는 단기적으로 빈번하게 발생할 수 있다. 10번 매매를 한다고 가정했을 때 같은 승률에서 교차 실패와 연속 실패를 비교해 봤다.

**그림 4-1** 교차 실패와 연속 실패 비교

| 거래 횟수 | 성공/실패 (패턴) | 최종 수익률 |
|---|---|---|
| 10회 | 3승 / 7패 (교차) | +15% |
| 10회 | 3승 / 7패 (연속) | -35% |

실제 매매는 다르겠지만 이런 결과가 나오기 때문에 리스크 관리가 매우 중요하다.

## 대부분이 돈을 벌지 못하는 이유

언제 사고파는지는 그리 중요하지 않다. 아무리 많은 주식 책을 읽어도, 돈을 내고 강의를 들어도 돈을 벌지 못하는 이유가 여기에 있다. 대부분이 책이나 강의를 통해 제대로 된 통계가 없고 정형화할 수 없는 재량적 차트 패턴을 익히는데, 그 과정에 리스크 관리가 포함되는 경우는 매우 적다. 그마저도 리스크 관리라 하면 손절이 전부인 줄 아는 트레이더가 정말 많다.

승률에 집착하는 순간 매매 난이도는 급속도로 높아진다. 높은 승률의 함정에 빠져서 확신을 가지고 무리한 베팅을 했는데 그때가 실패하는 구간이라 큰 손실을 보기도 한다.

전략마다 다르겠지만 언제 매수하는 게 효율적인지에 대해 통계를 뽑는다고 했을 때 15일선에 매수하든 20일선에 매수하든 긴 시간 동안 두고 보면 결과값은 큰 차이가 나지 않는다. 심지어 통계적 유의성이 있다고 해도 과거에 그랬다고 앞으로도 그럴 거라는 보장은 없다. 상한가 리바운드(상한가 이후 눌림목이 발생했을 때 매수하는 전략)라는 매매 로직을 바탕으로 매매 시점과 관련하여 다양한 보조지표(피보나치, 등분선, 이동평균선 등)를 이용해서 백테스트를 실행해 보았다. 놀랍게도 결과값은 어떤 보조지표를 쓰든 비슷했다. 약간의 수익률 편차가 있긴 했지만 절대적인 기준이 되지는 못했다.

따라서 나는 매매의 타점보다는 리스크, 자금, 멘탈 관리를 먼저 배우라고 권한다. 그다음이 종목 선정이다. 이 중에서 순서를 굳이 정한다면 다음과 같을 것이다.

> 리스크 관리 〉 멘탈 관리 〉 종목 관리 〉 타점 관리

이 순서대로 이야기해 보겠다.

**그림 4-2** 상한가 리바운드 전략 중 0.5 구간 백테스트 자료 예시

| | 년 | 월 | 빈도수 | 성공 | 승률 | 실패 | 월 누적 수익률 | 년 | 월 | 빈도수 | 성공 | 승률 | 실패 | 월 누적 수익률 | 년 | 월 | 빈도수 | 성공 | 승률 | 실패 | 월 누적 수익률 |
|---|---|---|---|---|---|---|---|---|---|---|---|---|---|---|---|---|---|---|---|---|---|
| | | 1 | 67 | 46 | 68.66 | 21 | 57.8 | | 1 | 26 | 13 | 50.00 | 13 | -38.4 | | 1 | 46 | 27 | 58.70 | 19 | 70.8 |
| | | 2 | 41 | 20 | 48.78 | 21 | 34.7 | | 2 | 19 | 14 | 73.68 | 5 | 43.0 | | 2 | 32 | 19 | 59.38 | 13 | 34.3 |
| | | 3 | 37 | 15 | 40.54 | 22 | -109.0 | | 3 | 36 | 20 | 55.56 | 16 | 58.1 | | 3 | 25 | 16 | 64.00 | 9 | 86.9 |
| | | 4 | 43 | 23 | 53.49 | 20 | -8.9 | | 4 | 28 | 16 | 57.14 | 12 | 32.9 | | 4 | 80 | 43 | 53.75 | 37 | 88.1 |
| | | 5 | 45 | 22 | 48.89 | 23 | -84.0 | | 5 | 19 | 12 | 63.16 | 7 | 15.1 | | 5 | 81 | 48 | 59.26 | 33 | 39.9 |
| | 2016 | 6 | 51 | 25 | 49.02 | 26 | 20.8 | 2017 | 6 | 18 | 9 | 50.00 | 9 | 0.3 | 2018 | 6 | 48 | 24 | 50.00 | 24 | -56.1 |
| | | 7 | 44 | 32 | 72.73 | 12 | 57.6 | | 7 | 18 | 7 | 38.89 | 11 | 14.0 | | 7 | 23 | 14 | 60.87 | 9 | 35.7 |
| | | 8 | 32 | 22 | 68.75 | 10 | -17.8 | | 8 | 16 | 9 | 56.25 | 7 | 28.9 | | 8 | 23 | 11 | 47.83 | 12 | 16.1 |
| | | 9 | 43 | 30 | 69.77 | 13 | 51.3 | | 9 | 27 | 11 | 40.74 | 16 | -7.5 | | 9 | 31 | 20 | 64.52 | 11 | 4.7 |
| | | 10 | 30 | 15 | 50.00 | 15 | 12.1 | | 10 | 17 | 8 | 47.06 | 9 | 11.0 | | 10 | 28 | 14 | 50.00 | 14 | 11.8 |
| | | 11 | 41 | 22 | 53.66 | 19 | 38.1 | | 11 | 35 | 23 | 65.71 | 12 | 70.2 | | 11 | 28 | 19 | 67.86 | 9 | 16.3 |
| | | 12 | 23 | 17 | 73.91 | 6 | 35.6 | | 12 | 50 | 25 | 50.00 | 25 | 17.7 | | 12 | 32 | 23 | 71.88 | 9 | 89.3 |
| 0.5 | | 합계 | 497 | 289 | 58.15 | 208 | 88.3 | | 합계 | 309 | 167 | 54.05 | 142 | 245.3 | | 합계 | 477 | 278 | 58.28 | 199 | 437.8 |
| | | 1 | 29 | 23 | 79.31 | 6 | 110.4 | | 1 | 42 | 22 | 52.38 | 20 | -24.8 | | 1 | 96 | 56 | 58.33 | 40 | 129.4 |
| | | 2 | 18 | 12 | 66.67 | 6 | 53.9 | | 2 | 63 | 26 | 41.27 | 37 | -53.1 | | 2 | 89 | 46 | 51.69 | 43 | 44.4 |
| | | 3 | 16 | 12 | 75.00 | 4 | -7.8 | | 3 | 147 | 98 | 66.67 | 49 | 472.4 | | 3 | 49 | 32 | 65.31 | 17 | 112.7 |
| | | 4 | 34 | 17 | 50.00 | 17 | 28.6 | | 4 | 114 | 60 | 52.63 | 54 | 187.5 | | 4 | 67 | 36 | 53.73 | 31 | -25.2 |
| | | 5 | 44 | 24 | 54.55 | 20 | 69.1 | | 5 | 37 | 26 | 70.27 | 11 | 112.3 | | 5 | 41 | 22 | 53.66 | 19 | 21.1 |
| | 2019 | 6 | 43 | 20 | 46.51 | 23 | 57.5 | 2020 | 6 | 97 | 60 | 61.86 | 37 | 139.3 | 2021 | 6 | 48 | 29 | 60.42 | 19 | 80.5 |
| | | 7 | 59 | 33 | 55.93 | 26 | 68.6 | | 7 | 63 | 43 | 68.25 | 20 | 117.0 | | 7 | 40 | 22 | 55.00 | 18 | -24.1 |
| | | 8 | 40 | 27 | 67.50 | 13 | 129.2 | | 8 | 119 | 66 | 55.46 | 53 | 178.6 | | 8 | 22 | 12 | 54.55 | 10 | -27.1 |
| | | 9 | 31 | 17 | 54.84 | 14 | 33.3 | | 9 | 97 | 58 | 59.79 | 39 | 74.6 | | 9 | 0 | 0 | #DIV/0! | 0 | 0.0 |
| | | 10 | 43 | 23 | 53.49 | 20 | 15.9 | | 10 | 52 | 25 | 48.08 | 27 | 58.3 | | 10 | 0 | 0 | #DIV/0! | 0 | 0.0 |
| | | 11 | 58 | 30 | 51.72 | 28 | -11.9 | | 11 | 49 | 31 | 63.27 | 18 | 105.0 | | 11 | 0 | 0 | #DIV/0! | 0 | 0.0 |
| | | 12 | 32 | 21 | 65.63 | 11 | 47.9 | | 12 | 79 | 50 | 63.29 | 29 | 128.7 | | 12 | 0 | 0 | #DIV/0! | 0 | 0.0 |
| | | 합계 | 447 | 259 | 57.94 | 188 | 594.7 | | 합계 | 959 | 565 | 58.92 | 394 | 1496.0 | | 합계 | 452 | 255 | 56.42 | 197 | 311.7 |

# 한 종목에 얼마를 베팅하는 게 이상적일까?

## 리스크 관리의 철학이자 투자 원칙의 핵심

관리(risk management)는 기본적으로 R 단위를 쓰고 있다. 나 역시 앞으로 리스크 관리를 R이라 칭하겠다. R에는 두 가지 개념이 있다.

- R=노출 가능한 포지션 사이즈, 이상적인 리스크의 양
- Multiple R=1R, 2R, 3R 등 R의 배수

내가 추천하는 이상적인 리스크의 정도는 최대 1~2%다. 이 범위를 넘어서면 실패할 경우 복구하는 데 어려움을 겪게 된다. 시드 머니가 1억 원이라고 가정했을 때 R이 1~2%면 100~200만 원이다. 한 번 매매했을 때 최대로 볼 수 있는 손실 금액이 200만 원이라는 뜻이다.

'R이 0.1%면 더 안전하지 않을까?' 하고 생각할지도 모르겠다. 더 낮

은 리스크는 안전을 보장하지만, 과도하게 낮은 R은 변동성에 쉽게 소진되거나 매매당 투자금이 너무 적어서 수익이 나도 기분만 좋을 뿐 투자금은 불어나지 않는다. 이는 나뿐만이 아니라 많은 트레이더가 잡는 기준점이다. 보통은 1%이고 최대 2%까지 열어 두는 트레이더가 많다. 2% 규칙을 적용하고 승률이 50%라고 가정했을 때 34번 연속 손실이 발생해도 원금의 50%는 지켜 낼 수 있다.

$$(1-0.02)^{34}=0.5031$$

이는 파산 위험을 극적으로 낮추고 심리적인 안정감을 확보하는 안전벨트와 같은 효과를 제공한다.

2% 룰은 켈리 기준(kelly criterion)의 부수적인 변형이라고 볼 수 있다. 켈리 기준은 장기적인 자본성장률을 극대화하는, 최적의 베팅사이즈를 제시한다. 다만 주식 투자는 불확실성이 크고 승률과 수익률을 정확하게 예측할 수 없다는 점에서 켈리 기준을 적용하기는 어렵다.

다시 한 번 강조하지만 2% 룰의 핵심은 "어떤 1회 거래에서도 투자자본의 최대 2%를 잃지 않도록 포지션 크기를 제한한다"는 것이다. 여기서 중요한 것이 바로 '1회 거래'와 '투자 자본의 2%'다. 1회 거래라는 개념은 매수부터 매도까지의 전체 과정을 의미하며, 투자 자본의 2%는 리스크 관리의 철학이자 투자 원칙의 핵심이다. 2% 룰은 투자자가 시장의 불확실성에 맞서 장기적으로 생존하고 꾸준히 수익을 쌓아갈 수 있도록 설계된, 강력하고 실용적인 리스크 관리 도구다. 단순히 숫자로만 암기하는 것을 넘어, 스스로의 투자 원칙과 철학으로 내재화하여 꾸준히 실천할 필요가 있다.

## Multiple R

이제 Multiple R을 이야기해 보자. R이 트레이딩을 할 때 이상적인 리스크의 양이라면 Multiple R은 -1R, 1R, 2R, 3R, 4R 등으로 R의 배수라고 생각하면 된다.

Multiple R을 사용하면 트레이딩을 할 때 손실(risk) 대비 기대 수익(reward) 비율을 직관적으로 판단하여 계량화할 수 있다, 투자 시스템의 효율성과 수익성을 평가하는 중요한 척도인 셈이다.

3R 투자는 1R 투자와 동일한 위험을 감수하지만 기대 수익은 3배 더 높다. 이는 자본 효율성을 극대화하는 핵심 요소다. 매매당 R이 2%라고 해서 손절을 -2% 지점에서 한다는 말이 아니다. 몰빵한다면 -2%겠지만 현실은 분배를 해야 한다. 이때 손익비의 개념을 생각하면 편하다.

이해를 돕기 위해 예를 들어 보자. 시드 머니가 1억 원이라고 가정했을 때 R이 1%라면 최대 손실 금액은 100만 원이다. 여기에 손절을 -8% 지점에서 한다고 가정하자. 즉 -8%에 손절해도 최대 손실 금액은 100만 원이 된다. 역으로 계산하면 매매당 내가 투자해야 할 최대 베팅 금액은

1250만 원이 된다.

> 100만 원×100%/8%=1250만 원

R이 1%일 때 매매당 투자 비중은 12~13%인 것이다. 여기에 손익비 개념을 1:3으로 본다면 R이 1%일 때 매매당 손절은 -8%(-1R)에 하고, 수익 실현은 24%(3R)에 한다.

여전히 복잡한가? 더 예를 들어 보자. 시드 머니가 1억 원이라고 가정하고, 이번에는 R이 2%라고 하자. 이때 최대 손실 금액은 200만 원이다. 손절 지점은 -7%다. 이를 역으로 계산하면 매매당 최대 투자 금액은 약 2857만 원이다.

> 200만 원×100%/7%=2857만 원

매매당 최대 투자 비중은 29%이다. 손익비 개념으로 환산하면 1R이 7%이니 3R은 21%다.

중요한 것은 평소 투자 비중이 아니라 말 그대로 최대로 했을 때의 이야기다. R의 개념만 잘 적용해도 매매당 투입금부터 최대 손실금까지 정해 둘 수 있다.

## R의 베팅법을 활용한 복리 투자

 많은 트레이더의 고민이자 실수하는 것 중 하나가 매매당 얼마나 살 것인가에 대한 고민이다. 너무 적게 사면 자산이 불어나지 않고, 너무 많이 사면 리스크에 많이 노출된다. R의 개념을 사용하면 이 부분에 대한 고민을 줄일 수 있다. 매매할 때마다 최대 투자 비중이 고정이 아닌 변수가 되어, 수익이 커지면 베팅 규모도 자연스럽게 커진다. 반대로 손실이 커지면 베팅 규모도 축소된다.

 이는 대부분의 투자자가 오해하고 실천하는, 손해가 나건 수익이 나건 일정한 금액으로 투자하는 균등 베팅과 다른 결이다. 균등 베팅은 수익금을 지속적으로 인출하면서 투자 비중을 유지시키는 방식이다.

 R의 개념을 쓰면 좋은 것이 복리 투자가 일부 적용된다는 데 있다. 다만 매매법에 따라 단리, 복리의 장단점이 있다. 단리는 베팅 금액이 정해져 있기 때문에 익숙해지면 편하고 승률도 높아진다. 또한 돌발 변수에 빠르게 대응할 수 있고 마인드 컨트롤하기에도 용이하다. 그러나 이 방법은 베팅 자금을 키우는 데 있어 피 나는 계단식 노력이 필요하다.

 R의 베팅법을 활용하는 복리 투자는 총자산을 기준으로 비율을 정하기 때문에 실패할수록 베팅 금액이 적어지고 성공할수록 베팅 금액이 커진다. 자연스럽게 리스크 관리가 되는 것이다. 단 자금이 커질수록 트레이딩에 슬리피지(매매호가 차이)가 생기기 때문에, 복리에도 어느 정도 한계가 존재한다. 사람마다 다르겠지만 30~50억 정도는 이런 한계를 느

낄 일이 없다고 본다. 하지만 슬리피지는 시장 상황, 거래량, 종목 특성 등 다양한 요인에 따라 발생할 수 있으므로 자금이 커질수록 슬리피지를 고려한 상태로 투자 전략을 수립해야 한다.

앞서도 말했듯이 나의 평균 승률은 30%대다. 매매할 때 가장 조절하기 힘든 것이기도 하다. 까다로운 매매 조건을 걸어서 승률이 올라가면 빈도수는 대폭 감소하고 누적수익률도 떨어진다.

그래서 나는 승률을 조절하기보다는 손절에 대한 가격과 익절에 대한 가격에 초점을 맞춘다. 이 두 가격은 조절하기 쉽기 때문이다. 앞서 예시로 살핀 것처럼 손익비를 1:3으로 하기도 하지만, 손절을 -8%에 하기도 하고, -5%에 하기도 한다. 손익비가 1:3일 때 -8%에서 손절할 경우 목표수익률은 24%이고, -5%에서 손절할 경우 목표수익률은 15%다. 손절의 %가 낮을수록 목표수익률을 달성하기 쉬워지지만, 그만큼 변동성의 노출은 더 커진다. 특히 우리나라 시장은 미국시장에 비해 시가총액이 작고 변동성은 크다. (평소에 미국시장은 변동성이 작지만, 상하한가 제한이 없어서 이슈가 터지면 변동성이 훨씬 크다.)

그런 이유에서 -1R의 값으로 -7~8%를 잡는 편이다. 윌리엄 오닐도 책에서 손절을 -8%로 제시했기에, 그것이 국장에서도 효율적인지를 확인하고자 52주 신고가 매매 대상으로 최근 5년간 손절 비율 통계를 내 보았다. 그 결과, 손절은 -7, -8%로 세팅하고 목표수익률은 3R로 했을 때 다른 세팅값보다 효율이 더 좋았다. 다만 반드시 이렇게 해야 한다고 말할 정도로 압도적인 수치는 아니었다. 그저 평균이라고 생각하면 될 듯하다. 절댓값은 아니다.

**그림 4-3** 손절 −8%는 국장에서도 효율적일까?

| % | 횟수 | 수익 | 손실 | 승률 | 누적 | 기대값 | TPI |
|---|---|---|---|---|---|---|---|
| 3 | 546 | 165 | 381 | 30.2 | 183 | 0.34 | 1.1 |
| 4 | 531 | 171 | 360 | 32.2 | 471 | 0.89 | 1.2 |
| 5 | 506 | 175 | 331 | 34.6 | 817 | 1.61 | 1.3 |
| 6 | 493 | 178 | 315 | 36.1 | 1194 | 2.42 | 1.38 |
| 7 | 478 | 167 | 311 | 34.9 | 1200 | 2.51 | 1.34 |
| 8 | 468 | 157 | 311 | 33.5 | 1120 | 2.39 | 1.29 |
| 9 | 456 | 150 | 306 | 32.9 | 1141 | 2.5 | 1.27 |
| 10 | 445 | 136 | 309 | 30.6 | 844 | 1.9 | 1.18 |

손절값은 투자자의 성향, 투자 전략, 시장 변동성 등을 고려하여 충분히 조정될 수 있다. ATR(average true range)을 이용해서 −1R을 정하기도 한다. ATR은 변동성 지표로 최근 20일간의 평균 ATR에서 2배 이상 주가가 하락하면 손절로 정할 수 있다. 말 그대로 해당 종목의 과거 평균 변동성 이상의 하락이 나오면 손절하는 개념이다. 손절에 대한 값 설정 방법은 이외에도 더 있다. 나는 숫자를 고민하기보다는 왜 R의 개념을 써야 하는지 그 원리를 깨우치길 원한다.

R 베팅은 기존에 계좌가 있다면 하나 더 만드는 게 운용 면에서 편하다. 나처럼 가치투자자라면 추세추종용 계좌를 별도로 하나 만들자. 나는 매일 아침 장이 개시하기 전에 엑셀을 열어서 2% R룰의 비중을 확

인하고 예약 주문을 넣는다.

**그림 4-4** 최대 베팅 금액=최대 손실 금액/손절(R)

|  | R=1% | | R=2% | |
| --- | --- | --- | --- | --- |
| 시드 머니 | 1억 원 | 5000만 원 | 1억 원 | 5000만 원 |
| 손절 R | -8% | -8% | -8% | -8% |
| 수익 3R | 24% | 24% | 24% | 24% |
| 최대 손실 금액 | 100만 원 | 50만 원 | 200만 원 | 100만 원 |
| 최대 베팅 금액 | 1250만 원 | 625만 원 | 2500만 원 | 1250만 원 |
| 최대 베팅 비율 | 12.50% | 12.50% | 25.00% | 25.00% |

# 손실을 최소화하는
# 방법

## 점진적 투자

　R의 개념만으로 뭐든지 술술 풀리면 좋겠지만, 손실이 연속해서 겹치는 구간이 존재하기 마련이다. 그래서 투자는 점진적으로 해야 한다. 특히 추세추종은 시장의 환경에 민감하게 반응하기 때문에 이상적이라 생각하는 매매 포인트에 다다랐다고 해서 최대치로 비중을 실으면 안 된다.

　점진적 투자의 정의는 사람마다 조금씩 다를 테지만, 내 기준에서는 추세 초기에 작은 포지션으로 매수하고, 추세가 지속된다고 판단되면 추가적으로 포지션을 키우는 것이다. 추세추종 측면에서 이야기하면, 주도 섹터의 주도주들이 저항 지점에 도달한 이후에 강하게 상승 돌파(break out)하는 현상이 많이 나오고, 그것들이 연달아 성공 사례가 될 때마다 투자 금액을 늘려 가는 것이다. 반대로 실패 사례가 이어진다면 투자 금액을 점차 축소시켜야 한다.

앞서 우리는 R의 개념을 배웠고, 그래서 투자 비중이 어느 정도 정해진 상태다. 나는 여기에 추가로 Max 투자 비중을 X 유닛으로 나누는, 점진적 투자를 하고 있다. 예를 들어 보겠다.

1억 원이 시드 머니이고 R이 2%라면 최대 손실 금액은 200만 원일 것이다. 손절은 -7%에서 하기로 했다. 역으로 계산하면 매매당 최대 투자 금액은 약 2857만 원으로, 투자 비중은 28~29%다. 손익비는 1:3으로 21%에서 익절을 한다. 계산하기 편하게 3000만 원을 최대 투자 금액이라고 생각하자.

나는 이때 3개 또는 6개의 유닛으로 나눈다. 참고로 유닛의 개수는 마음 가는 대로 정하면 된다.

> 3개의 유닛이면 3000/3, 유닛당 1000만 원이다.
> 6개의 유닛이면 3000/6, 유닛당 500만 원이다.

셋업(매수 준비된 자리)이 뜨고 주가가 상승 돌파를 했으니 1유닛, 즉 1000만 원을 매수한다. 그 매매가 성공해서 3R(21%)에 수익 실현을 했다. 그다음번 매매 때는 성공했기 때문에 1유닛+1유닛으로 총 2유닛(2000만 원)을 넣는다. 이 매매 또한 성공해서 3R(21%)에 수익 실현을 했다. 그다음번 매매 때는 MAX값인 3유닛(3000만 원)을 넣는다. 그 매매가 성공해서 3R(21%)에 수익 실현을 했다. 그다음번 매매 때는 이미 최대값이니 3유닛(3000만 원)을 넣는다. 이번에는 실패해서 -1R(-7%)에 손절했다. 그다음번 매매 때는 2유닛(2000만 원)을 넣는다.

이해되었는가? 즉 매매가 성공할 때마다 1유닛씩 추가하고, 실패할 때마다 1유닛씩 빼는 것이다. 참고로 트레일링 스탑으로 3R에 도달하기 전에 매도했다면 성공한 것이 아니다.

점진적 투자는 불타기도 물타기도 아니다. 그저 한 번 매매할 때의 비중으로 독립적 실행이다. [피라미딩(불타기)에 대해서는 뒤에서 다루겠다.] 앞서도 이야기했듯이 적당한 유닛 수란 없다. 매매하는 사람의 성향에 따라 정하는 게 가장 옳다. 나는 3~4유닛을 운영하는 편이다.

이렇게 점진적으로 투자하면 손실이 연속해서 겹치는 구간이 생길 때 손실을 최소화할 수 있다. 쉽게 설명해서 시장이 좋으면 성공이 연속적으로 나와서 최대 비중 투자가 이뤄지고, 시장이 나쁘면 실패가 연속되어 최소한의 비중으로 투자하게 된다.

---

**2% rule+점진적 베팅 포지션 사이즈**

시드 머니=1억
리스크 R=2%
최대 손실금=200만 원
손절 -1R=-8%
유닛 수=3

> 최대 포지션 사이즈(3유닛)=2500만 원
> 중간 포지션 사이즈(2유닛)=1666만 원
> 최소 포지션 사이즈(1유닛)=833만 원

## 점진적 투자 vs. 균등 투자

베팅 방법에는 켈리 공식, 마틴게일, 파로리 시스템, 콘트라 다람베르 등 다양하게 있으며, 그에 따라 성과도 달라진다. 다만 어떤 베팅 방법을 쓰든 간에 점진적 투자와 R% 베팅법을 따르면 계좌의 리스크 관리는 할 수 있다.

추세추종 돌파매매를 할 때 하락장은 그리 큰 문제가 되지 않는다. 돌파 종목의 빈도수도 적고, 투자 비중도 자연스럽게 적어지기 때문이다. 상승장에서는 대체로 큰 수익을 낸다. 최대치로 투자 비중을 실을 테고, 그에 따라 승률도 오른다. 물 들어올 때 노 젓는 매매라고 할 수 있다. 문제는 애매한 횡보장에서 발생한다.

시장을 예측할 필요는 없지만 현재 장세에 따른 비중 조절을 하면 도움이 된다.

[그림 4-5]는 52주 신고가에서 매매할 경우의 최근 5년간 백테스트 결과다. 점진적 투자는 3유닛을 사용했고, 3R(21%)을 기준으로 했다. 또한 일부 팩터도 추가했다. 결과는 [그림 4-5]에서도 확인할 수 있지만, 누

그림 4-5 점진적 투자 vs. 균등 투자

|  | 점진적 투자 | 균등 투자 |
| --- | --- | --- |
| 매매 횟수 | 619 | 619 |
| 누적수익률 | 2,996.0% | 2,530.5% |
| 승률 | 34.7% | 34.7% |
| 누적 수익 | 7,959.0% | 6,772.5% |
| 누적 손실 | -4,963.0% | -4,242.0% |

적수익률 측면에서 균등 투자보다 점진적 투자가 18% 이상의 개선 효과가 나온다.

점진적 베팅에서 수익이 난 금액을 리스크로 밀어 넣는 방식도 있다. 즉 첫 트레이딩에서 수익 쿠션을 얻었다면, 그 얻은 수익 금액만큼 리스

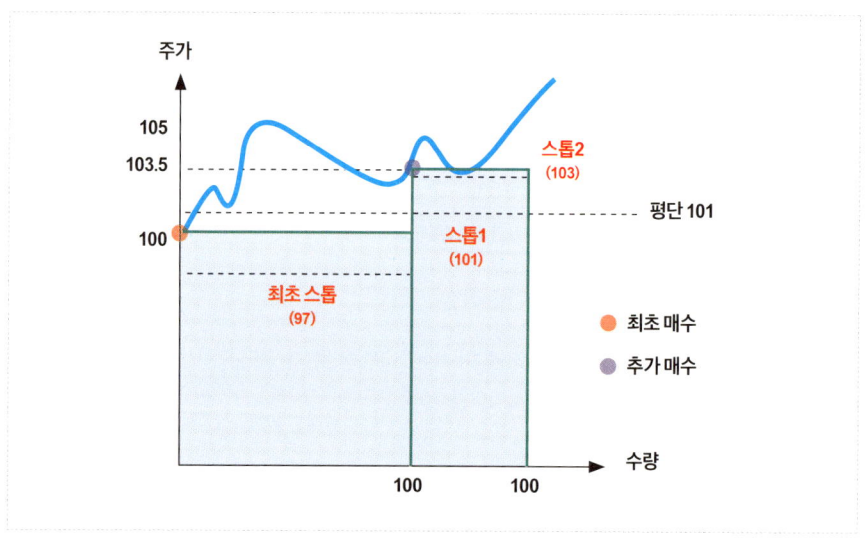

그림 4-6 포지션 사이즈

크를 걸어 두 번째 트레이딩을 시작한다. 만약 두 번째 트레이딩이 손절에 걸려서 손실을 확정할 때는 처음 매매와 두 번째 매매 동시에 매도해서 정리를 한다. (수익 쿠션은 확정 이익도 되고 보유 이익도 된다. 다만 나는 보유하고 있다고 가정했다.) 만약 두 번째 트레이딩에서도 수익이 발생할 경우 그때까지 얻은 모든 수익 금액만큼을 리스크로 걸고 세 번째 트레이딩을 시작한다.

이런 식으로 매매하면 손절하더라도 원금에 문제가 없고 수익금만 반납하면 된다.

터틀 방식의 유닛 계산법도 있다. 트레이딩 자금의 1%를 먼저 구해서 A라고 하고, 해당 종목을 매매할 때 최소 거래단위×ATR을 구한 수를 B라고 한다. 이를 유닛=A/B로 계산한다. 그렇게 하면 1유닛의 크기가 나오고, 이는 곧 거래의 기본단위가 된다.

동일 종목은 최대 4유닛까지, 동일 섹터 내 종목은 최대 6유닛까지 투자한다. 예를 들어 반도체 A 종목을 최대 4유닛까지 매수했는데 다음 B 종목도 반도체에 속한다면 B 종목은 2유닛만 매수하는 것이다.

불타기, 물타기 같은 분할 매수, 피라미딩과는 비슷하지만 다른 개념으로 생각해야 한다. 기본 포지션 사이즈에 대한 이야기이며, 피라미딩은 추가 포지션 사이즈라고 생각하면 편하다.

이처럼 비슷해 보이면서도 다른 다양한 방법이 있다. 전략에는 정답이 없기 때문에, 자기 매매법에 맞춰서 응용하기 나름인 것이다. 중요한 것은 실제 매매할 때 적용시켜야 한다는 것이다.

# 상승장인지 하락장인지
# 어떻게 알 수 있을까?

### 이동평균선 위에 있는가, 아래에 있는가?

추세추종 돌파매매는 MR.마켓의 심술에 대해서 고민해야 한다. 추세는 시장이 우호적일 때 많이 나온다. 즉 상승장에서는 추세가 아주 강해서 추세추종이 잘 되고, 하락장에서는 추세가 잘 나오지 않을 뿐더러 돌파 후 실패하는 케이스가 많다. 그래서 상승장에서 많이 벌고 하락장에서는 쉬는 것이 좋다. 심지어 하락장은 의미 있게 돌파하는 종목의 빈도수도 적다.

그렇다면 상승장과 하락장은 어떻게 판단할 수 있을까? 매크로를 보면서 시장을 예측하라는 것이 아니다. 후행적으로 판단하면 된다. 시장의 바닥을 판단하는 바텀 피셔(저가 매수)는 가치투자만으로 충분하다.

추세추종 매매에서 시장 판단은 예측이 아니라 대응이다.

특정 이동평균선의 위에 있는가, 아래에 있는가로 1차 판단을 하고, 여러 보조지표를 통해 현재 상태를 2차 판단한다. 다음이 그에 대한 예시다.

- KOSPI 지수가 이동평균 60일선 아래면 매매를 쉰다.
- KOSDAQ 지수가 이동평균 120일선 아래면 매매를 쉰다.
- 52주 신저가 종목의 비율이 늘어나면 매매를 쉰다.

이와 같이 규칙은 스스로 정하는 것이 좋다. 몇 번 반복해서 말하지만 절대적인 법칙은 존재하지 않기 때문이다. 시장의 움직임을 예상하는 게 어렵지, 현재 장세를 판단하는 것은 어려운 일이 아니다. 상승장은 누가 봐도 상승장이고, 하락장은 누가 봐도 하락장이다. 판단하기 애매한 과도기 시장은 R% 베팅과 점진적 투자로 커버 가능하다고 본다. 문제는 역시나 상승과 하락이 반복되는 횡보장이다.

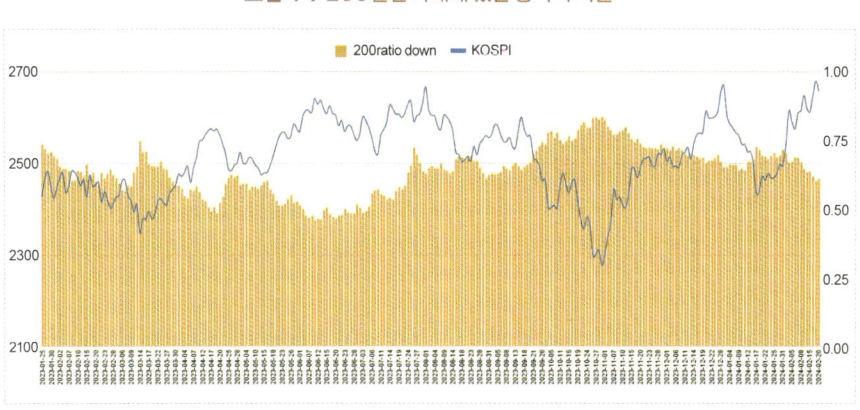

그림 4-7 200일선 아래에 있는 종목의 비율

[그림 4-7]은 200일선 아래에 있는 종목의 비율이다. 이처럼 신고가, 신저가 비율로도 장세 판단이 가능하다.

## 톰 바소의 시장 판단 방법

하나의 지표만으로 장세를 판단하지 못하겠다면 다양한 지표를 같이 보는 것이 좋다. 그중 한 예가 톰 바소의 시장 판단 방법이다(출처: 톰 바소, 『추세추종 투자전략』).

- 10일 지수 이동평균선 vs. 50일 지수 이동평균선
- 종가 기준 50일 이동평균선 위에 10일 지수 이동평균선이 상방이면 매수 신호 발생
- 매수 신호가 5% 수익이면 상승장
- 매도 신호가 -5% 손실이면 하락장
- +5과 -5 사이면 횡보장
- 가중치=2/(일수+1)
- 10일 지수 이동평균선 경우 가중치=2(10+1)=0.1818
- 매일의 지수 이동평균선은 오늘의 종가와 평균의 차이에 가중치를 곱해서 전날 평균에 더함
- 가령 평균이 110이고 오늘 종가가 120이라면 10일 지수 이동평균선은 하단과 같다. 새로운 10일지수 이동평균선=110+0.1818×(120-110)=111.82

트레이딩에서 제일 중요한 것이 리스크 관리이기 때문에 매매보다 R과 점진적 투자와 시장 장세 판단을 먼저 언급했다. R, 점진적 투자, 시장 장세 판단은 추세추종은 물론이고 모든 트레이딩을 하는 데 있어 필

요충분조건이다.

나는 KOSPI 60일 이동평균선을 기준점으로 많이 삼는 편이다. 그 밖에도 52주 신고가/신저가 비율, 중요 이동평균선 이하 종목 비율 등으로 장세 판단을 하는 편이다.

예를 들어 점진적 투자로 이미 최소 비중을 싣고 있는데 KOSPI 지수마저 60일 이동평균선을 하회하고 있다면 매매 자체를 쉰다. 60일인 이유는 통계를 뽑아 보니 KOSPI 50일이나 60일이나 큰 차이가 없어서다. 60일이 기본값이라 쓸 뿐이다. 특별한 마법의 숫자가 아니라 자기만의 기준이라는 점을 재차 상기시킨다.

주식 투자를 조금만 해 봐도 알 테지만, 리스크 관리만으로도 엄청난 차이가 생긴다. 실패의 횟수가 줄어들기 때문에 장기적으로 보았을 때

그림 4-8 최근 5년간 52주 신고가 돌파매매+이동평균선 팩터

| 이동평균선 | 빈도수 | 승률 | 누적 손익 | TPI |
|---|---|---|---|---|
| 0 | 847 | 32.1% | 1436% | 1.23 |
| 20 | 520 | 32.5% | 921% | 1.23 |
| 30 | 553 | 31.8% | 877% | 1.21 |
| 50 | 589 | 32.6% | 1065% | 1.24 |
| 60 | 605 | 33.9% | 1312% | 1.29 |
| 90 | 603 | 33.5% | 1240% | 1.27 |
| 120 | 635 | 34.0% | 1402% | 1.29 |
| 200 | 619 | 32.8% | 1144% | 1.25 |
| 240 | 608 | 31.9% | 970% | 1.21 |

안정적이고, 수익은 큰 반면 손실은 적어진다.

[그림 4-8]은 최근 5년간 52주 신고가 돌파매매에 이동평균선 팩터를 추가해서 백테스트한 결과이다. KOSPI 지수가 설정한 이동평균선 아래에 있으면 신규 매수를 하지 않도록 했다. 이동평균선을 추가할수록 데이터값은 좋아지며, 코로나의 급등장을 제외하고 모수를 늘려 봐도 60일과 120일의 결과값이 비슷하게 나온다.

전략마다 다르겠지만 52주 신고가 돌파매매가 아닌 다른 전략에도 이동평균선을 이용한 장세 판단 팩터를 추가하면 일부 개선되는 결과가 나올 것이다. KOSDAQ 지수로 해도 결과값은 비슷하지만 굳이 KOSPI 지수를 쓰는 이유는 23년에 2차전지 등으로 인해 KOSDAQ 지수의 왜곡현상이 심해졌기 때문이다.

매매를 쉰다는 것은 생각보다 어려운 일이다. 지수의 하락 추세는 길며, 1년 이상 지속되기도 한다. 생활비가 필요한 전업투자자로서 이동평균선 아래에서 매매를 쉬는 것에 대한 고민이 있다면, 시장에 따라 추가로 비중을 조절하는 것도 생각해 볼 만하다.

시장 장세에 따라 다시 유닛 수로 나눈다.

- 상승장=3유닛 투자
- 횡보장=2유닛 투자
- 하락장=1유닛 투자

예시) 2% rule+점진적 베팅+시장 장세 판단을 적용한 포지션 사이즈

- 시드머니=1억
- 리스크 R=2%
- 최대 손실금=200만 원
- 손절 -1R=-8%
- 유닛 수=3

- 최대 포지션 사이즈(3유닛)=2500만 원
- 상승장=2500만 원
- 보합장=1666만 원
- 하락장=833만 원

- 중간 포지션 사이즈(2유닛)=1666만 원
- 상승장=1666만 원
- 보합장=1110만 원
- 하락장=555만 원

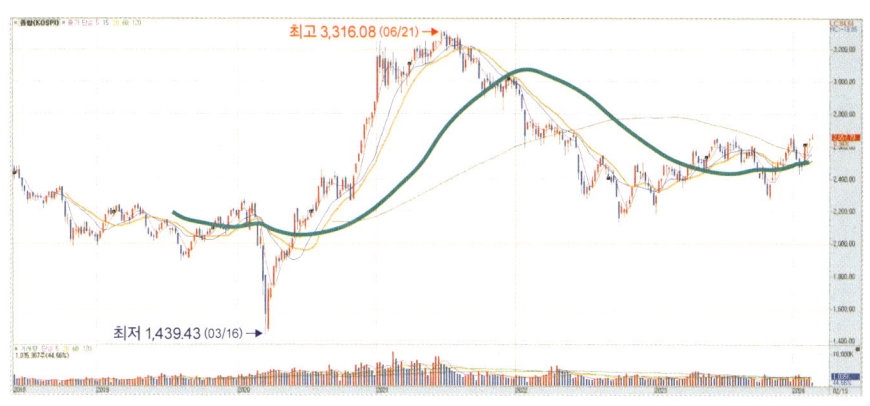

그림 4-9 KOSPI 지수 60일선

- 최소 포지션 사이즈(1유닛)=833만 원
- 상승장=833만 원
- 보합장=555만 원
- 하락장=277만 원

2% 룰을 기본 베이스로 한 상태에서 점진적 베팅에 의해서 유닛 수를 나눴다. 그리고 다시 시장 장세 판단으로 분할을 했다.

이렇게 포지션을 관리하면 시장이 우호적이고 연속적으로 매매에 성공했을 때는 최대 포지션 사이즈 2500만 원(25%)이 되며, 시장이 비우호적이라서 연속 실패를 하면 최소 포지션 사이즈 277만 원(2.7%)로 결정된다.

수익이 날 때는 최대 비중, 손실이 날 때는 최소 비중이 되면서 어느 정도 리스크 관리를 할 수 있게 된다. 참고로 시장은 상승장보다는 횡보장 혹은 하락장의 비율이 더 많다.

글로 보면 시장 장세 판단이 어렵다고 느낄 수 있지만 막상 매매를 하다 보면 직관적으로 다가온다. 추세추종 돌파매매를 했는데 실패가 늘어난다면 시장의 변곡점에 있으며 하락장으로 가고 있다고 생각하면 되고, 섹터 전체의 움직임이 자주 보이면서 돌파 종목들이 늘어나고 3R 도달 횟수 역시 많아지면 시장이 상승장으로 가고 있다고 판단하면 된다.

앞서도 이야기했지만 예상이 어려운 거지, 현재 장세에 대한 판단은 생각보다 쉽다.

# 우리가 더 신경 써야 할 것은 승률이 아니라 손익비다

## 승률과 손익비

이제 내가 제일 좋아하는 승률과 손익비에 대한 이야기를 해 보자. '손실은 짧게, 수익은 길게.' 평범하게 들릴 테지만 이 문구가 핵심이다.

승률은 전체 거래 횟수 중 수익이 난 횟수이다.

> 승률=수익이 난 거래 횟수/전체 거래 횟수×100

승률 50%는 100건의 거래 중 50건을 익절했다는 뜻이다.

승률은 높을수록 좋아 보이기 때문에 대부분의 트레이더는 승률에 집착한다. 정형화된 매매에서 승률을 높인다는 것은 조건을 타이트하게 해서 가지치기를 통해 빈도수를 줄인다는 말과 같다. 실패하는 종목들의 공통점들을 발견하면 그것들을 예외 처리하는 것이다. 즉 매매의 승률을 높이는 작업을 하면 자연스럽게 빈도수와 손익비가 감소한다.

손익비는 매매 시 노출된 위험 대비 얻을 수 있는 이익을 말한다.

> 손익비=평균 수익/평균 손실

예를 들어 1:2의 손익비는 100만 원 손실금에 대해 200만 원 수익을 달성할 수 있음을 의미한다.

**그림 4-10** 승률과 손익비 BEP

| 승률(%) | 10 | 20 | 30 | 40 | 50 | 60 | 70 | 80 | 90 |
|---|---|---|---|---|---|---|---|---|---|
| 손익비 | 9 | 4 | 2.33 | 1.5 | 1 | 0.67 | 0.43 | 0.25 | 0.11 |

> W(승률)×손익비=1−W

극단적으로 승률이 10%로 매우 낮더라도 손익비가 9보다 크면 수익이 난다. 반대로 승률은 90%이지만 손익비가 0.11보다 적으면 손실이다.

원금 1억 원으로 종목당 1000만 원씩 투자했다고 가정하자. 승률 30%에 손익비는 1:3, 손절은 −8%에 한다.

> 실패: 7종목×1000만 원×8%=560만 원
> 성공: 3종목×1000만 원×24%=720만 원
> 수익: 720만 원(수익)-560만 원(손실)=160만 원

30%의 낮은 승률이지만 장기적으로 수익을 낼 수 있는 구조가 된다.

실수익률이 높아 보이지 않을 수 있지만, 이러한 전략은 꾸준히 반복했을 때 복리 효과를 통해 자산을 불려 나갈 수 있는 잠재력을 가지고 있다. 여기에 자금 관리 부분인 R 베팅, 점진적 베팅, 장세 판단, 피라미딩 같은 전략이 추가되면 수익률은 올라가고, 리스크는 효율적으로 관리할 수 있다.

더 벌고 덜 벌고는 차후 문제이다. 기본 베이스를 반복했을 때 수익을 낼 수 있는지 여부가 중요하다.

## 무엇이 좋은 매매일까?

매매법에 따라 다르지만 눌림목(pullback) 매매의 경우 승률이 상대적으로 높은 편이다. 물타기를 할수록 승률은 더 올라간다. 하지만 2차 매수, 3차 매수 등의 물타기를 할수록 손익비는 반대로 점점 내려가며, 승률이 높더라도 한 번 실패 시 큰 손실을 볼 수 있다. 극단적으로 많은 물타기를 통해 승률 90%의 아주 좋은 매매라고 생각했는데 10번 매매 중 9번 수익을 냈음에도 1번 실패로 인해 수익금을 다 날리고 본전이 되는

경우가 생길 수도 있다.

그래서 승률과 손익비를 꼭 따져 보고, 이 매매 전략으로 앞으로 돈을 벌 수 있는지를 체크해야 한다.

좋은 매매인지 체크하기 위해 TPI(매매성능지수)를 넣었다.

> **TPI=승률×(1+평균손익비)**

TPI가 1이 나온다면 본전 매매이고, 1 이하일 경우 반복해서 매매하면 손실이 발생한다는 뜻이다. 승률이 50%로 -5%에 손절을 하고 +5%에 수익 실현하는 매매법이 있다고 가정해 보자. 이 경우 TPI는 1이니 본전 매매다. 아무리 열심히 매매해도 남는 게 없다는 말이다.

그림 4-11 승률과 손익비(소수점 반올림)

| 승률 | 손익비 | TPI | 비고 |
|---|---|---|---|
| 60% | 0.7 | 1 | 본전 |
| 50% | 0.5 | 0.7 | 손실 |
| 50% | 1 | 1 | 본전 |
| 50% | 2 | 1.5 | 수익 |
| 40% | 1 | 0.8 | 손실 |
| 40% | 1.5 | 1 | 본전 |
| 40% | 2 | 1.2 | 수익 |
| 30% | 2 | 0.9 | 손실 |
| 30% | 2.3 | 1 | 본전 |
| 30% | 3 | 1.2 | 수익 |
| 20% | 4 | 1 | 본전 |

매매할 때는 승률이 올라가거나 손익비가 올라가야 한다. 다만 승률은 내가 올리고 싶다고 해서 올릴 수 있는 게 아니다. 그렇다고 예외 처리를 한다면 빈도수가 급감한다. 빈도수가 적은 게 문제가 되는 까닭은 신뢰성 역시 급감하기 때문이다. 과거에 이랬다는 이유 하나만으로 앞으로도 그럴 거라는 가정은 의미 없는 승률 숫자로 이어진다.

그렇다면 답은 무엇일까? 손익비를 개선해야 한다. 이는 서두에 이야기한 멀티플(R)의 개념이기도 하다. 승률이 50% 라면 -5% 지점에서 손절을 하고, +10% 지점에서 수익을 실현하는, 2R 매매를 하면 앞으로도 돈을 벌 수 있다.

물론 손익비를 개선하는 게 마냥 좋지만은 않다. 손익비를 올리는 만큼 승률은 감소한다. 반비례 관계이기 때문에 승률과 손익비를 적당히 조절해서 수익이 날 수 있는 매매인지를 확인해야 한다.

또한 여러 로직 중에서 TPI가 높은 매매법이 무조건적으로 좋지도 않다. 장기적으로 보면 TPI가 높을수록 유리하겠지만, TPI에는 빈도수가 빠졌기 때문에 여기에 빈도수도 고려할 필요가 있다. 다만 TPI가 상대적으로 조금 부족해도 매매 빈도수가 많다면 충분히 커버할 수 있다. 그 밖에 매매당 기대수익률 역시 고민해야 한다.

좋은 전략을 체크할 때는 TPI 외에도 MDD(max drawdown)인 최대 낙폭도 봐야 한다.

## 자기만의 손익비 기준을 만들어라

[그림 4-11]을 통해서도 확인 가능하듯이 승률에 너무 집착하기보다는 승률과 손익비의 적당한 값으로 수익이 나는 매매법을 찾아야 한다. 승률이 낮아도 손익비가 높으면 [그림 4-11]과 같이 수익이 날 수 있다.

나는 보통 손익비는 1:3을 잡는 편이다. 손절은 -7%, 이익은 +21%로 승률 30% 이상이 유지되면 수익이 나는 매매법이다. R은 1~2%, -1R은 -7~-8%가 평균적이라고 했지만 절댓값은 아니다. 대신 R의 1~2%는 꼭 기억하고, 웬만하면 지키는 것이 좋다. 나머지 손절 가격인 -1R은 충분히 변경이 가능하다.

나는 손익비 1:3에 3R 매매를 추천한다. 일반적인 -7%의 3R은 21%다. 이때 손절이 -5%라고 하면 3R은 15%가 된다. 상식적으로 21% 상승하는 것이 쉬울까, 15% 상승하는 것이 쉬울까? 당연히 후자가 더 쉽다. 그래서 시장 환경에 따라 손절가를 조절해서 3R 목표수익률을 변경하기도 한다. 다만 변동성에 대한 노출은 그만큼 커졌기 때문에 감내해야 한다.

변동성 노출을 고려해야 하는 이유는 목표수익률이 낮으면 달성이 쉬워지는 반면, 그만큼 손절가도 높아졌기 때문에 시장의 변동이나 종목의 변동성에 의해 매도하게 될 수도 있다. 보유하고 있었다면 수익이 났을 매매가 변동성에 의해서 비자발적으로 매도되는 현상이 생기곤 한다.

변동성 노출을 감내할 만큼 3R 목표수익률을 축소시켜야 할 때는 바로 하락 시장에서이다. 점진적 투자를 하다가 연속적인 실패로 1유닛 투입이 계속 이어지고 있거나 마켓 타이밍이 하락장을 향해 가고 있다면 매매를 쉴 때라고 여겨야 한다.

시장을 판단하기 애매하다면 -1R 손절의 %를 기존 -7%에서 -5% 등으로 변경해 보자. R% 베팅과 점진적 투자로 인해 이미 1유닛이라는 최소 비중 투자를 하는 상황에서 손절가도 높아졌기 때문에 그만큼 리스크 노출은 적어진다고 볼 수 있다. 경험상 그런 시기가 도달하면 대부분 KOSPI 지수가 60일 이동평균선 이하로 내려가곤 했다.

또한 종목마다 관리가 가능하다면 -1R을 일괄 적용하기보단 ATR을 이용해 개별 대응하는 게 더 효율적이다. 반대로 연속 성공이 늘고 지수가 60일 이동평균선 위에 있다면 -1R을 더 키우고, 3R이 아니라 4R, 5R로 늘릴 수도 있다. 고정이 아닌 가변적이라고 생각하면 된다. 3R은 최소 기준일 뿐이다.

## 매매 내역 복기

그동안 트레이딩을 하면서 꾸준하게 수익을 내지 못한 사람들은 동일한 전략으로 매매한 내역만 따로 엑셀에 정리하면서 복기하고, TPI를 뽑아 보길 바란다. 혹시 TPI 1 이하의 매매를 내가 반복하고 있었던 것은 아닌가 하고 생각해 보면서 말이다. 매매 내역 복기는 트레이딩의 필수 조건이다. 복기할 때도 대수의 법칙에 의해 모수가 많을수록 통계적 유의성이 있다.

복기를 통해 정리한 내역을 봐야지만 실제로 시장에서 효과적인지를 검증하고, 부족한 부분을 보완하고 고칠 수 있다. 엑셀 등을 활용해서 정리할 때는 승률, 손익비, TPI, MDD 등의 수치 데이터를 통해 정량적 분석을 하겠지만 정성적 분석도 필요하다. 정성적 분석은 차트, 뉴스, 시장 상황 등을 살펴보며 매매 당시의 판단 근거와 감정 상태를 되짚어 보는 것이다. 단순히 숫자만 보는 것이 아니라 매매 과정 전체를 스토리텔링하듯이 복기해야 한다. 복기는 매매 스타일에 따라 주간, 월간, 분기 등으로 습관화하는 것이 좋다.

감각적인 트레이딩은 마인드 컨트롤을 잘하는 사람이나 일부 기질을 타고난 사람의 영역이다. 그래서 정형화할 수 없는 감각적인 트레이딩은 긴 기간 동안 꾸준히 반복하는 것이 매우 어렵다. 이런 감각적인 재량적 투자는 많은 경험도 필요하다.

축구 천재, 얼굴 천재 같은 천재 유형이 아닌 이상 일반인이 할 수 있는 트레이딩은 승률, 손익비, 리스크 관리를 통해 반복적인 매매로 수익을 내는 것이다. 갑자기 대박 나는 경우도 있겠지만, 반복하면 돈을 번다는 것은 확실하다.

명확한 매매 규칙과 리스크 관리 원칙에 기반하여 감정적인 개입을 최소화한다는 시스템 트레이딩이 완전히 기계적인 매매만을 의미하는 것도 아니다. 시장의 변화에 따라 전략을 유연하게 조정하고, 예상하지 못한 상황에 대처하는 능력도 필요하다.

결국 규칙과 감각의 장점을 잘 조화시켜서 자신만의 트레이딩 스타일을 만들어 나가는 것이 중요하다. 복기는 이런 과정에서 균형점을 찾아가는 데 있어 중요한 역할을 한다.

## 투자 방법론은 수단일 뿐이다

- **R% 베팅과 점진적 투자**
- **승률과 손익비**
- **시장 장세 판단**

'어떤 종목을 언제 사고 어디서 팔까?'도 중요하지만, 그에 앞서 위의 항목들을 반드시 알고 이해해야 한다. 이는 추세추종 돌파매매에 한정되지 않는다. 주식을 사고판다는 행위를 한다면 꼭 기억해야 하는 것들이다. 파생, 코인, 원자재 모두에 적용 가능하다.

이런 리스크 관리를 기본적으로 한 상태에서 단일 자산 또는 단일 시장이 아닌 다양한 자산군(주식, 채권, 원자재, 코인 등) 또는 여러 시장(국장, 미장, 중국 등)에 분산 투자해야 한다. 특정 자산 또는 시장에서 손실이 발생하더라도 다른 자산 또는 시장에서 수익이 발생함으로써 전체 포트폴리오의 변동성은 줄이고 안정성은 높일 수 있다.

다만 분산 투자가 항상 수익을 보장하지는 않음을 언급해야겠다. 과도한 분산 투자는 오히려 수익률을 저하시킬 수 있어서 적절한 수준으로 해야 한다. 나는 추세가 강한 시장에서는 비중을 높이고, 추세가 약한 시장에서는 비중을 줄인다. 강조하고 또 강조하고 싶다. 이해가 안 된다면 책을 다 읽은 후에 이 부분은 재차 곱씹기를 바란다. 선택이 아닌 필수다.

이제 '어떤 종목을 언제 사고 언제 팔까?'에 대해 이야기할 차례다. 이에 따른 방법론이 궁금할 텐데, 난 여러분이 알고 있는 모든 방법이 다 통한다고 말하고 싶다. 골든크로스에 매매하든, 52주 신고가를 기록한 종목을 매매하든, 엔벨로프나 일목균형표 등의 보조지표를 보고 매매하든 말이다. 그렇다면 왜 모두가 돈을 벌지 못하는 것일까? 문제는 방법이 아니라 기본적인 조건에 있다.

성공 투자의 핵심 조건이 바로 리스크 관리다. R% 베팅, 승률과 손익비, 시장 장세 판단, 이 모든 것이 결국 리스크 관리를 위한 것이다. 리스크 관리가 제대로 되지 않은 상태에서는 아무리 좋은 매매 기법을 쓴들 돈을 벌기 어렵다. 반대로 리스크 관리가 제대로 된다면 어떤 매매 기법을 써도 꾸준히 수익을 낼 수 있다. 더 벌고 덜 벌고의 차이가 있을 뿐, 매매의 핵심은 리스크 관리라는 점을 잊지 말아야 한다.

화려한 매매 기법에 현혹되지 말자. 기술적 분석, 펀더멘털 분석, 보조지표, 정량적 분석, 정성적 분석 등 모두 좋은 도구지만, 리스크 관리라는 기본이 없으면 무용지물이다. 투자 방법론은 수단일 뿐이다. 목표인 꾸준히 수익을 내서 경제적 자유를 얻고자 한다면 본질을 놓치지 않도록 주의해야 한다.

# 어떤 종목을 살 것인가?

## 1등 대장주

 어떤 종목을 언제 사서 언제 팔까? 나는 앞서도 말했듯이 윌리엄 오닐이 쓰는 추세추종 돌파매매를 선호한다. 나 같은 유형을 테크노펀더멘털리스트라고 한다. 기본 종목 pool 자체가 CAN SLIM 혹은 마크 미너비니의 MTT(Mark Minervini trend template)로, 인베스트(가치투자)할 때 가장 중요하게 이야기했던 기업의 성장(EPS의 구조적 성장) 이야기이다.

 트레이딩을 하더라도 매매 대상 자체가 기본 성장 가치주다. 달리 말하면 테마주, 잡주, 순수 내러티브 이런 종목들은 애초에 매매 대상이 아니다. 테마주는 변동성이 매우 커서 대응하는 것이 쉽지 않다. 그래서 안 하는 것이 제일 좋다고 생각하며, 만약 하더라도 1등 대장주만 하는 것이 그나마 효율성이 좋다.

대장주는 많은 거래 대금과 거래량을 동반하고 큰 상승이 나오는 종목이다. 그만큼 강하기 때문에 주도 세력(기관, 외국인)의 자금이 많이 소요되고, 쉽게 추세가 꺾이지 않는다.

나는 성장 가치주 중에서도 주도주 위주로 트레이딩 한다. 가치투자가 베이스인 덕분에 보통의 트레이더들보다 기업을 보는 눈이 좋은 편이다. 미래 전망 역시 어느 정도 추정할 수 있어서 안전 마진도 높다고 할 수 있다. 처음부터 성장하고 주가 역시 우상향할 회사를 선택하기 때문에 눌림목매매 역시 승률이 높은 편이다. 여기서 하나 궁금증이 도출될 것이다. '나도 할 수 있는 것인가?' 답은 '그렇다'.

나는 이미 큰 상승이 나와서 누가 봐도 주도주라고 판단할 법한, 그런 종목이 조정 기간을 거치고 다시 상승하는 정배열 구간에서 매매한다. 실시간으로 혹은 앞으로 주도주가 될 것이다 하고 예상하는 것이 아니다. 이미 주도주로 굳어진 종목을 공략한다. 시장 장세 판단과 마찬가지로 내가 하는 매매는 '예상'이 아닌 '대응'이다.

## 지수보다 강한 종목

나는 제일 먼저 각 종목의 RS(relative strength) 상대강도를 살펴본다. RS는 지수(벤치마크) 대비 얼마나 개별 종목들이 아웃퍼폼하는지를 체크하는 것이다. 종목들의 백분율을 따져서 99~1까지 보았을 때 70 이하인 것은 관심종목에서 제외한다. 절대적인 수치로 70 이상만 매매한다, 가 아니라 시장보다 강한 종목만 매매한다는 말이다. 평균적으로 KOSPI, KOSDAQ의 RS는 60~65에 있기 때문에 RS가 70 이상이면 시장보다 강한 종목이라고 판단할 수 있다. 99라고 더 좋고, 71이라고 더 나쁘고 그렇지는 않다. 단순한 RS 숫자가 아니라 전체 시장에서 상대적으로 몇 번째 위치에 있는지를 파악하기 위한 용도다.

> **RS=종목 수익률/비교 지수 수익률**

지수보다 많이 강하면 말 그대로 주도주일 가능성이 높다. 그러나 너무 상승할 경우 단기 고점일 수도 있어서 무조건 RS가 높으니 좋다고 보기엔 무리가 있다. 단기 RS가 너무 높으면 상승의 기울기가 가팔라서 (이동평균선과 이격도가 벌어져서) 상대적으로 덜 매력적인 상태가 된다.

모든 주식이 폭발적으로 상승하지는 않는다. 이상적인 상승은 매물을 소화하면서 계단식 우상향하는 것이다. 아쉽게도 국내 시장 HTS에서는 RS를 제공하지 않아서 수동으로 구하거나 트레이딩뷰(https://kr.tradingview.com/) 혹은 스탁이지(https://stockeasy.intellio.kr/)를 이용해서 RS를 체크하는 것을 추천한다.

주의할 점은 RS 산출은 기간에 따라 다르다는 것이다. RS 숫자에 집중하지 말고 흐름을 보길 바란다. RS는 지수 대비 강했는가에 대한 최소 커트라인이기 때문에 HTS 종목차트에 지수 차트를 같이 넣고 눈으로 직접 비교를 해도 상관없다. 나는 주기적으로 파이썬으로 RS를 직접 산출하거나 스탁이지에서 수치를 확인한다.

예시를 통해 살펴보자. [그림 4-12]는 한미반도체 일간 차트다.

하단에는 KOSPI 지수를 추가했고, 상단에는 한미반도체의 일간 차트를 표시했다. 비슷한 기간 동안의 KOSPI 지수의 상승률과 한미반도체의 상승률을 비교해 보자.

1월부터 6월 중순까지 KOSPI 지수는 상승하다가 횡보를 한 반면, 한미반도체는 9월까지 상승했다. 상승의 기울기와 기간을 봤을 때 굳이 RS 지표를 보지 않더라도 직관적으로 KOSPI 지수보다 한미반도체의 상승률과 기간이 더 길다는 것을 알 수 있을 것이다. 이런 경우를 강한 종목이라고 부른다. 이렇게 HTS 종목 차트에 지수 차트를 추가하면 지

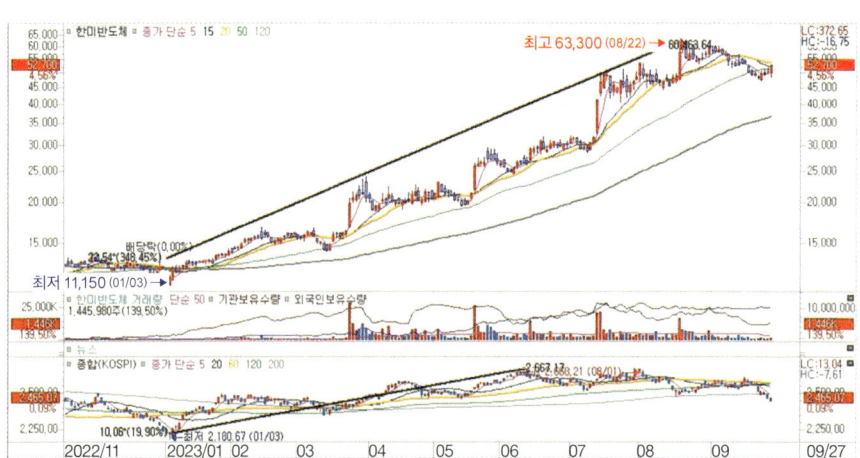

그림 4-12 한미반도체 일간 차트(22.11~23.09) - RS 지수 비교

수보다 강했는지를 한눈에 파악할 수 있다.

    RS 지표를 볼 때는 12M(month), 6M, 3M 가중평균으로 어떤 흐름이 었는지를 체크해야 한다. 12M RS 90, 6M RS 50, 3M RS 90이라는 말은 12개월 전에 강하게 상승했다가 6개월 전에는 조정을 거치고 3개월 전부터 다시 강하게 상승하고 있다는 뜻이다. 여기에 가중치를 넣어서 적용하는데, 최근 데이터를 더 중요하게 반영하고자 한다면 아래와 같이 가중치를 둘 수 있다.

- **12M(20%)**
- **6M(30%)**
- **3M(50%)**

$$RS(가중치) = (90 \times 0.2) + (50 \times 0.3) + (90 \times 0.5)$$

    가중치를 어떻게 둘지는 성향에 따라 다르다. 최근 12M, 6M, 3M을 가중평균하여 흐름을 반영하고 3M에 조금 더 가중치를 둔다면 최근 가중평균 RS 백분율값이 높을수록 시장 내 강한 종목이라는 것을 쉽게 찾을 수 있다.

    다만 재차 강조할 부분은 RS는 지수보다 강했는지를 알기 위한 최소 조건일 뿐이라는 것이다.

## 기관이 진입할 만한 종목군

정리하면 종목 pool의 기본은 성장(EPS 증가)이 나오는 회사로, 지수보다 더 강한 상승을 보인 주도주다. 다만 EPS라고 해서 순이익만 보는 행동은 안 했으면 한다. 매출, 영업이익, 순이익이 균형 잡힌 성장이 중요하다. 성장의 지속성이 될 이익의 질 역시 고민해야 한다.

기본적으로 개인들의 매매보다 기관, 외국인의 매수가 많을수록 좋다. 최소한 기관에서 펀드에 편입했을 때 컴플라이언스(내부 규정) 이슈를 통과할 수 있는 종목군이어야 한다는 뜻이다. 개인의 힘만으로는 추세를 만들어 가는 데 한계가 있다. 단기적인 상승만 본다면 문제가 없지만 지속성이 부족하다. 추세는 지속성이 있어야 만들어진다. 지속성은 제3자의 대량 매수가 계속 있어야 가능하다. 그걸 체크하기 가장 유용한 것이 기관의 매수세다.

윌리엄 오닐의 CANSLIM에서 I를 떠올리면 된다. 당연히 기관의 연속 매수가 없는 스몰캡이나 테마주는 매매 대상이 될 수 없다.

기관의 매수는 당일 거래량의 10% 이상을 기준으로 한다. 최소 기준이며, 그 이하는 주도하는 세력이 개인일 가능성이 크기 때문에 큰 의미가 없다.

기관의 컴플라이언스 규정은 회사마다 다르지만, 분명한 건 내부 규정을 엄격하게 준수해야 한다는 것이다. 펀드에 편입되는 종목은 기업 규모, 재무 건전성, 유동성 등 다양한 기준을 충족해야 한다. 그래서 기관 투자자들이 매수하는 종목은 일정 수준 이상의 퀄리티를 담보한다고 볼 수 있다.

과거에도 기관의 매매가 많았거나 앞으로 회사가 좋아질 것 같다면 기관이 진입할 수 있는 종목군을 선택한다. 특히 우리나라는 외국에 비해 수급 매매하기에 아주 좋다. 나름 투명한 수급 정보를 HTS에서 제공하기 때문이다. 우리는 이를 적극 활용할 필요가 있다.

수급 매매의 기본은 외국인+투신(투자신탁)+연기금이다. 다른 기관의 매수는 자금력이 부족해서 연속성이 상대적으로 떨어지는 편이다. 물론 있으면 좋다. 단지 우선순위가 투신과 연기금일 뿐이다.

투신은 펀드를 운용하는 기관으로 개인 투자자들의 자금을 모아서 투자한다. 이런 주식형 펀드 자금의 유입은 주가 상승에 긍정적인 영향을 미친다. 국민연금, 공무원연금, 사학연금 등 장기 투자 자금을 운용하는 기관인 연기금은 안정적인 수익 추구를 목표로 장기적인 관점에서 투자하는 편이다.

**그림 4-13** 수급 활용

| 거래량 | 개인 | 외국인 | 기관계 | 금융투자 | 보험 | 투신 | 기타금융 | 은행 | 연기금등 | 사모펀드 | 국가 | 기타법인 | 내외국인 |
|---|---|---|---|---|---|---|---|---|---|---|---|---|---|
| 5,797,991 | -374,183 | -63,274 | +433,635 | -20,383 | +16,151 | +10,718 | +21,285 | +9,104 | +347,890 | +48,870 | | +18,775 | -14,953 |
| 10,791,549 | 4,945,246 | 1,687,540 | 3,090,813 | 1,206,975 | +77,050 | +808,953 | -42,088 | +630 | +769,452 | +269,841 | | +147,188 | +19,705 |
| 1,271,429 | -83,999 | +28,400 | +36,923 | +22,615 | +1,660 | +20,412 | -33 | | -38,365 | +30,634 | | +19,473 | -797 |
| 1,161,158 | -14,711 | +93,541 | -96,108 | -16,059 | -20,616 | +14,670 | -233 | | -43,916 | -29,954 | | +17,343 | -65 |
| 2,195,133 | -205,119 | +270,661 | -114,585 | -101,196 | -10,350 | -26,724 | +4,750 | | +21,681 | -2,746 | | +52,210 | -3,167 |
| 2,520,800 | 1,115,666 | +507,296 | +611,255 | +264,778 | +43,326 | +98,007 | -5,749 | | +182,140 | +28,753 | | -1,349 | -1,536 |
| 1,591,986 | -37,685 | +177,531 | -136,342 | -233,938 | -63,871 | -46,634 | -143 | -71 | +164,637 | +43,838 | | -4,129 | +465 |
| 1,753,630 | -682,965 | +67,692 | +628,710 | +201,087 | -12,069 | +36,509 | -9,347 | +395 | +301,106 | +111,029 | | -9,644 | -3,793 |
| 1,073,152 | -130,721 | +38,268 | +94,853 | +37,984 | -16,868 | +11,399 | -18 | | +33,403 | +28,953 | | -1,310 | -1,090 |
| 1,313,690 | +2,697 | +121,461 | -124,601 | -149,493 | -31,521 | +20,381 | -1 | | +27,007 | +9,026 | | +775 | -332 |
| 1,451,371 | -242,714 | +81,964 | +184,293 | +53,048 | +41,004 | -13,973 | +10,810 | +9,872 | +112,002 | -28,470 | | -9,128 | -14,415 |
| 3,649,060 | 1,646,661 | +304,985 | 1,348,793 | +265,300 | +62,201 | +527,801 | +39,500 | | +347,725 | +106,266 | | -10,462 | +3,345 |
| 1,202,685 | -79,211 | -108,930 | +150,007 | -11,586 | +41,195 | +77,469 | | | +39,910 | +3,019 | | +39,335 | -1,201 |
| 1,661,595 | -4,185 | -52,067 | +11,928 | -9,846 | +16,067 | +20,480 | | | +2,475 | -17,248 | | +44,820 | -496 |
| 3,183,607 | 1,810,172 | +768,418 | 1,049,435 | +240,773 | +118,519 | +139,744 | | | +441,893 | +108,506 | | -2,874 | -4,807 |
| 1,053,749 | -428,058 | +326,476 | +101,135 | +21,403 | +3,245 | +32,139 | | | +18,383 | +25,965 | | +1,810 | -1,363 |
| 1,987,949 | 1,169,773 | +648,771 | +550,388 | +202,001 | +115,814 | +10,515 | +1,000 | | +106,541 | +114,517 | | +11,794 | -552 |
| 874,907 | -153,573 | +329,276 | -175,005 | +22,970 | -14,749 | +31,389 | | | -251,117 | +36,502 | | -734 | +36 |
| 973,471 | -318,165 | -250,505 | -71,311 | +52,918 | +12,725 | +20,529 | +1 | | -174,507 | +17,023 | | +2,270 | +1,381 |
| 1,219,991 | -517,647 | +281,457 | +233,093 | +100,929 | +10,274 | +9,717 | +914 | | +102,458 | +8,801 | | +127 | +2,970 |

대부분 다양한 위탁사에서 대신 운용하기 때문에 수급이 나온다고 동일한 곳에서 매수하고 있다고 착각하지 말자.

## 섹터 전체의 움직임

즉 회사가 (실적) 성장하면서, RS가 높고, 수급(투신+기금)이 들어오는 종목이 기본 pool이다. 개별 종목의 추세도 중요하지만 진정한 상승 추세는 섹터 전체의 움직임에서 시작하는 경우가 많다. 왜 그럴까?

기관 투자자로 통칭되는 대규모 자금을 운용하는 기관들은 개별 종목을 일일이 분석하고 매수하기 어렵다. 그래서 효율적으로 자금은 운용하고자 섹터 단위로 투자하는 경향이 강하다. 가령 반도체 섹터의 전망이 밝다고 판단되면 반도체 섹터 내 주요 종목을 한 번에 매수하는 것이다. 따라서 특정 섹터에 기관 자금이 집중적으로 유입되면 섹터 내 종목들이 동반 상승하는 경향을 보인다.

산업 트렌트 면에서도 특정 산업 섹터가 성장 국면에 진입하면 해당 섹터에 속한 기업들의 실적 개선 기대감이 높아진다. 전기차 시장이 성장하면 2차전지, 전기차 부품, 관련 소재 기업들의 수혜가 예상되는 것처럼 말이다. 이러한 산업 트렌드는 개별 기업의 노력만으로는 만들 수 없다. 거대한 파도처럼 시장 전체를 움직이는 힘이 있으며, 이 파도에 올라타야만 안정적이고도 높은 수익률을 기대할 수 있다.

혼자 가면 빨리 가고, 함께 가면 멀리 간다는 격언이 있다. 섹터의 움직임을 주시하고 상승 추세에 놓인 섹터 안에서 주도주를 공략하는 것이 보다 효율적이다.

## 주간 차트를 봐야 하는 이유

상대강도(RS)가 높다는 이유만으로 추세가 있다고 판단하기에는 2% 부족하다. 진정한 추세는 차트에서 '일관성' 있게 나타난다. 나는 추세 판단을 할 때 매번 주간 차트와 일간 차트를 같이 본다.

주간 차트는 중장기적인 추세를 파악하는 데 있어 효과적이다. 주간 차트에서 정배열로 꾸준히 상승하는 종목은 강력한 상승 추세에 있다고 판단할 수 있다. 마치 숲 전체를 조망하듯 주간 차트를 통해 큰 그림 속에서 추세의 방향을 확인해야 한다.

일간 차트는 단기적인 추세와 매수/매도 타이밍을 포착하는 데 유용하다. 주간 차트상 상승 추세인 종목 중 일간 차트상 정배열로 상승하는 종목은 단기적으로도 매수세가 강하다고 볼 수 있다. 일간 차트는 숲속의 나무들을 자세히 살펴보듯, 단기적인 변동성을 파악하고 매매 시점을 결정하는 데 도움을 준다.

주간 차트와 일간 차트 모두 정배열인 종목은 장기, 중기, 단기 추세 모두 상승하고 있다는 뜻이다. 이런 종목은 추세의 지속성이 높고 수익 면에서 안정적이다. 튼튼한 뿌리를 가진 나무처럼 주간 차트/일간 차트상 정배열인 종목은 쉽게 흔들리지 않고 꾸준히 성장하는 경향을 보인다.

가장 흔한 실수는 주간 차트상 하락 추세인데 일간 차트상 단기 반등을 한다고 해서 추세 전환이라고 판단하는 것이다. 이는 마치 숲 전체는 썩어 가는데 나뭇잎 몇 개만 푸르다고 착각하는 것과 같다. 주간 차트에서 명확한 추세 전환 신호가 나타나기 전까지는 섣부르게 판단하지 말아야 한다.

물론 사선 돌파, 쿨라매기 셋업과 같은 돌파는 하락 추세에서도 단기적인 수익을 올릴 수 있는 전략이다. 다만 이러한 기법들은 일반적인 추세추종 돌파매매보다 훨씬 기민한 대응이 필요하며, 그래서 숙련된 투자자에게 적합하다. 초보 투자자라면 하락 추세에서의 전환 판단보다 상승 추세가 명확하게 확인된 종목 위주로 매매하는 것이 안전하다.

추세 전환은 강력한 힘을 필요로 한다. 마치 거대한 배가 방향을 바꿀 때 엄청난 에너지를 소모하듯 말이다. 더불어 추세추종 매매는 말 그대로 '추세'를 '추종'하는 매매라는 점을 항상 명심해야 한다. 추세가 없는 구간에서 추세추종 매매를 하겠다는 것은 물 없는 곳에서 낚시하는 것과 같다.

추세의 일관성을 체크하는 보조지표로는 대표적으로 ADX(Average Directional Index) 지표가 있다. ADX 지표는 추세의 강도를 수치화해서 보여 준다.

- **ADX값 20 미만: 추세가 약해서 박스권일 가능성이 크다.**
- **ADX값 20~40: 추세가 존재한다.**
- **ADX값 40 이상: 강한 추세가 형성 중이다.**

다만 ADX 지표는 추세의 방향을 알려 주지는 않기에 +DI(상승방향지표), -DI(하락방향지표)를 함께 봐야 한다.

> +DI 〉 -DI: 상승 추세
> +DI 〈 -DI: 하락 추세

각 증권사 HTS에서 차트 설정 → 보조지표 → ADX를 선택한 후 추가하면 된다. 기본 설정값은 14일로 되어 있다.

ADX 지표는 기간 대비 추세의 강도만 체크할 뿐이며, 매수/매도 시그널과는 상관없다. 이는 ADX를 포함한 모든 보조지표에 해당된다. 과거 데이터를 기반으로 계산되기 때문에, 미래를 예측하는 데 한계가 있다. 보조지표는 투자를 직관적으로 보고 판단할 수 있게 도움을 주는 역할을 할 뿐이다.

따라서 보조지표에 의존하기보다는 주간/일간 차트를 직접 보고 추세를 판단하는 습관을 기르는 것이 훨씬 더 중요하다. 숙련될수록 차트를 직관적으로 판단하고 분석할 수 있다. 이는 보조지표로는 대체할 수 없는 영역이다.

## 1stage: 1차 상승 구간

앞서도 언급했듯이 개별 종목보다 섹터로 움직이는 게 더 좋으며, 역배열보다는 정배열로 52주 신고가를 갱신하는 종목을 더 선호한다. 역사적 신고가는 당연히 더욱 좋다. 참고로 시가총액이 너무 작은 스몰캡은 슬리피지가 생기기 때문에 트레이딩에서는 제외하는 편이다. 인베스트는 스몰캡 투자가 가능하지만, 트레이딩은 상대적으로 시계열이 짧아서 거래량에 민감할 수밖에 없다. 다만 스몰캡이라도 유동성이 받쳐 준다면 진입을 고려한다.

스탠 와인스타인의 4단계 stage 이론 중 stage2(상승기)를 쪼개서 생각해 보자.

주가가 추세를 탔다고 가정해 보자. 주가는 어떻게 움직일까? stage2의 상승 파동을 1stage, 2stage, 3stage으로 나눈다.

1stage는 1차 상승 구간이고, 2stage는 조정 베이스 구간, 3stage는 새로운 상승 구간이다. 현재 우리는 1stage 종목군을 살펴보고 있다. 즉 지수보다 더 큰 상승이 나오고, 주봉 및 일봉상 추세가 있는 가치 성장 주도주다. 추세의 기울기가 가파를수록 유리하며, 단기간의 폭발적인 상승보다 주간 차트로 봤을 때 꾸준하게 상승한 종목이 더 좋다. 이런 종목

들은 보통 정배열을 보인다.

나는 평균적으로 1stage 추세의 상승률이 50~60% 이상인 것을 선호한다. 당연히 절대적인 수치가 아니다. 개별주 및 테마주도 매매할 수 있겠지만 나는 선호하지 않는다. 나의 대상은 강한 상승이 나온 수급주다. 넘버스가 부족한 내러티브 종목도 수급이 있는 주도주라면 매매할 수 있다. 참고로 1stage에서 단기간에 너무 가파른 상승이 나온 종목은 HTF(high tight flag)로 분류해서 좀 더 타이트하게 보는 것이 좋다. HTF는 최대 8주 동안 100% 이상의 상승이 나오고 짧게는 5일, 길게는 3주간의 조정 베이스를 만들어야 한다. 이때 조정의 깊이는 최대 20%를 넘지 않는다. 그리고 동일하게 돌파가 나오는 시점에 공략한다.

**그림 4-14** 스탠 와인스타인의 stage 이론

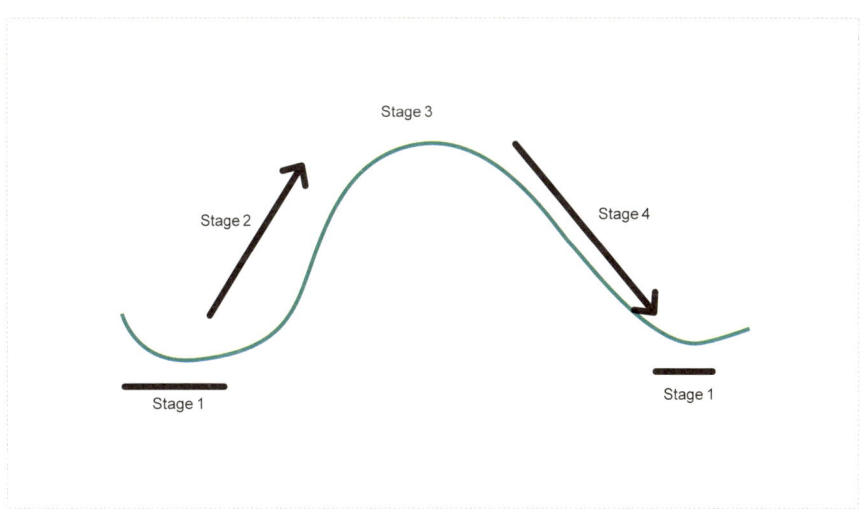

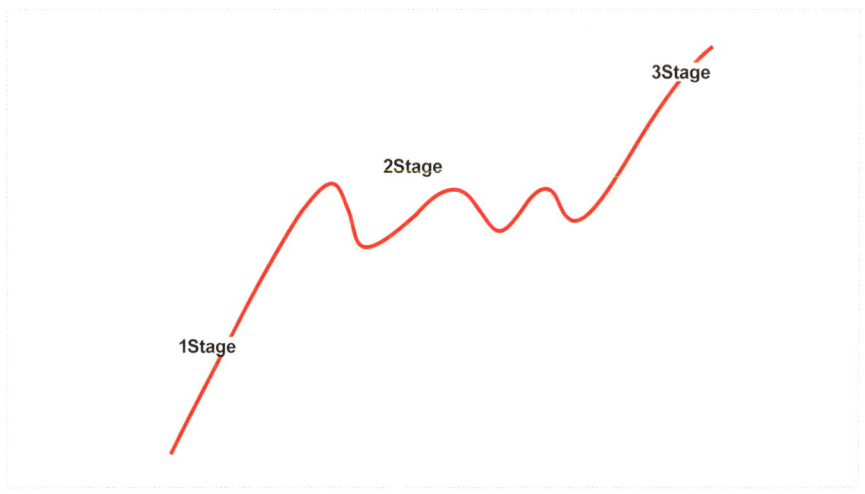

그림 4-15 1stage, 2stage, 3stage

보통의 매매는 조정 베이스가 길수록 좋지만, HTF처럼 빠르게 상승하는 종목은 조정 베이스가 짧아도 무관하다. 그래서 상승할 때 추세의 기울기도 고민해야 한다. 매물이 소화도 하기 전에 너무 빠르게 상승한 만큼 피로감을 가지고 있다. 좋다, 나쁘다의 개념이 아니라 기울기와 이격도에 따라 다르게 대응할 뿐이다.

## 변동성은 작을수록 좋다

가치 성장 주도주라고 하니까 거창해 보이고 어려워 보이지만 실제는 간단하다. 내러티브(스토리)든 넘버스(실적)든 상관없이 테마주를 제외하고, 같은 기간 동안 지수보다 많이 상승한 종목 대부분이 가치 성장 주도주일 가능성이 높다. 참고로 정치 테마주로 대표되는 테마주는 거품처럼 생겼다가 거품처럼 사라진다. 또한 수급도 개인 위주다.

테마와 비슷하지만 내러티브 종목들은 불나방이 아니다. 수급의 주체도 기관, 외국인, 개인이 다양하게 포진되어 있다. 지금 당장 넘버스가 나오지 않아서 그렇지, 전망이 지속적으로 좋을 거라 예상되기 때문에 반짝 상승하고 사라질 종목으로 분류되지 않는다.

다만 내러티브 종목들은 실적이 받쳐 주는 가치 성장주와 비교하면 변동성이 큰 편이다. 물론 변동성이 큰 게 무조건 나쁜 것은 아니다. 데이 트레이딩이나 스캘핑은 거래량이 받쳐 준다는 전제 아래 변동성이 큰 종목이 더 유리하기 때문이다. 그러나 추세추종 매매는 기본적으로 추세를 타야 하는데 변동성이 크면 중간에 손절 지점에 다다르면서 비자발적으로 하차할 수도 있다. 그만큼 난이도가 높다고 생각하면 편히다. 종목의 변동성이 작을수록 홀딩력이 좋다고 보면 된다. 우선순위를 매기면 다음과 같다.

- 1순위는 가치 성장주
- 2순위는 내러티브
- 3순위는 대장주(테마주지만 너무 강력한 주도주)

## 2stage: 조정 구간

나의 경우 추세에 올라탄 종목이 보이면 관심종목에 넣고 본다. 넣으면서 그룹별로 상승하는 이유를 간략하게 기입하면 더 좋다.

매수 시점은 상승 이후(1stage) 조정 베이스를 거치고(2stage) 재차 상승하는 구간(3stage)이다. 정확하게는 3stage가 시작할 수도 있는, 주가가 돌파에 성공했을 때 같은 이벤트에 진입한다. 이를 보통은 불 플래그 패턴이라고 한다(깃발 모양).

**그림 4-16** 당시 나의 관심종목

02 추세추종 ▾ 등록 ■ ▾ 코드등록

1 2 3 4 5 6 필

| 종목명 | 현재가 | 등락률 | 거래대금 | 전일비 |
|---|---|---|---|---|
| 1Stage 상승 주도주 | | | | |
| 본느 | 2,765 | 2.22 | 23 | 25.50 |
| 씨티케이 | 5,250 | 0.38 | 0 | 112.63 |
| 백산 | 11,630 | 1.39 | 41 | 69.87 |
| 케이씨텍 | 31,350 | 2.12 | 55 | 159.37 |
| 감성코퍼레이 | 2,580 | 0.19 | 16 | 72.79 |
| 기아 | 113,200 | 1.31 | 3,157 | 61.21 |
| NAVER | 206,000 | 0.73 | 1,297 | 89.06 |
| 비올 | 7,120 | 0.70 | 49 | 77.91 |
| 피에스케이홀 | 33,000 | 7.49 | 316 | 236.45 |
| 돌파 근접종목 | | | | |
| 테크윙 | 17,400 | 13.21 | 534 | 461.48 |
| 헥토파이낸셜 | 19,750 | 1.99 | 18 | 119.11 |
| 칩스앤미디어 | 27,450 | 8.28 | 291 | 336.82 |
| 펌텍코리아 | 25,750 | 2.18 | 7 | 58.97 |
| 잉글우드랩 | 14,150 | 2.14 | 10 | 33.81 |
| 솔브레인 | 271,000 | 0.55 | 80 | 160.29 |
| 원텍 | 7,740 | 0.91 | 55 | 151.61 |
| 두산테스나 | 45,500 | 1.00 | 92 | 79.97 |
| 이엔에프테크 | 23,350 | 1.08 | 24 | 204.06 |
| 토비스 | 14,730 | 2.58 | 19 | 128.85 |
| 이스트소프트 | 31,600 | 2.60 | 551 | 143.63 |
| HPSP | 48,950 | 11.25 | 2,063 | 337.92 |
| 2Stage 베이스 조정중 | | | | |
| 한국타이어앤 | 51,600 | 0.19 | 200 | 86.61 |
| 이오테크닉스 | 181,100 | 2.37 | 385 | 205.75 |
| 가온칩스 | 69,000 | 4.07 | 1,186 | 393.76 |
| SK디앤디 | 24,400 | 0.83 | 45 | 52.60 |
| 리노공업 | 202,000 | 3.86 | 535 | 277.35 |
| 티엘비 | 24,100 | 3.88 | 42 | 100.14 |

반드시 불 플래그 패턴일 필요는 없으며, cup with handle이면 더 좋고 VCP 현상까지 추가되면 더 좋다. 신고가라면 더할 나위 없다. (이와 관련해서는 뒤에서 간략하게 설명하겠다.) 단순하게 기존 고점의 저항대를 강력하게 돌파하는 구간이라고 생각하면 된다. 중요한 것은 '강한 상승 → 건전한 조정 → 돌파'다.

상승 구간에서 관심종목을 정리했다면, 이제 조정 기간에서 정리할 차례다. 조정은 건전할수록 좋다.

그림 4-17 불 플래그 패턴

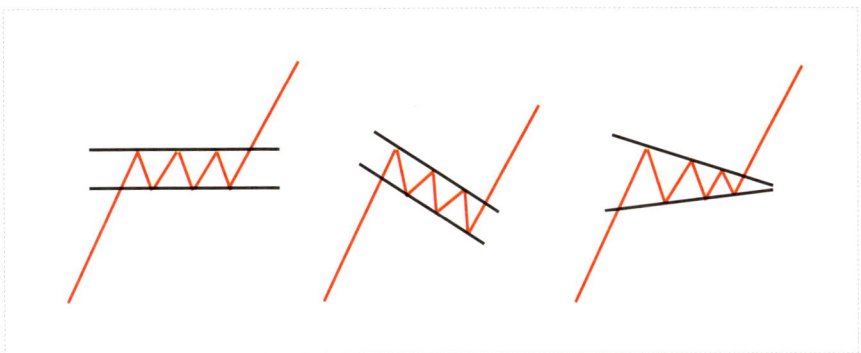

이를 등산으로 비유하면, 히말라야처럼 높은 산을 올라갈 때 중간에 베이스캠프를 마련하는 것이다. 이때 1stage의 상승분을 과반수 이상 반납하지 않아야 한다. 즉 조정 중이지만 일정 지지선은 지켜야 한다.

지지(support)와 저항(resistance)은 트레이딩의 기본이라고 할 수 있다. 일명 선 긋기다.

그림 4-18 지지와 저항

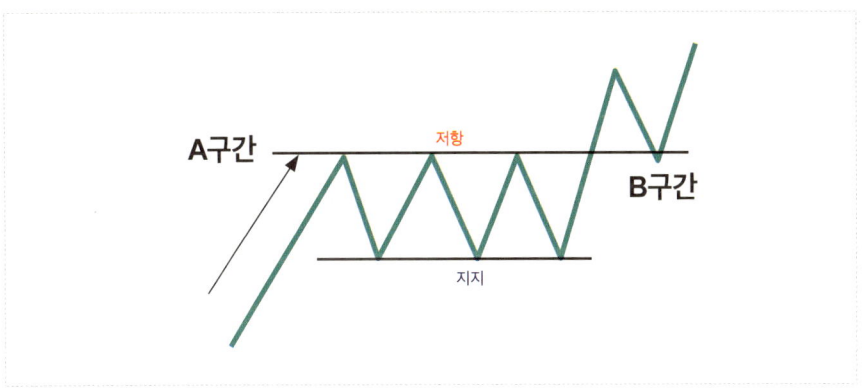

A 구간의 고점에서 누군가 매수했다고 가정하자. 대부분의 투자자는 손실로 돌아서도 홀딩한다. 다시 오를 거라는 희망회로를 돌리며 방치하는 것이다. 그사이 주가는 소정 단계에 집어든다. 시간이 흐를수록 A 구간의 고점에서 매수한 투자자는 지쳐 가고, 결국 체념 단계에 이른다. 여기서는 각자의 선택에 따라 비율이 달라진다. 지쳐서 파는 사람도 있고, 끝까지 버티는 사람도 있다. 그러다 돌파가 나온다. 이때 버틴 투자자들은 손실을 보지 않은 것에 안도하며 매도를 시작한다. 그러나 이때가 바로 상승을 시작하는 지점이다. 마침 매물 소화도 마친 상태다.

3stage는 새로운 추세를 만들 수 있는 하나의 변곡점이기 때문에 지지와 저항 선 긋기가 나름의 의미를 가진다. 지지와 저항은 공급과 수요, 매수와 매도의 매물대 영역이다. 쉽게 말해서 손 바뀜이 일어나는 구간인 셈이다.

주가가 저항 구간을 돌파하고 나면, 지지선과 저항선의 성격이 바뀐다. 저항선이 지지선이 되는 것이다. 추세가 꺾일 때까지 이런 사이클은 반복된다.

## 중요한 것은 윗꼬리도 몸통도 아닌 '매물대'다

지지나 돌파의 선을 그을 때는 기본적으로 수평선(horizontal resistance lines)을 많이 쓰지만, 완벽하게 정렬될 필요는 없다. 그래서 선보다는 박스로 보는 것이 유리하다.

　문제는 저항선을 그릴 때다. 어느 라인을 기준 삼아 그려야 할까? 캔들의 윗꼬리를 기준으로 삼고 그어야 할까, 아니면 캔들의 몸통을 기준으로 잡고 그어야 할까? 결론은 둘 다 아니다. 중요한 것은 지점이 아니라 '매물대'다. 과거 어디에서 많은 거래가 이루어졌는지, 즉 어디에 많은 시체가 쌓여 있는지를 보고 그어야 한다. 전우들의 시체를 뚫고 강하게 상승해야 의미가 있다. 그에 따라 윗꼬리가 되기도 하고 캔들 몸통이 되기도 한다. 그래서 박스권 구역으로 보는 것이 유리하다고 말한 것이다.

　박스권은 가로 길이가 길고, 세로 폭이 좁을수록 좋다. 또한 세력(여기서 세력은 작전 세력이 아니라 기관, 외국인, 개인같이 지금의 주가를 움직이는 주체를 말함)의 평단가가 높을수록 우리에게 유리하다.

　사실 같은 말이기도 한 것이, 박스권 구역의 세로 폭이 넓으면 세력의 평단가가 생각보다 낮을 수도 있기 때문이다. 세력의 평단가가 낮은 경우 돌파 후 추가 상승할 때 차익 실현 욕구로 인해서 다시 매물로 변할 수도 있다. 그래서 박스권 폭이 넓더라도 세력이 어느 구간에서 매수했는지가 중요하다. 박스권 상단 구간에서 거래량이 많이 나왔고 그곳에 매물대가 있다면 세력의 평단가는 높을 가능성이 크다.

　평단가가 높을수록 차익 실현 물량은 천천히 나온다. 지지와 저항은 매수와 매도의 거래량과 매물대(시체)로 해석해야 한다는 것을 꼭 기억해야 한다.

## 3stage: 새로운 상승 구간

돌파할 때는 많은 거래량을 동빈힌 상태로 장대양봉이 그려지고 섹터 전체의 움직임이 있을수록 더 좋다. 앞서도 말했듯이 조정 기간은 길수록 긍정적이지만, 단 상식적인 수준이어야 한다. 10년째 조정 중인 종목을 이야기하면 곤란하다.

조정 기간이 길수록 좋은 이유는, 해당 주식을 보유 중인 사람들이 지쳐 나가떨어져야 하기 때문이다. 그들이 충분히 나가떨어져야 새로운 추세의 시작이자 새로운 파동인 3stage가 시작된다. 매물이 없을수록 가볍고 쉽게 상승한다.

다만 조건이 하나 붙는다. 조정 베이스를 만드는 동안 1stage의 상승 구간을 전부 반납하면 안 된다. 긍정적인 가격 조정폭은 1stage 상승분의 50% 정도다. 또한 이때 반드시 불 플래그 모양일 필요는 없다. 손잡이가 달린 컵(cup with handle)이나 다른 어떤 변형 차트 패턴도 가능하다. 더불어 가로선 긋기가 아닌 사선 긋기여도 상관없다. 즉 우리가 기억할 것은 차트 패턴이 아닌 원리와 구조다.

다시금 강조한다.

- 강한 상승 → 건전한 조정 → 돌파 후 다시 상승

2stage 동안 변동성 축소(VCP) 같은 현상이 나오면 더 좋다. VCP(volatility contraction pattern)는 과거에서 현재에 이르는 동안(왼쪽에서 오른쪽으로 갈수록) 거래량이 줄어들면서 변동성도 줄어드는 현상이다. 거래량과

하락 조정의 폭이 점점 감소하다가 어느 순간 하락 조정의 폭이 한 자리로 들어가는 순간이 생긴다. 이때를 유심히 지켜봐야 한다(자세한 내용은 마크 미너비니의 『초수익 성장주 투자』를 참고하길 바란다).

그림 4-19 한화손해 보험 일간 차트(20.07~21.01)

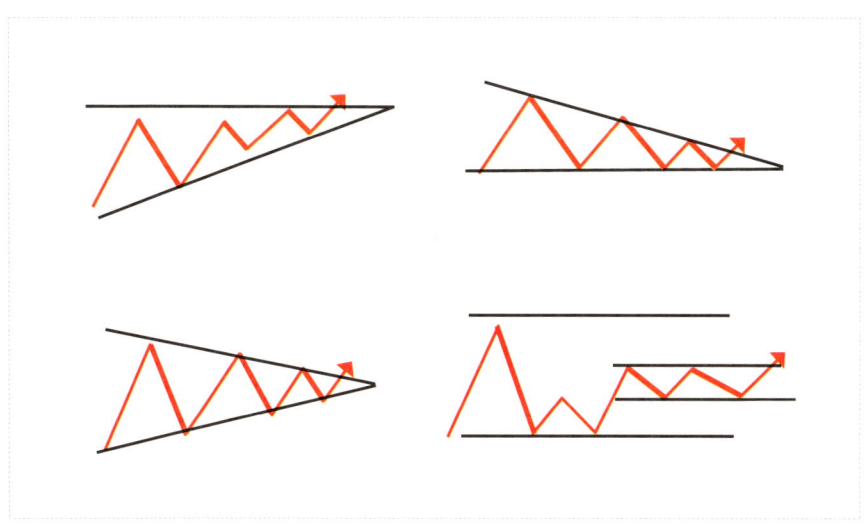

그림 4-20 VCP의 다른 예시들

우리가 할 일은 1stage에서 담은 관심종목 중 이런 셋업을 보이는 종목을 체크하는 것이다. 셋업은 매수를 준비하는 과정으로(pivot point) 매수하기 좋은 자리(entry point)라고 생각하면 된다. 매일 새로운 먹이를 찾아서 돌아다니는 하이에나처럼 종목 정리를 할 필요는 없다. 어차피 많이 상승한 주도주는 정해져 있고, 새로운 주도주가 나오기까지는 시간이 걸린다.

1stage 상승 후에는 2stage의 조정 기간이 있어야 한다. 짧게는 몇 개월이고, 길게는 몇 년이 될 수도 있다. 트레이딩이라고 해서 바쁘게 매매할 필요는 없다. 만약 인베스트까지 겸한다면 조정 기간은 오히려 찬스다. 조정 구간을 거치는 동안 기존 주도주들이 포함된 섹터에 대한 정보와 리포트를 읽고 펀더멘털을 파악하면 되기 때문이다. 펀더멘털까지 파악한다면 로우 치트(low cheat)나 포켓 피봇(pocket pivot)처럼 2% 부족한 구간에서도 진입할 수 있다.

시장이 갑자기 상승 구간에 들어가면 한꺼번에 돌파가 나오는 종목이 생기면서 바빠진다. 우리는 이때를 놓치지 말아야 한다. 돌파한 종목들이 추세를 만들면서 지속적으로 상승하는지 반납하는지를 유심히 봐야 한다.

> 잠깐!

### 손잡이가 달린 컵 패턴

윌리엄 오닐이 언급한 차트 패턴으로 강하게 상승한 종목들에서 공통적으로 나온 현상이다. 주봉상 마치 컵과 손잡이처럼 보여서 이름 붙여졌으며, 기존 상승 추세가 일시적인 조정을 거친 후 다시 상승할 가능성이 높다는 신호로 해석된다.

- **컵 형성**
  - 기간: 최소 7주에서 최장 65주, 일반적으로 3~6개월
  - 깊이: 이전 고점에서 12~33% 하락
  - 모양: U 자 형태의 둥근 바닥

- **손잡이 형성**
  - 컵 우측 상단에서 작은 조정이 발생
  - 깊이: 컵 깊이의 1/3~1/2 수준(기존 상승세의 10~15%)

- **돌파**
  - 컵의 상단 저항선을 상승 돌파하며 패턴 완성
  - 거래량 증가를 필수적으로 동반해야 함

# 언제 살 것인가?

난 3stage의 시작일지 모르는 변곡점 지점에서 매수한다. 로우 치트, 포켓 피봇, 쿨 셋업 등 더 빠른 매매 타이밍이 있지만 기본은 조정 베이스를 벗어나는 강력한 돌파 지점이다. 역시나 차트의 모양이 cup with handle인지, 불 플래그인지, W 패턴인지, HTF인지는 중요하지 않다. 다만 신고가를 갱신하거나 돌파할 때 많은 거래량을 동반한다면 금상첨화다. 만약 올 타임 하이(역사적 신고가)라면 더할 나위 없다.

반복해서 말하지만 개별 종목보다는 섹터가 상승하는 것이 좋으며, 아슬아슬하게 돌파하는 것보다 장대양봉을 그리며 강하게 돌파하는 게 더 효과적이다. 갭 상승으로 돌파 지점을 점프하는 것도 공략해야 한다. 조정 베이스는 길수록 좋으며, 기본 차트는 일봉이 아닌 주봉을 봐야 한다. 습관을 형성하는 게 중요하다. HTS에 주간 차트와 일간 차트를 동시에 띄우거나 주간 차트를 보고 일간 차트를 보는 습관을 가져야 한다. 추세의 일관성과 과거의 매물대는 항상 주간이 먼저다.

나는 보통 주가가 돌파에 성공하면 분할로 매수한다. 의미 있는 지점을 돌파할 때 장중 실시간으로 절반을 매수하고, 캔들이 완성되는 종가쯤에 나머지 절반을 매수하는 것이다. 혹은 3분할로 다음 날까지 매수하기도 한다.

분할로 접근하는 이유는 돌파 후 변동성이 생각보다 크다 보니 당일 윗꼬리를 그리면서 하락하는(스쾃) 종목이 많은 탓이다. 그래서 돌파할 때 50%만 매수하고 그 돌파의 가격이 종가까지 유지되는지를 확인하고 나머지를 매수한다. 앞서도 말했듯이 비율은 고정이 아니며, 종목군에 따라 변경한다. 이는 예시일 뿐이다.

이 같은 매매의 장점은 막상 돌파했으나 윗꼬리를 그리며 하락할 경우 손실을 50%만 보면 된다. 반대로 단점은 캔들의 모양을 확인하고 종가에 나머지 50%를 매수하는 만큼 평균 단가는 올라간다. 돌파할 때 100% 매수를 하든, 종가까지 기다려 매수하든 장단점이 있기 때문에 무엇이 정답이라고 할 수 없다. 취향의 영역이다.

보통 나는 예약 매매를 통해 돌파하기 1~2% 전에 알림을 설정하고, 알림이 울리면 해당 종목의 차트와 거래량을 확인한 후 섹터 전체의 움직임을 체크하고 돌파 지점에서 일부 매수한다.

과거 매매 내역을 살펴보면 좋은 결과가 나온 대부분의 종목은 장중에 돌파할 때 전량 매수해도 꼬리 없이 종가까지 유지했으며, 그 이후에도 상승 추세를 유지했다. 대응을 잘할 자신이 있다면 종가에 캔들을 확인할 것도 없이 장중 돌파에 100% 매매해도 무관하다.

대응한다는 것은 장중 돌파에 선량 들어갔을 때 스쾃(윗꼬리)이 나올 경우 손실이 아니라 본전에 비중을 축소한다는 이야기다. 물론 스쾃만으로 추세 전환을 했다고 판단할 수는 없다. 그저 매수 후 스쾃은 여러 신호 중 하나일 뿐이니 말이다.

매매 종목을 고를 때 특정 셋업과 패턴을 찾으려고 하기보다는 많이 상승한 가치 성장주 중 셋업이 뜨는 것을 체크한다고 생각하면 편하다. 앞서 인베스트 부분에서 다룬 것처럼 가치 성장주는 실적이 지속적으로 성장하면 장기적으로 우상향할 가능성이 매우 높다. 즉 사는 시점이 중요하지 않다. 어디서 사든 시간이 지나면 상승할 가능성은 매우 높기 때문이다. 문제는 예상할 수 없는 시간과 변동성이다. 그렇기 때문에 3stage 돌파 지점, 즉 새로 시작하는 추세의 시작점에서 공략하는 것이다.

추세가 보이는 1stage에서도 추세추종 매매를 할 수는 있지만, 매매할 종목의 기준이 애매해서 정형화시키기 어렵다. 또한 1stage에서는 해당 종목이 앞으로 주도주가 될 것인지에 대한 확신을 가질 수 없다. 예상하는 게 대응하는 것보다 어렵다. 따라서 1stage에서는 인베스트로 접근을 하는 것이 편하다.

돌파 지점만 기다리는 게 정답은 아닐지도 모른다. 추세에 올라탄 성장 가치주에 특정 이벤트 드리븐이 생길 때 진입하는 것도 한 방법이다. 그 이벤트라는 것이 돌파가 될 수도 있고, 돌파 지점은 아니지만 거래량이 터진 장대양봉일 수도 있고, 섹터 전체의 움직임이 생긴 날일 수도 있다. 그런 이벤트가 생기는 날을 정형화한 것이 low cheat, pocket pivot이다.

다양한 이벤트가 있고, 그런 이벤트가 발생하면 한 번 매수해 보길 바란다.

그림 4-21 올 타임 하이 대기 모멘텀

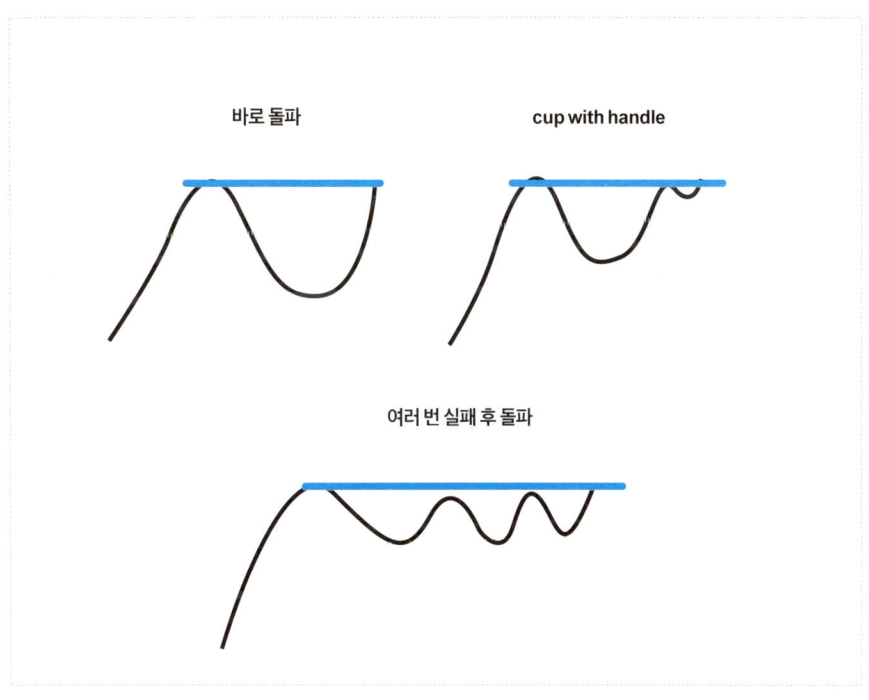

# 언제 팔 것인가?

## 손실은 짧게, 수익은 길게

추세추종 돌파매매 시 기본은 추세가 꺾이기 전까지는 홀딩이다. '손실은 짧게, 수익은 길게'를 무조건 기억하자.

다만 나는 회전률과 심리적 부담감을 줄이고자 3R에 도달하면 50% 매도해서 수익 쿠션을 확보한다. 종목과 시장 환경에 따라 50%가 아니라 30% 혹은 그 이하의 수익 쿠션을 확보하는 경우도 있다. 수익 쿠션을 확보하고 나면 손절 라인을 -1R에서 매수가(본전)로 변경한다. 나머지 50%는 추세가 꺾일 때까지 홀딩이며, 혹시나 하락하더라도 손실을 보지 않는 선에서 매도한다.

그래서 2R 이상 상승했는데 주가가 방향을 틀어서 -1R에 손절하는 경우도 생각보다 많다. 그러나 통계를 뽑아 보면 변동성을 고려해 수익 쿠션을 적게 챙겨 가는 매매보다는 홀딩해서 수익 쿠션을 챙기는 것이 좋았다. 그 마지노선이 3R이라고 보면 된다.

마인드 컨트롤을 위해서 2R 이상 수익이 나면 손절 라인을 -1R에서 매수가(본전)로 높이는 것도 나쁘지 않다. 예를 들어 1R이 7%라면 -1R은 -7%일 것이고, 2R은 14%, 3R은 21%다. 주가가 최소 2R(14%) 이상 올랐다고 가정하면, 이때 손절 가격을 -7%에서 0%으로 변경하는 것이다.

다만 이런 수익 보전 전략은 심리적인 안정일 뿐, 누적수익률에는 도움이 되지 않는다. 앞서도 말했듯이 나는 보통 매수 후 18~19%까지 오르면 손절 가격을 본전으로 올린다.

돌파매매는 눌림목매매에 비해서 승률이 상대적으로 낮다. 그래서 이기는 게임을 하려면 손익비를 필수로 높여야 한다. 수이이 조금 났다고, 불안하다고 짧게 끊어 먹는 습관은 버려야 한다. 물론 불안해 하는 게 이해는 되지만 실패가 많은 것이 당연하다고 생각할 줄 알아야 한다. 막상 매매해 보면 승률 30%는 손절 횟수가 많은 편이다. 잦은 손절이 어색할 수도 있겠지만, 시간이 지날수록 익숙해진다. 그래서 초반에는 멘탈 관리를 위해서 수익 보전 전략을 적용하다가 익숙해지면 변동성에 노출되더라도 홀딩하는 것이 좋다. 승률이 30%라면 1:3 손익비는 반드시 지켜야 한다. 그래야 반복했을 때 계좌에 수익금이 불어난다.

## 추세가 꺾였다는 것은 어떻게 확인할 수 있을까?

앞서 말했듯이 추세추종의 기본은 추세가 꺾이기 전까지는 홀딩이다. 그렇다면 추세가 꺾였다는 건 어떻게 알 수 있을까?

시간 가치에 따라 단기 추세, 장기 추세 등 뷰가 달라질 수 있다는 점을 먼저 언급해야겠다. 이런 점을 차치한다면, 상승 각도에 따라 이동평균선과의 이격도를 생각해 볼 수 있다. 급하게 상승할수록 주가와 이동평균선 간 이격도가 벌어진다. 빨리 상승하면 짧은 이동평균선에 맞춰 대응하고, 천천히 상승한다면 긴 이동평균선에 맞춰 대응해 볼 수 있다. 물론 이동평균선이 절대적인 지표는 아니다. 그저 기준을 만들기 위함이다. 이동평균선 자체가 종가 평균을 선으로 이은 것이니 말이다. 이때 등분선이나 피보나치 등 보조지표를 활용해도 무방하다.

그림 4-22 한미반도체 일간 차트(23.12~24.10)

[그림 4-22]의 한미반도체는 상승할 때 이격도가 크지 않아 60일선을 보고 대응해도 큰 수익 반납 없이 추세 꺾임을 판단할 수 있다. 급격하게 상승할 때는 이격도가 높아서 60일선까지 기다리면 수익률을 많이 반납하기 때문에 20일선으로 꺾임을 판단하는 게 좋다. 다만 추세의 꺾임을 이동평균선만으로 판단하는 것은 매우 1차원적인 생각이라는 점도 강조하고 싶다.

핵심은 기준을 정하고, 기준을 지키는 것이다. 최근에 급등한 종목은 5일선을, 추세를 탄 종목은 20일선을, 천천히 상승하는 종목은 50일선을 기준점을 삼는 것이다. 물론 단순 이동평균선을 하회했다고 팔기보다는 종합적으로 판단해야 한다. 여기서 종합적이란 지수의 방향성, 수급, 실적 발표 같은 티핑 포인트 및 섹터 전체의 움직임 등이다.

나의 경우 3R에서 50%를 매도한 상황일 가능성이 높기에 마음 편히 게 추세의 꺾임을 판단할 것이다. 분명한 건 상승할 때는 정배열이 좋듯이, 변곡점의 신호 또한 역배열이 알려 준다는 것이다. 장기, 중기, 단기 순이던 이동평균선이 단기가 중기 아래로 내려온다면 의심해 봐야 한다. 또한 매수할 때와 마찬가지로 매도할 때 역시 주간 차트로 판단하는 것이 좋다.

강력한 종목의 추세는 가늠하기 어려울 정도로 길게 이어진다. 주가가 많이 올랐다고 매도하는 실수를 범하지 말자. 수익은 길게, 손실을 짧게. 기억하자.

추세의 꺾임으로 흘러가는 섹터 전체의 움직임은 ETF 이평선 위치로 판단할 수 있다. 가령 그동안 반도체 섹터가 강했고 그 안에 주도주가 있었다면, 반도체 ETF를 체크해서 현재 가격이 20일선 위에 있는지 아니면 아래에 있는지 체크하는 것이다. 20일선 아래로 내려가고 있다면 추세가 꺾일 수 있다는 신호로 보고 개별 종목에 더 집중해서 대응한다.

ETF도 종류가 많기 때문에 세분화해서 보는 것이 좋다. 반도체 ETF를 KODEX 반도체 하나만 보는 것이 아니라 전공정, 후공정, 소재 등 나눠서 체크하라는 뜻이다.

## 클라이맥스는 어김없다

3R 도달과 추세가 꺾이는 것 외에도 매도하는 경우가 있다. 바로 클라이맥스 런 신호다. 클라이맥스는 보통 최고점을 찍을 때 발생한다.

1stage의 상승을 거쳐 2stage의 조정 후에 3stage의 돌파까지 성공했다고 가정하자. 그런데 얼마 지나지 않아 신고가 최고점에서 역대급 거래량을 동반한 윗꼬리가 달린 음봉이 그려졌다. 보통 이러한 클라이맥스는 섹터 전체가 하락할 때 나온다. 그래서 나는 클라이맥스 신호를 발견하는 즉시 과감하게 전량 매도한다. 고점에서 거래량 없이 흘러내리는 것과는 다르다.

[그림 4-23]은 에코프로비엠의 일간 차트로 2023년 7월 26일에 많은 거래량을 동반한 윗꼬리를 단 음봉이 그려졌다. [그림 4-24]의 POSCO

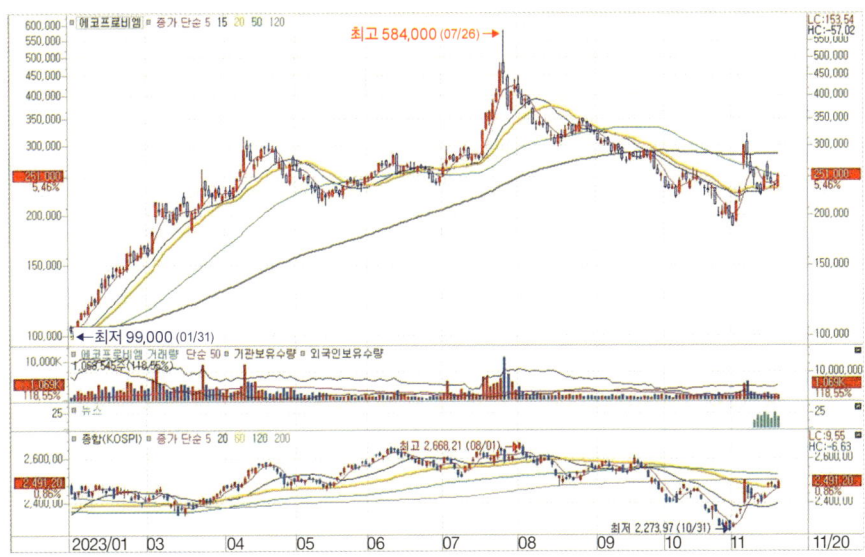

그림 4-23 에코프로비엠 일간 차트(23.01~11)

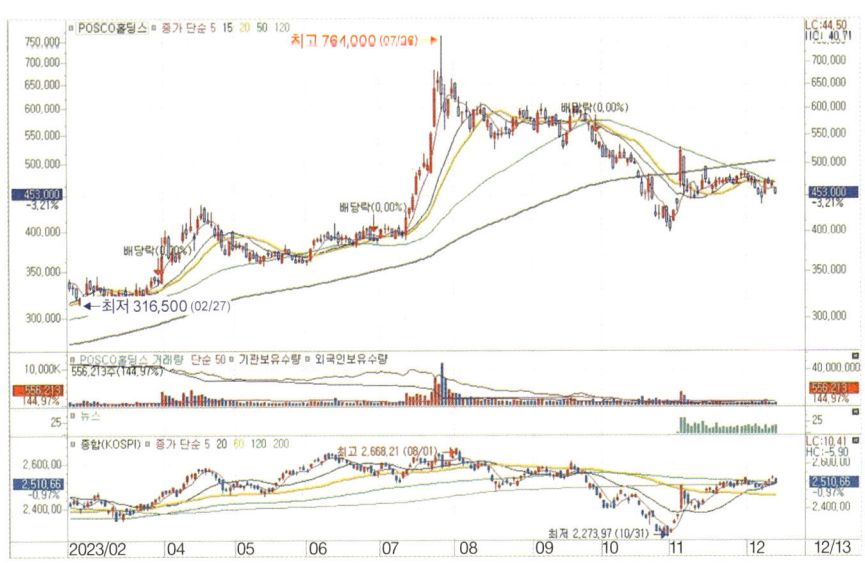

그림 4-24 POSCO홀딩스 일간 차트(23.02~12)

Chapter 04 추세추종 트레이딩

홀딩스 역시 2023년 7월 26일에 같은 그림이 그려졌다.

둘 다 많은 거래량을 동반하며 최고점을 찍었지만, 분봉상 매물이 쏟아져 나오면서 급락이 나왔다. 급하게 상승하는 모든 종목이 클라이맥스 신호가 발생하는 것은 아니다. 생각보다 빈도수가 많지는 않지만 반드시 알아야 하는 신호 중의 하나다.

나는 강하게 상승하다가 고점에서 많은 거래량을 동반하며 -10% 이상의 장대 음봉이 나올 때도 비중을 축소시킨다. 일반적이지 않은 하락이기 때문이다. 보통은 이후에 돌발 악재가 뜨거나 추세의 변화가 시작될 가능성이 높다. 물론 추세의 변화가 시작될 수도 있다는 거지, -10% 음봉이 나왔다고 추세가 꺾였다고 장담할 수는 없다. 재상승하기도 한다. -10% 하락이라고 모든 종목이 동일한 것은 아니다. 원래 해당 종목의 변동성이 높아서 -10%가 정상 범위라면 상관이 없다.

나는 고점에서의 3연속 긴 음봉도 비슷하게 해석한다. -10% 이상의 장대음봉은 아니더라도 연속적으로 ATR 정도의 음봉이 3개 이상 출현하면 추세 전환의 신호가 될 수 있다고 보고 비중 조절을 시작한다([그림 4-25]).

다시 상승한다면 재매수하면 그만이다. 가격이 비싸도 다시 살 수 있는 용기를 가져야 한다. 트레이딩은 대응이다. 돌발 악재 등으로 인한 급락은 기민하게 반응하는 것이 좋고, 추세가 꺾였다는 판단은 되도록 천천히 하는 것이 좋다.

그림 4-25 LS ELECTRIC 일간 차트(24.02~08)

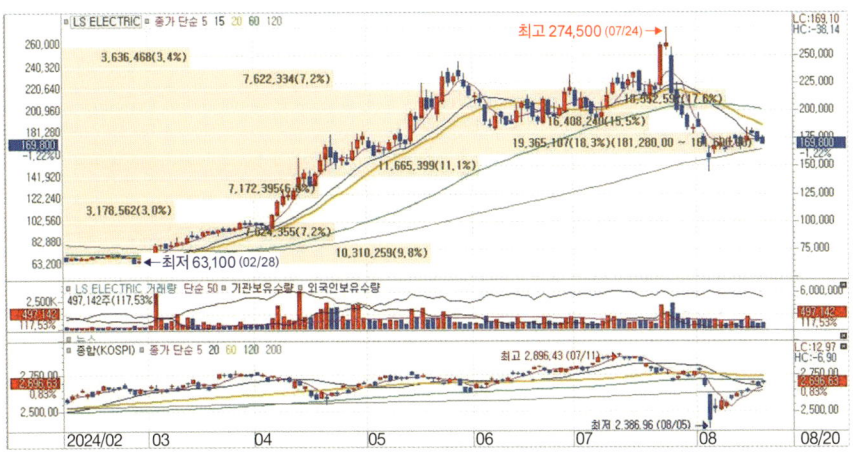

그림 4-26 알테오젠 일간 차트(24.02~25.01)

# 수익 극대화 전략: 불타기

### 비중을 어떻게 실어야 할까?

수익 극대화를 위해서는 불타기(피라미딩)도 매우 중요하다. 피라미딩은 원래 포지션 사이즈에 플러스 알파로 추가되는 것이다. 포지션 사이즈가 커지는 만큼 리스크 노출 사이즈도 커진다. 따라서 확실하게 추세가 강하다고 생각되는 종목만 피라미딩해야 한다.

추세추종에서 피라미딩 없이 반복해서 수익을 내는 것에는 문제가 없지만, 피라미딩을 함으로써 더 벌고 덜 벌고의 차이는 생길 수 있다. 다만 무리하게 피라미딩을 하면 평균 단가가 올라가면서 수익을 반납할 수도 있기 때문에 계획적으로 해야 한다. 실패할 경우 수익금도 아깝지만, 멘탈에 보다 큰 타격을 준다.

피라미딩은 물타기를 뒤집어서 생각하면 된다. A라는 종목을 매수했다고 가정하자. 당신은 10% 하락하면 손절하고, 10% 상승하면 불타기를 할 계획을 세웠다.

- 매수 후 -10%에 도달하면 손절한다.
- 다시 매수 후 10% 상승하면 2차 매수를 한다.
- 2차 매수 후 -10% 하락하면 매도한다.
- 2차 매수 후 10% 상승하면 3차 매수를 한다.
- 3차 매수 후 10% 상승하면 4차 매수를 한다.

하나씩 들여다보자.

첫 매수는 -10% 손절이다.

두 번째 매수는 10% 상승해서 2차 매수까지 했는데 -10% 하락해서 결국 본전이다.

2차 매수를 하고 10% 상승해서 3차 매수를 했는데 다시 -10% 하락

그림 4-27 피라미딩 매수 기법 예시

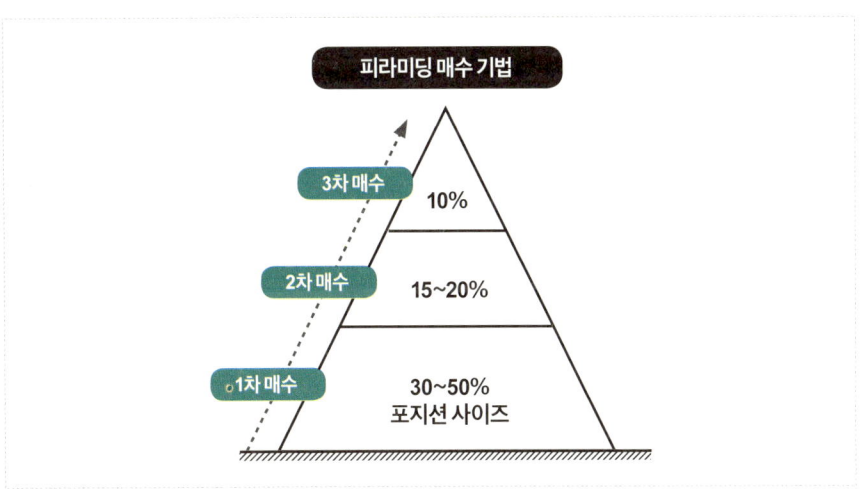

하면 10% 수익이다.

3차 매수를 하고 10% 상승해서 4차 매수를 했는데 다시 -10% 하락하면 20% 수익이다.

손실은 -10%로 한정되고, 수익은 추세가 살아 있으면 무한대로 올라가는 구조라고 할 수 있다(소수점 제외. 동일 비중 피라미딩 시).

일반적으로 피라미딩 매수는 최초 매수 시 비중이 가장 크다. 2차, 3차로 갈수록 비중이 축소되는 구조다. 동일한 유닛으로 피라미딩하는 경우도 있지만, 심리적 안정이라는 측면에서 피라미드 형태가 더 유리하다. 횟수 역시 본인의 선택이지만, 나는 3~5번 사이로 불타기를 한다.

## 언제 비중을 실어야 할까?

그렇다면 언제 실어야 할까? 피라미딩은 어떠한 이벤트가 발생할 때 매수한다. 다음은 그 예시다.

- 추가 셋업이 나올 때
- 신고가를 추가 갱신할 때
- 특정 저항선을 돌파할 때
- 특정 지지선을 지지할 때
- 추가로 거래량이 터질 때
- 원하는 방향으로 가격이 1/2 ATR로 움직일 때
- 원하는 방향으로 가격이 1 ATR로 움직일 때
- 가격이 1R에 도달할 때

이 역시 해답은 없으며, 스스로 규칙을 정해야 한다.

예를 들어 R에 도달할 때마다 불타기한다고 하자. 정하고 나면 1R에 도달할 때 30% 추가 매수하고, 2R에 도달할 때 15% 추가 매수할 수 있다. 중요한 것은 수익률이 아니라 수익금이다. 나는 수익률에 집착하지 말라고 말한다. 남에게 보여 줘서 자랑하는 용도 그 이상도 이하도 아니다. 어쩌면 스스로 만족감에 젖게 할 수도 있지만, 이것이 내 계좌를 불려 주지는 않는다. 우리는 투자자지, 유튜버가 아니다.

불타기를 통해 포지션 사이즈가 늘어났다면, 그 사이즈에 맞춰 손절매 라인도 높여야 한다. 이것이 리스크 관리다. 불타기 후에 수익 쿠션을 확보할 때도 평균 단가에 따라 3R 도달 가격을 올리는 것이 아니라, 최초 매수 시 3R 가격을 기준으로 삼는다. 다시금 강조하지만 수익률에 흔들리지 말자. 우리가 집착해야 할 것은 리스크 관리다. 불타기를 했다는 건 그만큼 리스크 노출도가 커졌다는 뜻이다.

3R에 도달해서 50%의 수익 쿠션을 챙긴 시점에서 추가 셋업이 나오는 경우가 있다. 나는 이런 경우 셋업 기준으로 수익률을 초기화해서 3R를 계산한다.

나는 물타기는 하지 않는다. 물타기는 언젠가는 평균으로 회귀한다는 전제 아래 베팅하는 방법이기 때문이다.

추세는 방향성이다. 하락 추세라고 판단되는 순간 추세 전환이 언제 이뤄질지 알 수 없다. 차트는 물론이고 기업의 가치가 하락하는 종목들은 이유가 있다. 아무 이유 없이 50% 이상 하락하지 않는다. 기업의 실적에 문제가 생겼거나 그동안 너무 고평가였기에 제자리로 돌아가는지도 모른다. 물타기는 추세추종과 반대되는 개념이다. 이것을 이해하지 못하면 트레이딩 세계에서 살아남지 못한다.

# 수익 보존 전략: 트레일링 스톱

    수익 보존 전략(트레일링 스톱)은 수익금에는 직접적인 도움이 되지 않지만, 멘탈 관리 측면에서는 큰 도움이 된다. 예를 들어 살펴보자.

    매수 후 목표값인 3R에 도달하지 못하고 주가가 하락할 경우 손절을 1R 혹은 본전으로 올린다. 만약 매수 후 3R에 도달하지 못하고 횡보한다면 기간 손절을 설정한다. 최대 보유 기간이 2~3주면 매도하는 식이다. 불타기 등으로 포지션 사이즈가 변하면 역시 손절을 1R 혹은 본전으로 올린다.

    이론상으로는 수익 쿠션도 챙겨 가고 리스크 노출도 줄이는 효율적인 방법처럼 보이지만, 막상 통계를 뽑아 보면 변동성 노출은 커지고 누적 수익은 감소했음을 확인할 수 있다. 다만 누적 수익은 감소했으나 수익 쿠션은 중간 중간 챙겼기 때문에 멘탈을 관리한다는 측면에서는 좋은 매매법이라고 할 수 있다.

더불어 자금이 부족한 경우에는 이 전략으로 회전률을 높일 수도 있다. 사실 회전률을 높인다는 게 마냥 좋기만 한 것은 아니지만, 그렇다고 나쁘지도 않다. 잦은 매매는 나쁘다고 알고 있는데, 제대로 된 매매법으로 작은 수익을 지속적으로 낸다면 회전률은 장점으로 작용한다.

또한 전략에 따라 수익 보존이 비효율적이기만 하지도 않다. 눌림목 매매의 경우 기술적 반등만 노리기도 하는데, 이럴 때 트레일링 스톱을 사용하면 수익률 개선 효과를 누릴 수 있다.

이때 '매수 후 고점 대비 x% 하락할 경우 수익을 챙긴다'는 수익 보존 전략을 사용한다. 기존의 캔들 바에 등분과 같은 기준을 잡고 대응하거나 단순 % 기반이 아닌 ATR을 도구 삼아 그 이상의 변동성이 나오면 매도하는 등의 전략을 활용해도 좋다.

단일 전략보다는 복잡한 규칙을 적용하는 것이 효과적이지만, 규칙을 만든 사람이 꾸준히 지킬 수 있는지 여부가 더 중요하다. 나머지는 시장의 변동성에 따라 일부 조정한다.

다만 추세추종 매매에 적합한지는 각자가 판단해야 한다. 추세에 따라 길게 끌고 가는 전략인데, 앞서도 언급했듯이 변동성에 의해 비자발적으로 하차할 수 있기 때문이다.

수익 보존 전략은 보수적으로 적용할 필요가 있다. 내 경우 기간 손절은 적용하고, 3R 근처일 경우에는 손절 라인을 위로 올린다. 기간 손절을 할 때는 절대 평가가 아닌 상대 평가를 통한다. 2, 3주 보유하고 타임 컷하기보다는 내가 보유한 현금 비중에 따라 이 또한 다르게 대응한다. 기회비용을 이유로 타임 컷하는 것이기 때문에 여유가 많다면 굳이 하지 않는다. 현금 비중이 적어서 타임 컷을 해야 한다면 보유 기간 대비 상승률을 우선순위로 두고 익절 또는 손절한다.

포지션 사이즈 조절에 익숙하지 않고 추세추종 돌파매매 또한 처음이라면, R 단위로 수익 보존 전략을 사용하는 것도 좋다. R=8%라고 가정했을 때 매수하고 나서 8% 이상 올랐다면 손절을 -8%에서 본전으로 바꾸는 것이다. 이후 2R=16%까지 올랐다면 손절을 8%까지 올린다. 3R=24%까지 올랐다면 손절을 16%까지 올린다.

안정적으로 보이지만 수익률이 감소하는 현상이 발생하곤 한다. 그럼에도 초보자의 경우 R 단위로 매매했을 때 멘탈을 지킬 수 있다. 잦은 손절이 익숙하지 않은 투자자 역시 경험을 위해 R 단위로 매매하다가 익숙해지면 점점 늘려가는 것이 좋다.

# 기타 체크 포인트

주식시장에서 영원한 상승은 없다. 회사가 시장 성장분 이상으로 계속 성장한다면 영원히 상승할 수도 있겠지만, 현실적으로 불가능에 가깝다. 회사가 어떤 사업에 성공해서 돈을 벌기 시작하면 얼마 지나지 않아 경쟁사가 생기거나 MS(market share, 시장점유율)가 늘어날수록 소모품이 아니라면 성장이 둔화된다.

3stage에서 돌파매매를 했는데 추가 셋업이 떠서 피라미딩까지 한 상태라고 가정해 보자. 추세가 무너지지 않고 추가 셋업이 계속해서 뜬다. 계단식으로 주가가 상승할 수도 있겠지만 횟수가 늘어날수록 상대적으로 효율이 떨어진다. 상승 후 재차 상승하려면 2stage 조정 베이스가 길어야 한다. 짧은 조정 구간으로는 힘 있게 상승하기가 어렵다는 뜻이다. 조정 기간이 길어질수록 지쳐서 매도하는 사람이 늘어나기 때문에 매

물대를 소화하는 과정이 생기지만, 짧은 조정 기간에는 그런 소화 과정 없이 상승하기 때문에 언제든지 차익 실현 물량이 나올 수 있다.

특히 내러티브가 강한 종목들은 뒷구간에서 상승 탄력성이 매우 떨어지는 편이다. 항상 시장은 NEW! 새로운 것을 선호한다. 시장에서 많이 언급되는 종목일수록 탄력성은 점점 떨어진다.

물론 앞서도 이야기했듯이 계속 실적이 좋게 나오면 기간과 새로운 것인지 여부와 무관하게 상승할 수도 있다. 펀더멘털이 좋은 회사라면 회사의 성장과 비례하여 주가도 상승한다.

# 실제 매매한 종목

비중 조절부터 리스크 관리, 종목 pool, 매수, 손절, 이익 실현, 수익률 극대화, 수익 보존 전략까지 알아보았다. 사실 추세추종 매매법도 하나만 있는 게 아니다. 그저 나는 그중 내가 하는 매매법을 소개할 뿐이다.

이제는 예제를 보면서 하나씩 살펴보자.

의료 AI 시대에 맞춰서 폭발적인 주가 상승이 나왔다. 나의 첫 매수 지점도 저점 대비 100% 이상 오른 구간에서였다. 나는 1stage 상승 후 2stage 조정 베이스를 거쳐서 많은 거래량을 동반하며 강력하게 돌파할 때 매수했다.

23년에 가장 핫했던 에코프로비엠을 자세히 살펴보자. 에코프로비엠의 주간 차트를 보면 cup with handle 모양을 그리고 있다. 참고로 매수 지점은 다양하다. 다만 나는 가장 기본이 되는 플랫한 지점을 예시로 설명할 뿐이다.

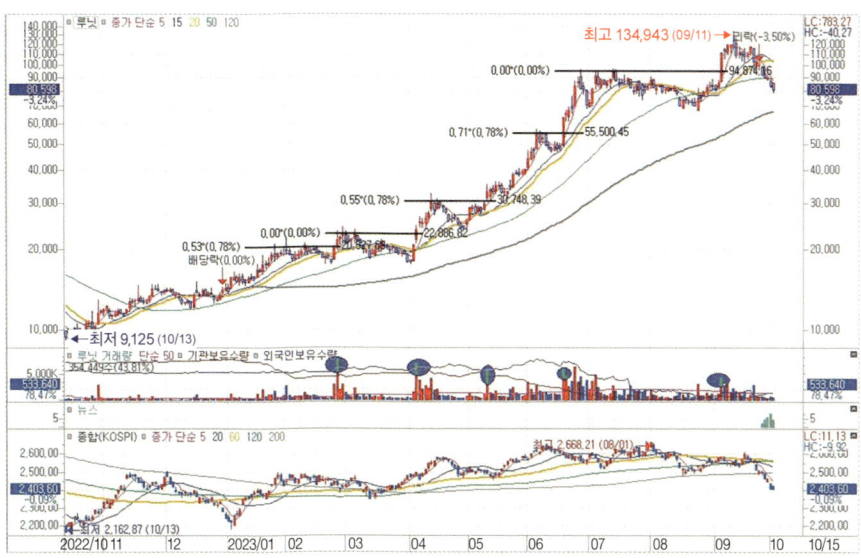

그림 4-28 루닛 일간 차트(22.10~23.10)

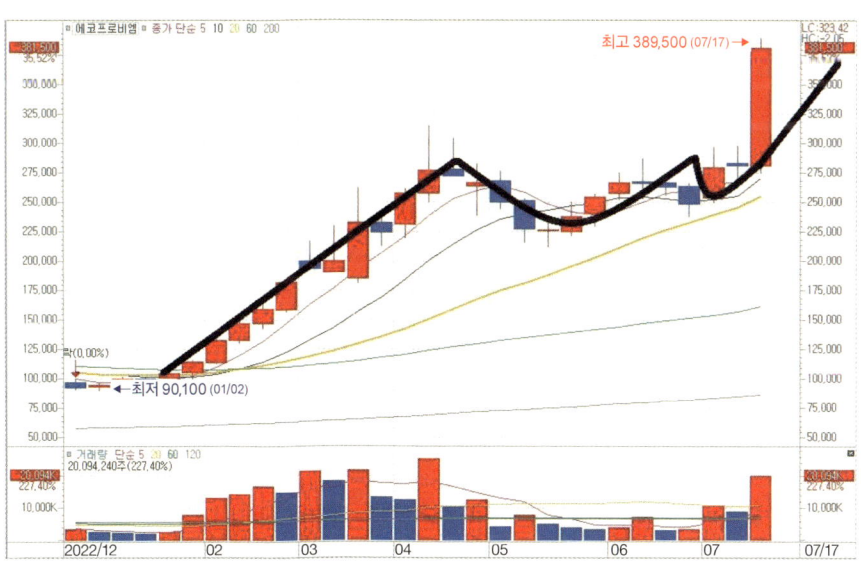

그림 4-29 에코프로비엠 주간 차트(22.12~23.07)

Chapter 04 추세추종 트레이딩    **287**

에코프로비엠은 2차전지 산업에서 주도주 역할을 했다. RS 역시 아주 양호했다(차트에 KOSPI 지수를 추가하면 직관적인 RS 비교가 가능하다). 에코프로비엠은 1stage에서 180% 이상의 상승을 보였고, 2stage에서 약 4개월간 무너지지 않는 조정 기간을 거친 후에 많은 거래량을 동반하고 저항선을 돌파했다. 이때 섹터 전체의 움직임으로 2차전지주들이 함께 상승했다.

나는 1stage에서 RS가 강하고, 강한 상승을 보였기 때문에 관심종목에 추가했다. 이후 조정을 보였고, 재돌파하려는 가격대에 근접하자 보다 관심종목을 유심히 지켜보고 돌파 가격 1% 전에 알림용 매수를 걸어 뒀다.

[그림 4-31]은 돌파하는 시점(7월 18일)의 에코프로비엠의 5분봉 차트이다. 돌파 시점의 가격은 라운드 피겨(떨어지는 가격) 가격인 약 30만 원

그림 4-30 에코프로비엠 일간 차트(23.01~08)

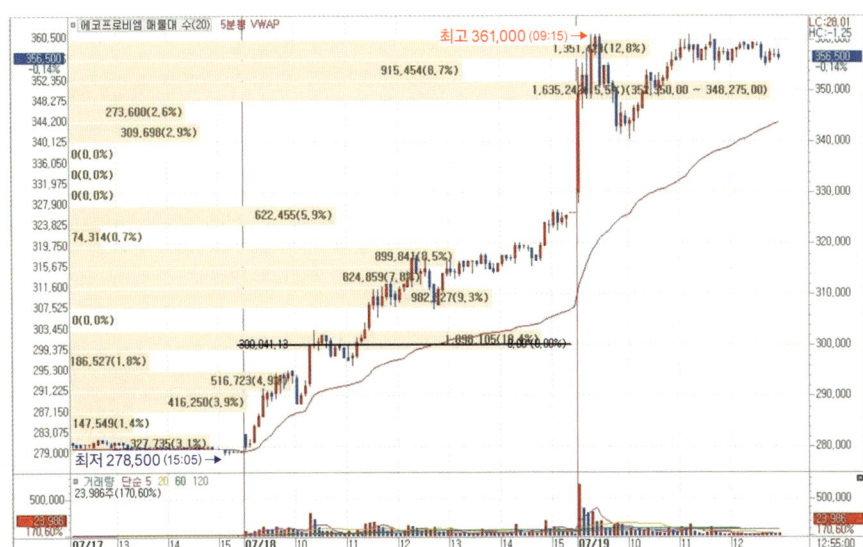

**그림 4-31** 에코프로비엠 5분 차트(23.07.17~19)

이었다.

아침부터 전일 대비 많은 거래량을 보이고 있음을 확인할 수 있다. 7월 18일에 KOSPI 지수는 -0.43% 하락했고, KOSDAQ 지수는 2차전지 덕분에 1.76% 상승했다. 나는 돌파한 가격에 50%를 매수하고, 장 마감 전에 캔들을 확인하고 나머지 50%를 매수했다. 그렇게 나의 평균 단가는 약 315,000원이 되었다.

에코프로비엠은 내가 매수한 시점에서 3R(21%)을 넘겼고, 나는 이 지점에서 50% 비중을 축소했다. 그리고 7월 26일, 클라이맥스 신호가 뜨자 전량 매도했다. 나의 수익률은 약 84%였다.

참고로 슬리피지에 대한 걱정이 상대적으로 덜한 대형주가 이렇게 단기간에 큰 폭으로 상승하는 경우는 흔치 않다. 매우 보기 힘든 현상이

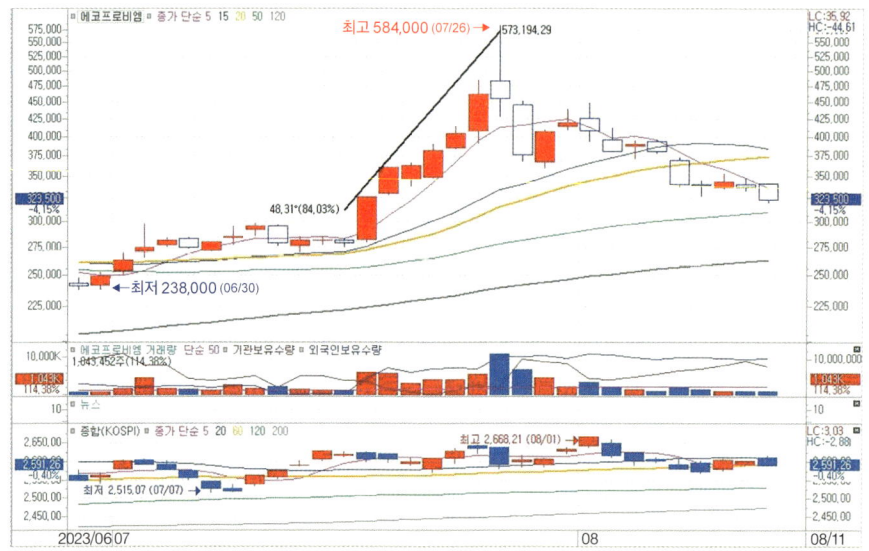

**그림 4-32** 에코프로비엠 일간 차트(23.06~08) - 매수 후 매도

며, 이는 2차전지였기 때문에 가능했다고 본다.

　POSCO홀딩스 같은 2차전지 회사들은 에코프로비엠과 동일한 모습을 보인다. 섹터 전체의 움직임 체크용으로 [그림 4-34]의 KODEX 2차전지도 한 번 살펴보자. 역시 동일하다.

　주성엔지니어링은 SK하이닉스향 반도체 ALD 증착 장비회사다. 이 회사 역시 1stage 상승 후 2stage 조정 베이스를 만들고 많은 거래량을 동반한 돌파를 보였다[그림 4-35].

　나는 이 종목 역시 매수 후 3R에서 비중을 축소했고, 나머지 비중은 홀딩했다. 만약 추세가 꺾인다면 나머지 비중 모두를 매도할 계획을 세웠고, 결과적으로는 올랐지만 -1R에 도달했다면 기계적으로 손절했을 것이다. 손절 후에 다시 돌파하면 재진입할 마음도 가지고 있었다. 또한

### 그림 4-33 POSCO홀딩스 일간 차트(22.11~23.12)

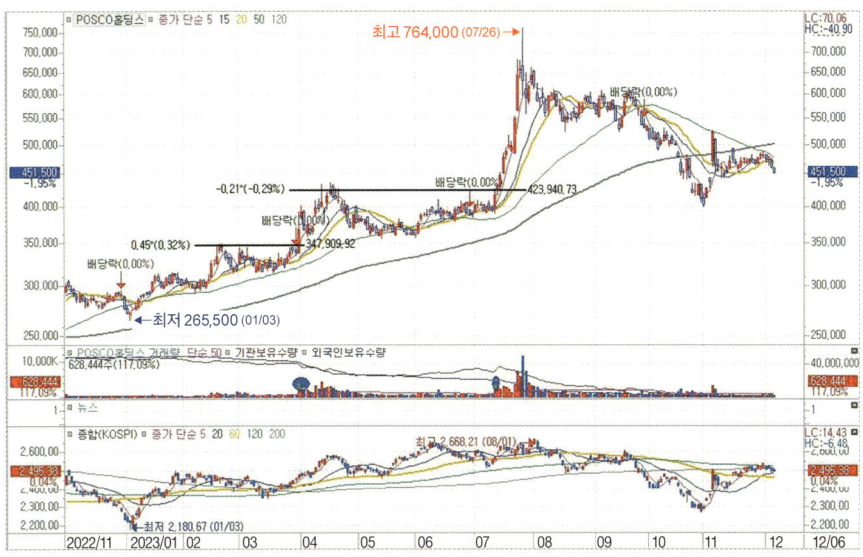

### 그림 4-34 KODEX 2차전지산업 일간 차트(23.01~08)

Chapter 04 추세추종 트레이딩

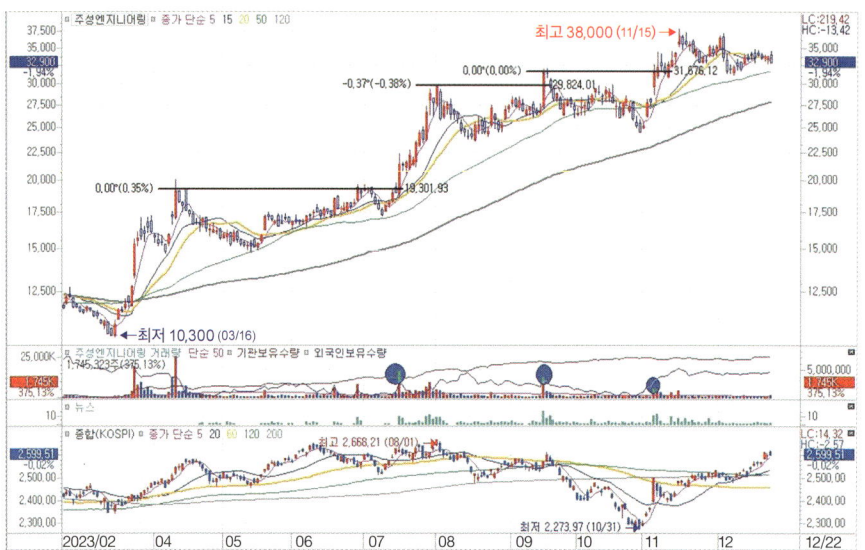

그림 4-35 주성엔지니어링 일간 차트(23.02~12)

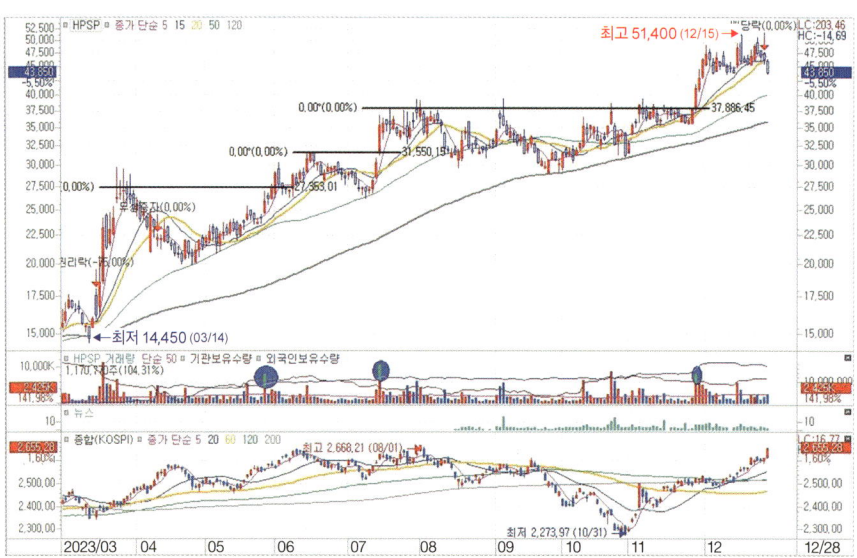

그림 4-36 HPSP 일간 차트(23.03~12)

이후에 올랐는데 아쉽게 3R에 도달하지 못한다면 본전까지 손절 라인을 끌어올렸을 것이다. 더불어 홀딩한 상황에서 추가 셋업이 뜬다면 불타기를 했을 것이다. 나의 매매는 이 과정의 반복이다.

HPSP는 반도체 고압 어닐링 장비회사로 트레이딩 방법은 동일하다. 반도체 래거시 회사들 역시 섹터 전체가 움직인 날 많은 거래량을 동반하며 강하게 돌파했다.

RS가 강하고 펀더멘털이 좋은 종목들이 건전한 조정을 거친 후에 많은 거래량을 동반하며 강하게 돌파하고, 심지어 신고가를 갱신한다면 매수를 시도해 볼 만하다. 성공하면 3R까지 웃으면서 보유하는 거고, 하락하면 -1R에 손절하고 다음 기회를 노린다. 중요한 것은 실패했더라도 또다시 돌파하면 기계적으로 또 진입한다는 것이다. 중꺾마, 중요한 것은 꺾이지 않는 마음이다. 돌파해서 시세(3R 이상)를 줄 때까지는 계속 도전한다.

내가 하는 매매는 이제 막 바닥에서 고개를 든 종목이 아니라 이미 큰 상승이 나온 종목을 대상으로 한다. 바텀 피셔 구간에서는 가치투자로 대응한다는 게 나의 매매 기조다.

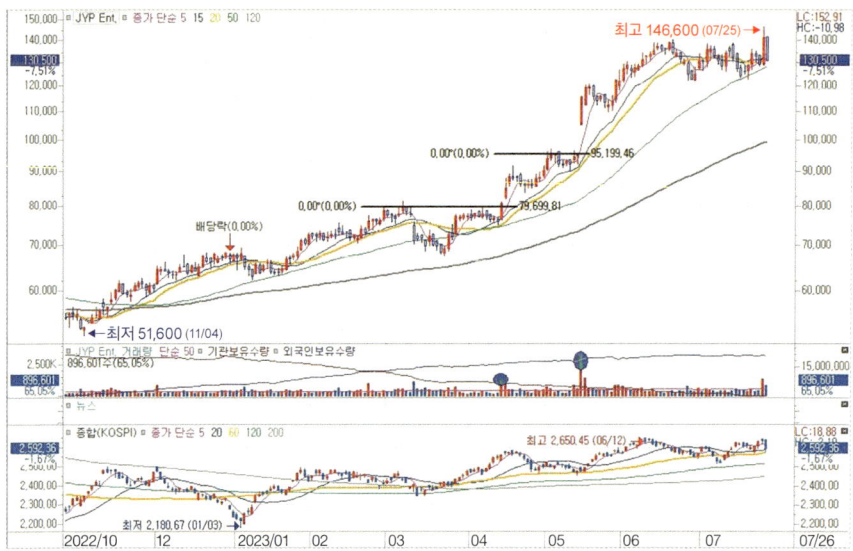

그림 4-37 JYP Ent. 일간 차트(22.10~23.07)

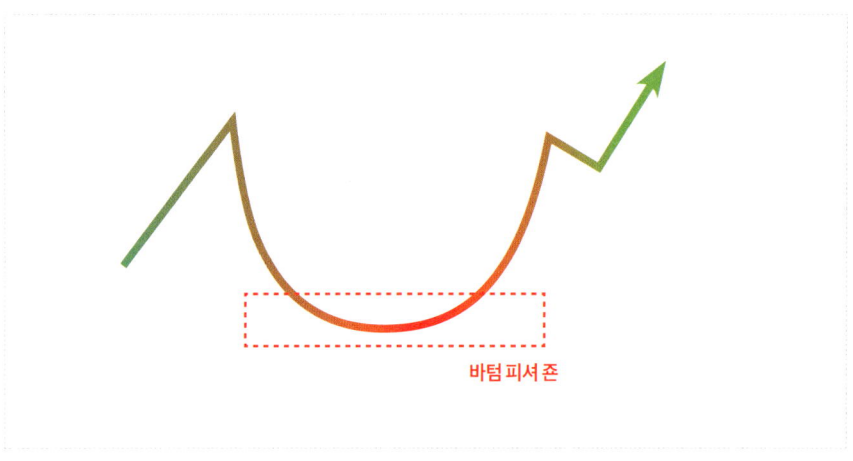

그림 4-38 바텀 피셔 구간

테크윙은 HBM 반도체 핸들러로, 주도주로 보기엔 조금 약하나 HBM 관련 반도체이기에 섹터 전체의 움직임을 기반으로 매수했다. 해당 종목은 많은 거래량을 동반하며 강하게 돌파했고, 52주 신고가를 기록했다. 나는 역시나 3R에서 비중을 축소했고, 나머지는 추세에 따라 대응했으며, 추가 셋업이 떴을 때 불타기를 했다.

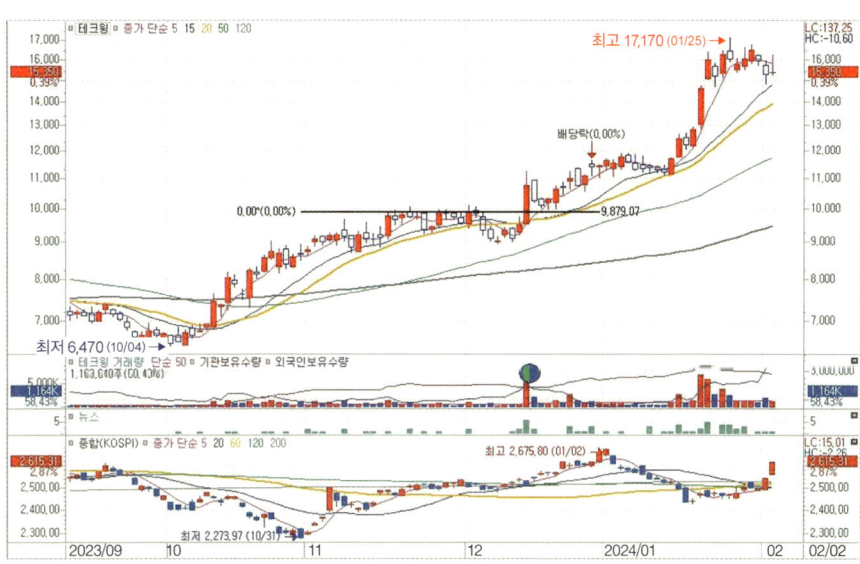

그림 4-39 테크윙 일간 차트(23.09~24.02)

한미반도체 역시 HBM 반도체 종목으로 확실한 주도주였다. 구간이 짧아 보이지만 모두 3R 이상 도달한 후에 다시 조정 베이스를 만들었다. 베이스는 앞에서 설명한 베이스캠프라고 생각하면 된다. 주가 역시 더 올라가기 위해서는 쉬어 줘야 한다. 그래서 계단식 상승처럼 박스권 모습이 자주 나온다.

그림 4-40 한미반도체 일간 차트(22.11~23.11)

브이티는 화장품 중소형 브랜드로, 리들샷 흥행의 주도주 역할을 했다. 브이티에서 확인할 부분은 많은 거래량을 동반하며 저항대를 돌파했지만 곧바로 상승하지 않고 재차 조정에 들어갔다는 점이다(23.06). 이때 저항대가 지지대로 변하는지 확인하면서 대응해야 한다.

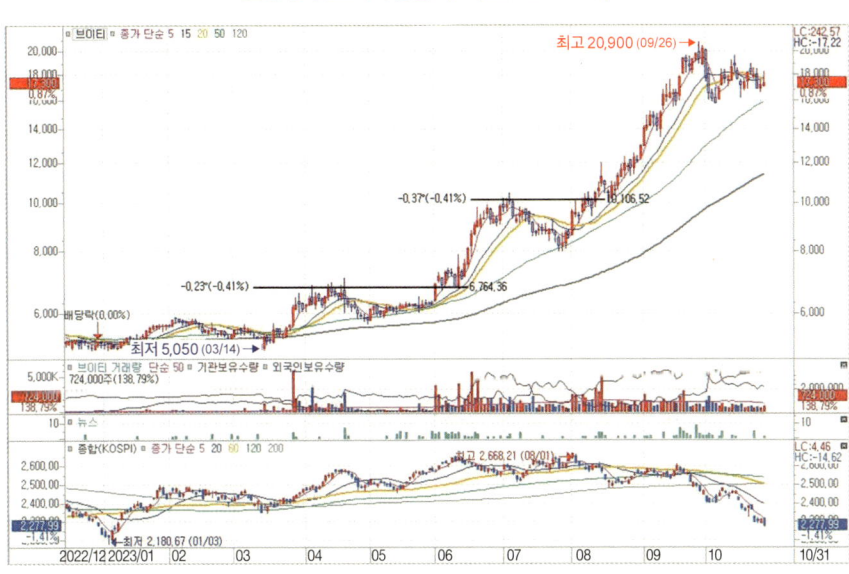

그림 4-41 브이티 일간 차트(22.12~23.10)

제주반도체는 온디바이스 반도체의 주도주 역할을 했다. 이 종목의 경우 더 빠르게 살 수 있는 구간이 많았지만, 제주반도체에 대한 편견이 있어 진입이 늦었다.

매매는 기존과 동일하게 했다. 3stage에서 매수, 3R에 일부 매도, 나머지 홀딩순이다.

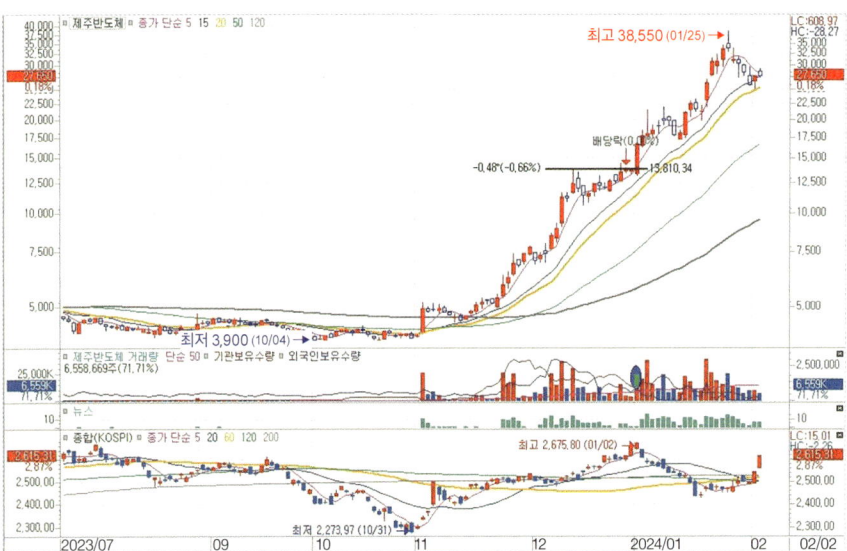

그림 4-42 제주반도체 일간 차트(23.07~24.02)

HD현대일렉트릭은 변압기 호황이었던 때에 매수했으나 첫 번째 원에서 아쉽게 손절했다. 그러나 며칠 지나지 않아 돌파하자 재차 진입했다. 이후 매매는 동일하다.

그림 4-43 HD현대일렉트릭 일간 차트(22.07~23.08)

예시로는 일간 차트를 실었지만, 먼저 확인할 것은 주간 차트다. 예제로 가로선을 한두 개 그었으나, 볼 플래그 패턴만 해도 세부적으로 나눈다면 더 많이 그을 수 있다.

23년은 2차전지 종목에 쏠림 현상이 심했다. 이를 달리 말하면, 추세추종 돌파매매 시장이었다고도 할 수 있다. 다만 유독 2023년이 좋았다는 거지, 다른 과거 연도에도 추세추종 매매를 하기에는 충분했다. 더 과거 연도의 주도주 흐름은 직접 살펴보길 바란다.

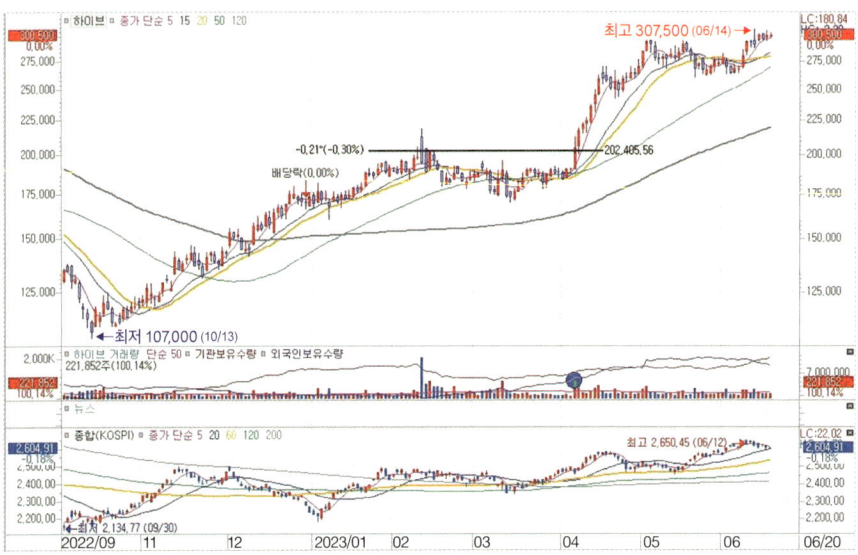

그림 4-44 하이브 일간 차트(22.09~23.06)

그림 4-45 덴티움 일간 차트(22.10~23.06)

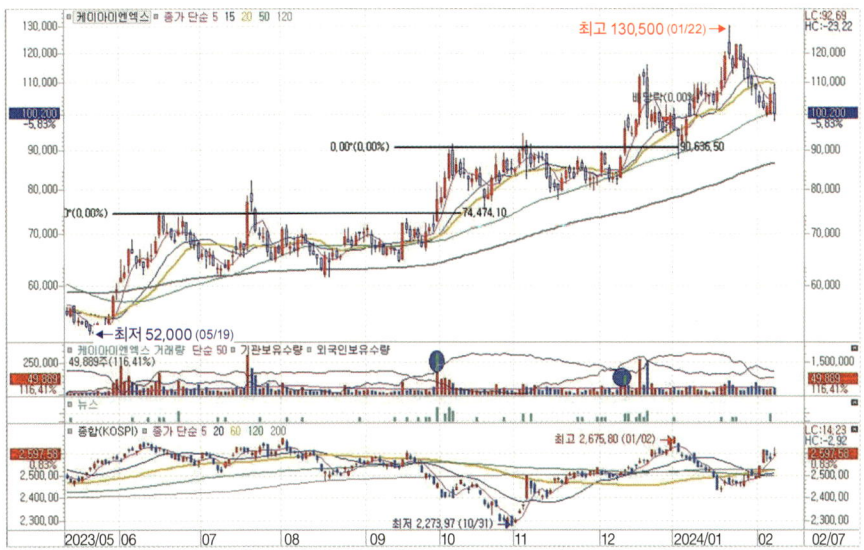

그림 4-46 케이아이엔엑스 일간 차트(23.05~24.02)

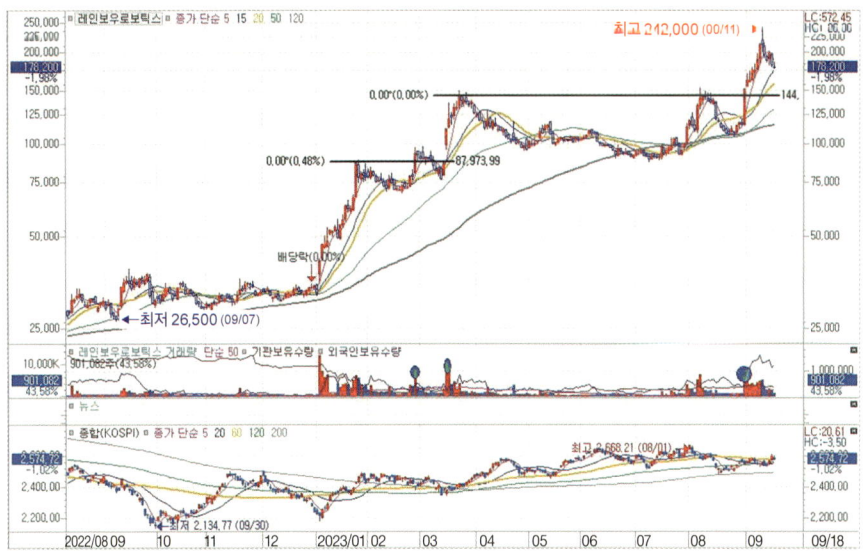

그림 4-47 레인보우로보틱스 일간 차트(22.08~23.09)

Chapter 04 추세추종 트레이딩

**그림 4-48** 기아 일간 차트(23.11~24.02)

앞서 말했듯이 돌파에는 여러 종류가 있다. [그림 4-48]의 기아 차트는 가로선 돌파가 아니라 사선 돌파의 경우다. 빈도수가 훨씬 많은 만큼 성공 확률은 더 낮고 좀 더 기민한 대응이 필요하다. 이와 관련해서는 쿨라메기 셋업을 참고하길 바란다. 반면 cup with handle의 경우 비교적 빈도수가 적은 편이다.

HTF라든지 IPO 셋업, Base on base, W 패턴 등 다양한 방법이 있지만 원칙은 동일하다. HTF의 경우 강력한 상승 추세로 인해 조정 베이스가 짧아도 매매가 가능하다는 특징을 지닌다.

IPO 종목도 매물이 적기 때문에 조정 베이스가 짧아도 공략이 가능하다. 응용해서 돌파 구간을 상장하는 날의 시가로 보는 것도 가능하다.

Base on base는 약한 돌파 후 다시 새로운 베이스를 만든다. 이때는 기존 베이스까지 합친, 큰 베이스로 봐야 한다.

W 패턴은 W의 오른쪽 엉덩이가 더 내려갈수록 승률이 올라간다. 돌파 후 스쾃(squat)으로 피뢰침을 생기더라도 다음 돌파에는 또다시 진입해야 한다.

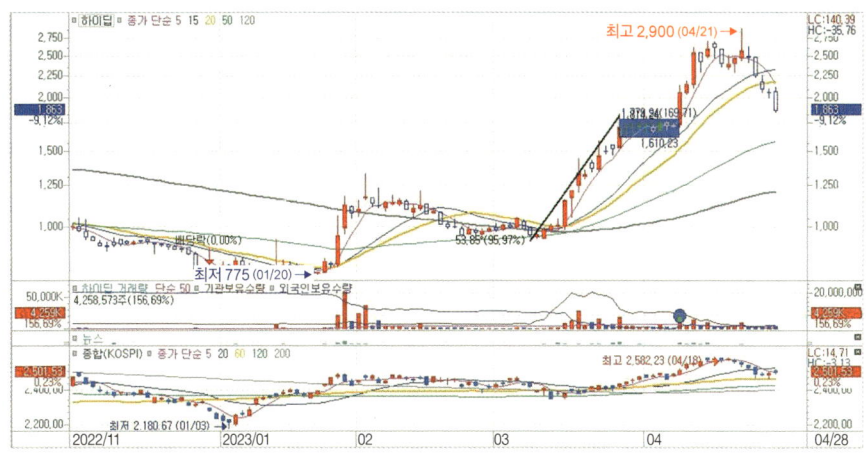

그림 4-49 시노펙스 일간 차트(23.01~24.02)

그림 4-50 하이딥 일간 차트(22.11~23.04)

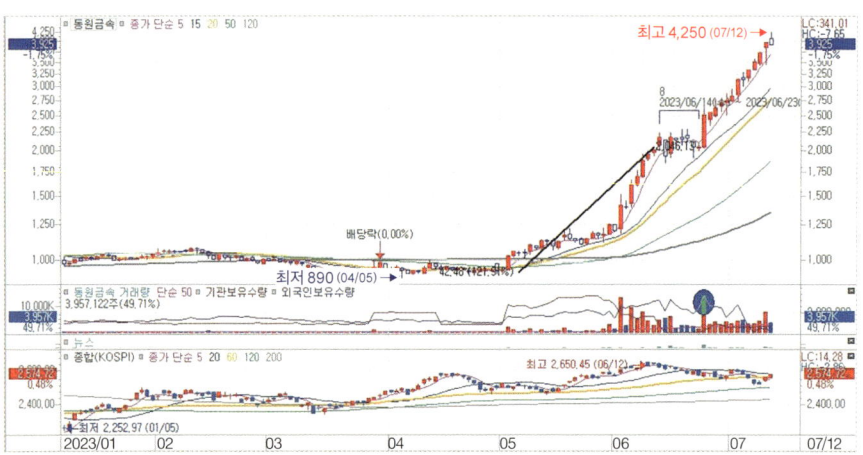

그림 4-51 동원금속 일간 차트(23.01~23.07)

그림 4-52 두산로보틱스 일간 차트(23.08~24.01)

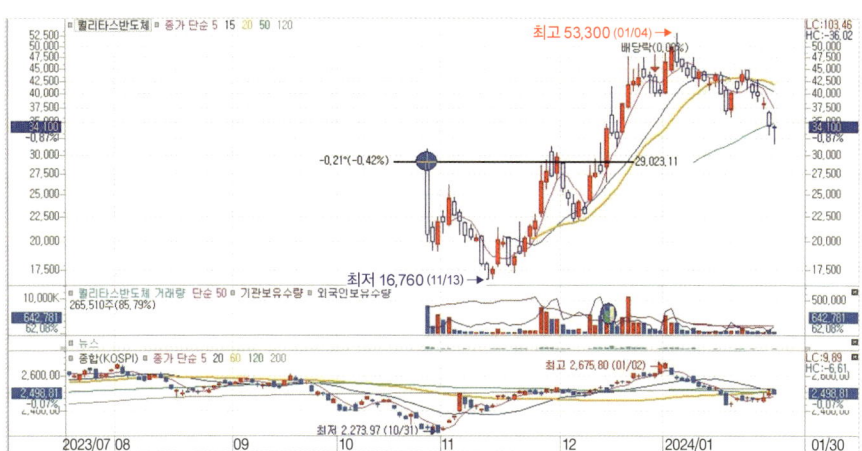

**그림 4-53** 퀄리타스반도체IPO 일간 차트(23.07~24.01)

이렇게 원칙을 지키면서 트레이딩하는 게 현실적으로는 쉽지 않다. 그 이유는 바로 낮은 승률 때문이다. 30~40%대의 성공 확률은 접근을 망설이게 만든다. 특히 연속적으로 실패하는 구간에 오게 되면 R이 2%라고 하더라도 10번 중 7번 연속 실패하면 시드 머니가 순식간에 -14%가 된다. (물론 점진적 투자 때문에 실제로는 손실이 더 적다.) 1년간 200번 넘게 매매한다고 하면 140번 넘게 실패하는 것이다. 어마어마하다. 계좌에 찍히는 금액도 가슴 아프지만 연속된 실패로 인해 입는 정신적 스트레스가 엄청날 것이다.

감정이 들어가지 않은, 기계적으로 반복 매매를 한다면 어떨까? 손익비 덕분에 조금씩 수익은 쌓일 테지만, 역시 실패가 연속되다 보면 아무리 기계적이라 해도 마인드가 무너진다. 마인드가 무너지면 잘못된 선택을 할 가능성이 높아진다. 그렇게 수익보다 손실이 쌓일 수 있다.

　나는 손익비는 1:3으로 고정한 상태에서 승률을 올릴 방법을 고민했고, 그에 따라 도출된 해답이 종목 선택이었다. 앞서도 이야기했듯이 성장형 가치투자를 오래했기에 다른 추세추종 트레이더들보다는 성공 확률이 높을 수 있다. 그들은 하지 않는 펀더멘털적 분석이 곁들여진다는 뜻이다. 그렇게 하이브리드 투자를 지금까지도 해 오고 있다.

　참고로 하이브리드 투자가 정답은 아니다. 데이비드 라이언의 just draw line 또는 cup with handle, VCP 패턴, 쿨셋업 등 고민 없이 선을 긋고 대응하는 것이 더 효과적일 수 있다. 가장 중요한 것은 자신이 잘 할 수 있는 것을 찾는 것이다. 그러기 위해서는 여러 방법을 찾아 쓰고, 대응하고, 연습하고, 고민해 봐야 한다.

　계속해서 강조하지만 보조지표는 말 그대로 보조 역할이다. 보기 쉽게 표시한 것에 지나지 않는다. 여기에 당연히 절대적인 수치는 존재하지 않는다.
　골든크로스가 나오자마자 주가가 올랐다고 가정하자. 골든크로스가 나왔기 때문에 주가가 올랐을까, 아니면 주가가 올라서 골든 크로스가 나타난 것일까?
　모든 지표는 그림자 같은 후행성이다. 맹목적으로 어떤 숫자를 맹신하기보다는 보조지표의 원리를 알고 적용하고 변형하길 바란다.

패턴도 보조지표와 다르지 않다. 여러 셋업에 대해서 설명하지 않은 것도 이런 이유에서다. 트레이딩의 기본은 %R 베팅, 점진적 베팅, 승률과 손익비, 시장 장세 판단, 분산 투자 등의 리스크 관리다. 리스크 관리를 한 상태에서 매매를 반복했을 때 수익이 나야 한다. 이제 타점 고민은 그만하면 좋겠다.

손실은 짧게 수익은 길게! 주식은 누군가 사야 오른다. 여러 이벤트 중에서도 돌파 지점이 의미 있는 이유는 과거 매물대에서 매도보다 매수가 많았기 때문이다. 상대적으로 다른 이벤트보다 추세 상승 확률이 더 높았다. 그러나 돌파 같은 이벤트보다 중요한 것은 주식은 기업의 자기자본에 대한 소유권이므로, 기업의 성장이 주식을 매수하는 첫 번째 이유가 된다는 점을 반드시 기억해야 한다.

# CHAPTER 05

# 테크노펀더멘털리스트 깡토의 투자법

# 가치투자와 추세추종의 결합, 무엇이 좋을까?

## 트레이딩 중 추세추종이 좋은 이유

가치투자의 투자 원칙은 '싸게 사서 비싸게 판다'이다. 하지만 가치투자는 매수 시점을 포착하는 데 어려움을 겪는 경우가 많다. 저평가된 종목을 힘들게 발굴했더라도, 분석을 마치기도 전에 주가가 탄력을 받아 빠르게 상승해 버리는 상황을 흔히 마주하게 된다.

기업과 산업 분석에 시간 지연 문제가 발생하고, 분석 완료 시점에는 이미 매수 적기가 아닐 수 있다. 이럴 때 가치투자자가 할 수 있는 일은 그저 상승하는 주가에 아쉬워하며 주가가 떨어지기를 기다리는 것뿐이다. 그렇게 기다리는 동안 다른 투자 기회를 놓치는 기회비용 또한 발생할 수 있다.

기본적으로 가치투자는 저렴할 때 사고, 트레이딩은 비쌀 때 산다. 이처럼 매매 시점이 완전히 다르기 때문에 가치투자와 트레이딩 전략을 혼용하는 것은 쉽지가 않다. 물론 이론적으로는 두 가지 방법을 융합할 수 있겠지만, 현실에서는 기대만큼 효과를 보기 어려운 경우가 많다. 리서치를 완료한 우량주를 작은 수익을 위해 매도하고 새로운 추세추종 종목에 투자했다가, 정작 기존 우량주의 주가가 급등하여 두 마리 토끼를 모두 놓치는 상황이 발생할 수 있는 것이다.

이러한 문제는 '시간'이라는 요소 때문에 발생한다. 가치투자 분석에 소요되는 시간 동안 시장 상황은 변화하고 주가는 움직인다. 그 결과, 작은 수익을 얻기 위한 단기 투자가, 큰 수익을 가져다줄 장기 투자 기회를 가로막는 상황이 벌어지기도 한다. 혹은 조금이라도 싸게 사려는 욕심 때문에 매수 시점을 늦추다가 주가가 급속도로 상승하여 매수 기회를 놓치는 경우도 발생한다.

만약 추세추종 개념을 받아들인다면 어떨까? 더 이상 '저평가 가격'에만 집착하지 않고 주가가 상승 추세에 있을 때, 즉 '비싸더라도' 매수할 수 있는 용기가 생기지 않을까? 더불어 투자자들을 괴롭히는 FOMO 증후군도 해결할 수 있다. 물론 초반에는 비중을 많이 실을 수 없을 테지만, 추세추종 하이브리드 매매에 적응하면 할수록 자연스럽게 투자 비중은 늘어날 것이다. 무엇이든 시작이 어렵다. 할수록 경험이 쌓이고, 자신감도 불어난다.

COVID-19 이후 추세추종 시장은 확실히 더 좋아졌다. 국내로 들어

온 HFT(고빈도매매)가 늘어나면서 쏠림이 심해졌고, 대형주의 변동성이 커지면서 데이 트레이더 역시 테마주보다 수급주를 매매하는 빈도가 늘어났다. 이는 단기적인 현상으로 보이지 않는다. 즉 이런 쏠림 현상은 지속될 가능성이 매우 높다.

그러다 보니 일반 트레이딩에 비해 상대적으로 선호도가 낮았던 추세추종이 많이 언급되고 새로운 대안으로 떠오르고 있다. 가치투자의 안타까운 점 중 하나는 저평가 종목을 선호하다 보니 시장에서 소외된 종목을 매매하는 경우가 많다는 것인데, 물론 시간이 지나면 제 가치를 평가받을 날이 올 테지만 그 시기가 언제인지 알 수 없다는 것이 문제다.

이 문제 역시 추세추종을 적용시키는 것으로 조금은 해소할 수 있다. 한 예로 바닥권에서 횡보하는 종목을 리서치한 결과 좋다고 판단된다

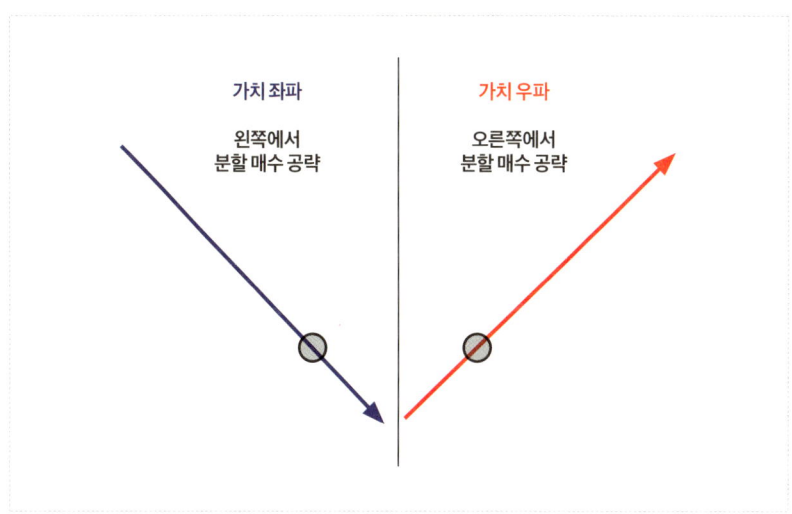

그림 5-1 가치 좌파, 가치 우파

면 관심종목에 넣어 두었다가 많은 거래량을 동반한 장대양봉이 떴을 때 매수하는 것이다. 가치투자자로서 상승의 시점을 생각하는 것에 반감이 들 수 있지만, 시간 가치를 조금이라도 줄여 줄 수 있다는 측면에서는 충분히 고민해 볼 만하다. 다만 그만큼 비싸게 사야 한다는 점도 감안해야 한다. 앞서도 말했듯이 이 작업에는 용기가 필요하다.

가치투자와 추세추종이 합쳐졌을 때 최고의 효율을 발휘하는 것은 매수 시점이 아닌 매도 시점이다. 본인이 생각한 적정가치에 도달했을 경우 일부는 매도하고, 일부는 추세의 흐름에 따라 대응할 수 있기 때문이다. 그동안 대부분의 종목은 프리미엄을 받고 추가 상승을 했다. 그렇기 때문에 가치투자에 추세추종을 올린다면 수익을 극대화할 수 있을 것이다. 잘 매도했다고 생각했는데 매도 후에 몇 백 퍼센트 오르면서 아쉬워했던 경험도 어느 정도 해소할 수 있다.

그게 가능한 이유는 가치투자를 하면 대부분이 적정가치를 보수적으로 생각하기 때문이다. 나 역시 BEST, BASE, WORST로 시나리오를 예상해서 최대한 보수적으로 적정가치를 추정하기 때문에 항상 생각한 적정가치보다 더 높은 상승이 나왔다.

추세추종 트레이더도 인베스트적으로 접근하면 종목 선택 측면에서 도움을 받을 수 있다. 보통 차트에 의존하는 트레이더는 어떤 종목이 장기적으로 좋은지 구별하지 못한다. 주가의 가장 큰 상승 요인이 펀더멘털인데 이걸 모르기 때문에 수박 겉핥기가 될 수밖에 없는 것이다.

승률, 손익비, 리스크 관리가 트레이딩에서 가장 중요한 요소인데, 추세추종 트레이딩은 승률이 일반적인 트레이딩보다 낮은 편이다. 승률이 올라가야 수익이 커지는 만큼 개선이 필요하다. 이를 개선할 가장 쉬운 방법이 성장가치주를 리서치하는 것이다.

처음부터 성장하는 좋은 종목을 선택하면 시장 리스크가 발생하지 않는 이상 장기적으로 우상향이다. 아무래도 펀더멘털이 우수한 종목의 상승 확률이 차트만 본 종목보다 더 높을 수밖에 없다.

## '수익은 짧게, 손실은 많이'가 되는 이유

계속해서 이야기하지만 주식의 가장 중요한 상승 요인은 앞으로도 돈을 꾸준히 잘 벌 수 있는지 여부다. 이를 달리 말하면 '회사의 성장성'이다. 그것을 판단하는 기준이 펀더멘털인데, 시장에서는 이러한 지표를 100% 반영하지 않는다. 또한 펀더멘털만이 주식 상승 요인의 전부는 아니다. 주식의 상승 요인은 펀더멘털, 수급, 이슈, 심리, 시장 상황 등 아주 다양하다.

이것은 차티스트들이 추세추종 돌파매매에 실패하고 좌절하는 이유이기도 하다. 그들은 오로지 차트 모양만으로 매매 결정을 내리기 때문에 안 그래도 승률이 낮은데 더 낮아진다. 30%에서 20%, 10%가 되는 것이다. 이러다 보면 수익을 줄 때 챙겨 먹자는 생각으로 수익을 계속해서 잘라 먹게 된다. '수익은 길게, 손실은 적게'가 아닌 '수익은 짧게, 손실은 많이'가 되는 것이다.

저항선을 돌파한 지점은 누군가에게는 새로운 시작을 알리는 변곡점이지만, 또 누군가에게는 거래량이 많이 터졌기에 매도하는 자리일 수 있다. 돌파의 성공 확률은 잘해야 30%다. 실패는 어찌 보면 당연하다.

인베스터들은 손절을 못해서, 차티스트들은 손절은 잘하는데 수익을 길게 챙기지 못해서 문제다. 어쩌면 나 같은 테크노펀더멘털리스트가 되면 이 문제가 해결될지도 모른다.

## 테크노펀더멘털리스트가 되면 좋은 점

승률을 올리고자 한다면 두 가지 요소를 고민해야 한다.

- 펀더멘털이 좋은 종목
- 시장 환경

주가는 곧 실적이다. 이 말은 아무리 강조해도 지나치지 않는다. 아무리 화려한 테마나 자극적인 재료가 있더라도, 결국 실적이 뒷받침되지 않는 기업은 일시적인 주가 급등 후 제자리로 돌아가기 마련이다. 물론 테마의 변동성이나 재료 매매를 통해 수익을 가져가는 트레이더도 있지만, 이러한 매매 방식은 고도의 숙련된 경험과 시장 분석 능력을 요구하며, 끊임없이 새로운 정보를 탐색하고 시나리오를 예측해야 하므로 시간적, 정신적 부담이 매우 크다. 특히 예측 시나리오가 빗나갈 경우, 심리적 타격과 함께 투자 방향성을 잃어서 제자리로 돌아가는 트레이더를 많이 봤다.

나는 초보 투자자부터 숙련된 투자자까지 누구나 쉽게 접근하고, 꾸준히 반복했을 때 안정적인 수익을 창출할 수 있는 지속 가능한 투자 전략을 추구해야 한다고 생각한다. 따라서 테마주, 재료주 등의 투자는 신중하게 접근해야 하며, 펀더멘털 분석에 기반한 테크노펀더멘털리스트를 핵심 전략으로 제시한다.

나의 투자 루틴은 다음과 같다.

- 펀더멘털 분석: 이미 크게 상승한 종목 중에서 펀더멘털이 우량하고, 구조적으로 성장하는 주도주 기업을 찾는다.
- 관찰: 찾은 기업을 꾸준히 관찰하면서 건전한 조정 베이스를 만들어 가는지 확인한다.
- 트레이딩: 셋업이 포착되면 적극적으로 매매에 참여한다.
- 추세추종 및 리스크 관리: 주가 상승 시 추세에 따라 홀딩하며, 하락 시 손절매를 통해 리스크를 제한한다.

가치투자는 본질적으로 기업의 내재 가치에 집중하는 투자 방식이며, 주가가 장기적으로 평균 회귀하려는 경향을 이용하는 역추세 전략에 가깝다. 반면 추세추종은 주가 상승 추세에 편승하여 수익을 추구하는 정추세 전략이다. 이처럼 가치투자와 추세추종은 상반된 투자 방식이지만, 서로의 장점을 융합하면 투자 시너지를 일부 극대화할 수 있다.

많은 투자자가 추세추종을 단기 매매, 잦은 매매와 동일시하는 경향이 있다. 하지만 추세추종의 본질은 추세가 꺾이기 전까지 수익을 극대화하는 장기 투자 전략이다. 주가 상승 추세가 지속된다면, 몇 년이고 보유하여 복리 수익을 누려야 한다.

 매매 횟수가 잦아지면 수수료, 세금 부담이 커진다. 잦은 매매로 인한 심리적 피로감 또한 무시할 수 없으며, 위험 노출도 역시 커진다. 따라서 새로운 종목을 계속 발굴해서 매매 횟수를 늘리기보다는 보유한 우량 종목의 추세가 지속된다면 피라미딩(불타기) 전략을 활용하여 투자 비중을 늘리는 것이 더 현명하다. 주도 섹터의 주도주는 자주 바뀌지 않는다. 하루짜리 잔파도에 휩쓸리지 말아야 한다.

 장기 투자를 지향하는 인베스터들 중에는 트레이딩에 대해 부정적인 선입견을 가진 경우가 많다. 트레이딩은 기업의 본질 가치와는 상관없이 단기적인 시세 차익을 추구하는 투기적인 행위라는 인식 혹은 가치투자, 장기 투자만이 정도라는 고정관념 등이 자리하는 것이다.

 그러나 인베스터가 트레이딩을 장착하면 새로운 무기 하나를 장착하는 셈이다. 가령 투자하는 종목에서 대량 거래량을 동반한 장대양봉이 출현했을 때 과거의 인베스트라면 아무런 대응을 안 했거나 대량 거래량에 따라 불안감에 비중을 줄였다면, 이제는 반대로 거래량을 동반한 장대양봉 돌파를 새로운 추세의 시작을 알리는 변곡점이라는 걸 인지하고 비중을 늘릴 수 있을 것이다. 혹은 앞으로의 방향을 기대감을 안고 지켜볼 수 있을 것이다.

 내러티브(스토리) 주식이 시장을 주도하며 강하게 움직일 때마다 시장의 비이성, 테마주 광풍 등을 탓하며 본인의 사이클이 오기만을 기다리는 인베스터가 적지 않을 것이다. '과연 나는 옳은 길을 가고 있을까? 국장에서 가치투자는 가능한가?' 생각하며 말이다. 그러나 내가 오랜 기간 투자 경험을 통해 내린 결론은 '국장에서 가치투자는 문제가 없다'는 것이다. 단지 거버넌스 등의 문제로 재평가를 받기까지 시간이 더 많이 걸릴 뿐이다. 저평가 종목은 평균 회귀에 따라 제자리로 돌아가고, 성장주는 성장하는 만큼의 평가를 받는다. 이 시간의 괴리감을 버틸 수 있는 멘탈, 자금 관리, 헤지 등도 중요하지만, 무엇보다 철저한 기업분석이 동반되어야 한다.

시장 전체의 리스크와 같은 예측 불가능한 돌발 변수가 발생하지 않는다면, 결국 시간은 가치투자자들에게 유리하게 작용하며, 장기적인 투자 목표를 달성하도록 도와준다.

추세추종 돌파매매를 적용하면 내러티브 주식에 대한 인식을 바꿀 수 있다. 과거에는 저평가된 종목을 바닥에서 매수했다면, 이제는 상승 추세가 시작된 종목을 살피게 될 테니 말이다. 현재 주도 섹터는 무엇인지, 시장 분위기는 어떤지를 살펴보며 절대 가지 않을 세계처럼 보였던 곳의 벽을 깨트려 보는 것이다. 선입견을 넘어서는 순간, 투자자에게는 새로운 투자 기회와 성공 가능성이라는 새로운 세상이 열린다. 꽃길이라고 보장할 수는 없지만, 시도는 해 볼 만하다. 적어도 나는 이 벽을 깨트린 작업이 투자하는 데 있어 많은 도움이 되었고, 동료 투자자에게도 적극 추천하고 있다. 보유한 저평가 종목이나 스터디 중인 가치 성장주에서 셋업이 뜨는가? 눈을 크게 뜨고 살펴보자.

신고가를 두려워하지 말자. 많은 사람이 저점 매수에 익숙해서 고점 매수를 불안해 한다. 바닥에서 매수하길 원하며 상승하더라도 눌림목(pullback)에서 매수하길 원한다. 그러나 추세추종 돌파매매는 달리는 말에 올라타는 것이다.

강력하게 상승하는 종목은 조정이 없다. 신고가 종목들이 모두 텐배거(ten bagger, 10루타)가 되는 것은 아니지만, 텐배거 종목은 하나같이 신고가를 지나갔다. 신고가 이후 추세가 이어지는 확률은 30%대다. 처음부터 실패가 당연하다고 생각하면 마음이 편하다. 그 성공하는 30%를 놓치지 말아야 한다.

기존에 하던 가치투자를 멈추라는 게 아니다. 가치투자는 여전히 유효하며, 장기적인 관점에서 안정적인 수익을 추구할 수 있는 가장 훌륭한 투자 전략이라고 생각한다.

테크노펀더멘털 투자는 가치투자를 대체하는 새로운 투자 방식이 아니라, 가치투자의 효율성을 극대화하고 수익 포텐셜을 증폭시키는 부스터와 같다. 계좌를 두 개로 분리하고 1stage에서는 기존 방식인 가치투자로 저평가 종목을 바텀 피싱(저가 매수)하고, 그 종목이 3stage에 들어갈 때 다른 계좌에서 추세추종으로 대응하면 된다. 이는 새로운 무기를 하나 더 장착하는 것과 같다. 심지어 이미 잘 아는 종목이기에 어떤 이벤트 덕분에 상승하는지 알 수 있어서 더 편안하고 확신에 찬 불타기를 할 수 있다.

# 어떤 투자에 비중을
# 더 싣는 게 좋을까?

내 매매의 1순위는 인베스트다. 나는 경제적 자유도 중요하지만 시간적, 공간적 자유도 얻고 싶었다. 내가 생각하는 투자 성공은 단순히 돈을 버는 것을 넘어 자신이 삶을 주도적으로 설계하고 자유로운 삶을 영위하는 데 있다.

만약 트레이딩에만 집중했다면 매일 컴퓨터 앞에 앉아 HTS를 계속 보면서 시세 변동에 일희일비하는 HTS 노예와 같은 삶을 살았을 것이다. 이미 과거에 그런 삶을 경험한 적 있는 나는 앞으로도 그런 삶을 살 자신이 없었다.

심지어 나에겐 매매의 난이도도 트레이딩보다 인베스트가 더 쉬웠다. 이는 타고난 기질과 연관되어 있는데 나는 잘 흥분하고, 절제를 잘 하지 못하며, 귀가 얇고, 거절을 어려워한다. 이러한 성향은 트레이딩을 하는

데 있어 치명적인 약점으로 작용한다. 감정적인 투자 결정, 손실 회피 심리, 무리한 투자 등이 잦은 실패와 큰 손실로 이어진다. 대신 본업 등으로 바쁘게 살다 보니 기다리는 것은 잘할 수 있었다.

주식 스터디를 통해 알게 된 지인 중에는 100억 원 이상의 자산가가 많은 편인데, 비율을 따져 보면 인베스트로 달성한 이가 대부분을 차지했다. 1000억 원 이상의 투자자도 한 명을 제외하고 아쉽게도 전부 인베스트였다. (물론 개인적인 통계다.) 10년도 넘은 투자 스터디라 투자 기간이 오래될수록 복리의 마법이 발생하기 때문에 그렇다.

트레이더들은 투자 금액이 커질수록 부동산, 비상장 등으로 투자 영역을 확장하는 경향이 있다. 그러다 보니 주식시장에서 큰 규모를 가지고 현역으로 뛰는 트레이더가 적은 편이다. 기존에 해 오던 매매는 계속하지만, 수익이 발생하면 현금을 인출하여 안전 자산으로 옮겨 놓는 방식으로 리스크 관리에 집중을 한다.

수익을 재투자하는 대신, 안정적인 자산으로 이동시켜서 자산 보존에 힘쓰는 것은 자산이 커져갈수록 슬리피지 때문에 짧은 호흡으로 매매하기가 어렵기 때문이다. 그래서 내가 아는 성공한 현역 트레이더들은 매매의 호흡을 줄이기보다는 늘려 갔다. 그에 맞춰 기존 매매법도 업그레이드되었는데, 보통 인베스트와 트레이딩의 개념이 모호한 수준으로 발전한다. 처음엔 단순히 차트 분석, 거래량, 수급, 기술적 지표에 의존했다면 지금은 기업 펀더멘털 분석, 산업 분석, 매크로 분석 등 인베스트 관점을 접목하여 투자 대상을 선정하고 투자 기간을 늘려 안정성과 수익성을 동시에 추가하는 방식으로 진화한다.

　10억 원에서 20억 원 정도의 투자 자금은 인베스트보다 트레이딩을 했을 때 더 효과적일 수 있다. 투자자의 성향과 매매 전략에 따라 다르겠지만 트레이딩은 높은 레버리지 활용, 잦은 매매 회전률, 높은 변동성 추구 등으로 단기간에 고수익을 올릴 수 있는 잠재력이 있다. 그렇기에 어떤 투자에 비중을 더 둘 것인가는 각자 성향에 따라 선택하기 나름이다.

　참고로 나는 트레이딩을 했을 때 결과가 좋지 않았다. 테크노펀더멘털리스트를 추구하고부터 트레이딩 성과도 좋아진 케이스다. 특별히 테크니컬적인 기술이 늘어서 성과가 올라간 것이 아니라 수학적으로도 이기는 게임이라는 것을 알고 나니 심리적으로 더 편해진 것이 가장 크다.

　계좌는 처음부터 인베스트 계좌와 트레이딩 계좌로 분리하여 관리하는 것을 추천한다. 그리고 인베스트와 트레이딩 중 잘할 수 있는 쪽에 비중을 더 실으면 된다.

　나는 인베스트를 보다 선호하기 때문에 인베스트 계좌의 포트폴리오를 우선적으로 편성한다. 인베스트 계좌의 포트폴리오가 어느 정도 완성되면 장중에 시간적 여유가 생기는데, 이때 다른 계좌로 트레이딩을 한다. 참고로 내가 하는 트레이딩은 '추세추종'에 국한되어 있다. 추세추종은 다른 트레이딩만큼 바쁘지 않다. 그래서 기관 리포트를 읽거나 주식 담당자와 통화하거나 탐방 가는 일정에 전혀 방해되지 않는다.

인베스트 계좌와 트레이딩 계좌에서 동일한 종목을 매매하는 경우도 종종 발생하는데 계좌가 명확하게 분리되어 있기 때문에 문제가 되지 않는다. 종목은 겹치겠지만 매수 매도의 시점이 겹치는 경우는 거의 없다. 인베스트 계좌에서 장기 투자 목적으로 보유한 종목이 트레이딩 계좌에서 추세 매매 대상으로 포착될 경우, 동일 종목을 서로 다른 투자 전략으로 동시에 공략하여 수익률을 극대화할 수 있는 것이다. 이때가 잘 아는 종목이므로 조금 더 높은 비중으로 큰 수익을 낼 수 있는 기회다.

# 어떤 종목을
# 어떻게 매매할 것인가?

## 1stage에서 해야 할 일

나는 조건검색시은 웬만하면 쓰지 않는다. 즉 수동으로 관심종목을 정리한다. 오래 걸릴 것 같지만 그렇지 않다. 처음에만 시간이 걸리지, 나중에는 크게 시간이 걸리지 않는다. 주도 섹터의 주도주는 자주 바뀌지 않는다.

매매를 편하게 하고자 한다면 1stage를 거쳐서 2stage에 접어든 종목들을 관심종목에 편입시켜야 한다.

우선 1stage 종목군에는 52주 신고가 종목 혹은 RS가 높은 주도 섹터 위주로 넣는다. 다만 이때는 테마주는 제외하고 기관 수급주로 불리는, 일명 가치주 위주로 넣는다. 구별이 힘들다면 최근 한 달 사이 지수보다 훨씬 많이 상승한 종목 중 거래량 대비 기관/외국인의 매수세가 많았던 종목을 찾아보자.

추세의 일관성을 위해서 주간 차트를 먼저 보고 일간 차트를 본 결과 전부 우상향인 종목을 선택한다. 추세추종 매매이기에 추세가 있는 종목을 선택해야 한다. 주간 차트상 계속 하락하다가 일간 차트상 며칠 반짝 오른 종목은 해당되지 않는다. 추세 전환 시점이 될 수도 있지만 난이도가 어려운 매매는 처음부터 배제한다.

이 즈음에는 애널리스트 리포트 등을 읽고 그동안 왜 상승했는지, 앞으로의 전망 정도는 메모로 기입하는 것도 좋다. 웬만한 종목은 리포트가 있을 것이다. 만약 없다면 테마주가 아니어도 스몰캡 혹은 소외주일 수 있기 때문에 매매가 익숙해지기 전까지는 배제한다. 개별주 난이도가 더 높다. 최대한 섹터 위주로 다 같이 상승했던 종목을 우선순위로 살펴보자.

애널리스트의 리포트와 이슈들은 스탁이지(https://stockeasy.intellio.kr/)를 통해 확인이 가능하다.

ADR(일일주가변동폭)과 ATR(평균가격변동폭) 등을 통해 재미없는 종목을 필터링하기 위해 평균주가의 움직임을 체크한다. ADR/ATR값이 적을수록 주가 변동성이 낮아지고 그에 따라 상대적으로 기간 대비 상승률도 저조할 수 있기에 필터링으로 제외한다. 하지만 차트를 대략적으로 훑어보는 것만으로도 주가 움직임을 파악할 수 있기 때문에 보조 지표 활용 여부는 선택적이다.

가장 중요한 것은 구조적인 성장이 지속적으로 나타나는 종목을 선별하는 것이다. 이러한 종목들은 1stage에서 가치투자 계좌를 통해 이미 매수한 종목일 가능성이 매우 높다.

결론적으로 펀더멘털이 우량하고 구조적 성장하는 동시에 RS(상대강도) 또한 강한 종목을 관심종목에 편입시킨다고 생각하면 된다.

## 2stage에서 해야 할 일

1차 관심종목군에서 선별한 종목 중 조정 베이스를 형성하는 것을 골라서 두 번째 관심종목 그룹에 편입시킨다. VCP 같은 현상을 보일수록 좋다. 조정 베이스는 기존 추세 상승률의 절반 이하로, 길이는 길수록 폭은 좁을수록 좋다. 이때부터는 면밀히 지켜봐야 한다 그래야 조정 베이스를 만드는지, 추세가 꺾여서 무너지는지를 알 수 있다. 즉 이 단계에서는 아직 확신할 수 없다. 인내심을 가지고 관망하는 자세가 필요하다.

2stage에서 돌파 지점과 근접 구간에 주가가 위치해 있다면 세 번째 특별 관심종목 그룹을 만든다. 매수 직전 단계라고 볼 수 있다.

우리는 두 번째 관심종목과 세 번째 관심종목을 자주 체크해야 한다. 두 번째 관심종목도 살펴야 하는 이유는 low cheat나 pocket pivot같이 돌파 전인데 거래량이 하단에서 미리 나올 수도 있다.

장이 시작되면 두 번째, 세 번째 관심종목군에서 상승률과 거래량을 살펴보고, 이어서 전일 거래량 대비 거래량 비율을 체크한다. 이후 섹터 전체의 움직임도 체크한다. 같은 산업 내의 다른 종목도 거래량이 많은지를 살펴봐야 한다. 해당 산업의 ETF가 있다면 당연히 확인해야 한다.

섹터 전체의 움직임은 세부적일수록 좋다. 예를 들어 반도체만 생각할 것이 아니라 HBM, 온디바이스, 레거시 등 세부 분류로 체크하는 것이다. 전일 미국시장에서 동일 업종이 상승했다면 더 좋다.

미국 시장은 글로벌 주식시장의 선행지표 역할을 하며, 전일 미국 시장의 섹터 강세는 국내 시장에 긍정적인 영향을 미칠 가능성이 높다. 꼭 전일이 아니더라도 미국 시장에서의 섹터 순환매는 주기적으로 체크해야 한다. 시간 가치의 차이는 있지만 전반적으로 비슷한 흐름을 보인다.

정리하면 시장이 폭락하지 않는다는 전제 아래 전동거(전일 동 시간 거래량)가 높으면서 섹터 전체의 움직임과 더불어 당일 거래량이 터지면 장대양봉 출현 및 돌파할 가능성이 높다.

체결창에 수급이 몰리면서 큰 금액을 결제하는 빈도가 많아지고 그렇게 매수 호가창은 얇아지고(매수 잔량 감소) 매도 호가창은 쌓이면(매도 잔량 증가), 저항대 돌파가 임박했음을 시사하는 매우 강력한 신호다. 이러한 호가창 분석은 스캘핑(초단타 매매) 원리와 동일하다.

그래서 돌파 전에 미리 진입하기도 한다. 이는 대응이 아닌 예상이지만 매수가가 낮을수록 대응 역시 쉬워지며, 심리적으로는 안정감을 느낄 수 있다. 대신 만약 예상과 다른 움직임이 나오면 빠르게 진입한 만큼 정리도 빠르게 해야 한다. 최대한 손실 없이 매도하고 다음 기회를 노리는 것이 좋다. 그럴 자신이 없다면 앞서 나의 매매법처럼 종가 캔들(종가 기준 돌파)까지 확인하고 안전하게 매수해야 한다. 보통 강한 주식은 스캇(피뢰침)도 없고, 조정도 없이 강하게 상승한다.

나는 시간이 없을 때 52주 신고가를 기록한 종목 중 DCR(daily closing range, 일일종가변동률)이 높은 종목을 살핀다. DCR은 당일 종가가 저가와 고가 중 어느 위치에서 마감되는지를 나타내는 지표로, 100%라면 최고점에서 마감했다는 뜻이다. 주가는 꼬리가 없거나 짧을수록 강력한 힘을 보인다. 꽉 찬 장대양봉일수록 좋다.

또한 신고가와 같이 매물대 없는 지점을 선호하며, 손 바뀜을 위한 거래량 갱신과 저항대를 강하게 돌파한 장대양봉 그리고 가장 중요한 섹터 전체의 움직임이 필요하다. 단순히 저항대에서 가격적인 우위에 있다고 돌파라고 판단해서는 안 된다. 돌파 후 다시 하락하고 저항대가 지지대로 변한 상태에서 지지한다면 테니스볼 액션(저항선 돌파 실패 후 지지선 반등)을 기대하고 매수할 수도 있다. '추세 상승 → 건전한 조정 → 셋업 후 돌파'라고 생각하면 된다.

## 2stage에서 눌림목매매하는 법

번외로 이런 종목들은 눌림목(거래량과 가격이 일시적으로 감소하는 구간)

공략도 가능하다. 처음부터 장기적인 상승을 예상하고 성장주를 선택했기 때문이다. 다만 돌파매매보다 낮은 가격에 매수할 수 있다는 장점은 있으나 눌림목매매는 시간 가치가 존재한다. 언제 추세가 상승으로 전환되어 강력한 시세가 나올지는 알 수 없다. 그 시간 동안 자금이 묶여 다른 투자 기회를 놓칠 수 있다는 기회비용이 발생하기도 한다. 그래서 눌림목매매를 한 번씩 할 뿐, 선호하지는 않는다.

나는 2stage에서 조정 베이스가 비교적 짧고 이슈가 끊이지 않는 내러티브 주도주 위주로 눌림목을 공략한다. 매수 시점은 기간 대비 상승률이 높아서 기울기가 가파를 때 5일 이동평균선에서다. 기울기가 완만할수록 10일선, 15일선 등으로 기준점을 내린다.

참고로 이런 이동평균선은 절대 황금값이 아니다. 매매의 편의성을 위해 단순히 정한 기준일 뿐이다. 개인적으로 20일선 아래로는 눌림목 매매를 하지 않는다. 아무래도 20일 이동평균선 하향 이탈은 약세 전환 시그널로 해석될 여지가 있어서 선호하지 않는다.

어떤 경우에는 1stage의 상승 추세를 피보나치 되돌림 비율로 나누어서 눌림목매매를 공략하기도 한다. 0.382 등의 비율을 주로 활용한다. 조정 베이스가 긴 종목은 눌림목으로 공략하면 시간 가치 면에서 좋지 않다. 기술적 반등이 나와도 첫 번째 눌림에서 가장 강력하며, 시간이 지날수록 효과는 떨어진다. 오히려 자연스럽게 만들어지는 박스권의 하단을 공략하는 것이 좋을 수도 있다.

박스권 하단은 지지선이 자주 무너지고 반등하는 경우가 많지만 추세 하락의 시작일 수도 있기 때문에 손절 규칙을 반드시 지켜야 한다. 이번 한 번만이라는 예외 처리를 할수록 계좌 관리는 어렵다.

나는 가치투자 포트에 있는 종목에서 셋업이 뜰 경우 레버리지를 일부 활용하는 편이다. 레버리지는 수익을 극대화할 수도 있지만 손실 또한 확대될 수 있다. 다만 가치투자 계좌의 포트폴리오에 편입된 종목이라면 이미 강도 높은 리서치를 거쳤을 것이고, 해당 종목에 대한 투자 포인트와 리스크는 충분히 인지하고 있을 것이다. 그런 종목에서 셋업이 뜨면서 돌파한다면 묶여 있는 투자 자금의 시간 가치를 일시적으로 줄여 줄 수도 있다.

보통 저평가 가치주는 시장에서 적정한 가치를 평가받기까지 인고의 시간을 보낸다. 그런 종목에서 레버리지를 쓰면 시간 가치 때문에 효율성이 매우 떨어진다. 레버리지를 활용한 매매는 철저하게 추세추종 매매 관점으로 동일하게 접근한다. 확신에 찬 과도한 레버리지는 반복해서 성공할 가능성이 매우 낮다. 따라서 실패할 수도 있다는 생각을 항상 하면서 비중을 조절해야 한다.

굳이 위험한 레버리지를 언급하는 이유는 가치투자 포트폴리오에 이미 원하는 비중이 채워져 있을 것이기 때문이다. 계획된 비중 이상을 추가 매수하면 오버 비중이 되며 평단가 상승 현상이 생긴다. 가령 레버리지 중 하나인 신용을 쓰게 되면, 같은 계좌 같은 종목이지만 따로 관리하게 된다. 평단가 상승 현상도 없고 기존 보유 종목의 변동도 없어서 따로 대응하기가 편해진다. 그렇게 가치투자인 본 계좌에서 플러스 알파의 추가 수익을 기대할 수 있다.

돌파나 눌림목이나 사실상 타점은 크게 중요하지 않다. 추세추종 매매는 말 그대로 추세를 추종하는 매매다. 어디서 사나 앞으로도 추세랑 함께 갈 수 있다면 진입이 가능하다. 추세가 있는 종목에서 이벤트(트리거)가 있는 지점을 공략하는데, 돌파도 눌림목도 그 이벤트 중 하나일 뿐이다. 각자 장단점이 있기 때문에 무엇이 더 좋다고 말할 수 없다. 다만 좀 더 직관적이고 정형화시킬 수 있기 때문에 돌파를 선호하는 것이다. 언제 매수해야 하는지에 대한 고민보다 과거에 일관성 있는 추세를 보였는지, 그 추세가 앞으로도 이어질 수 있는지가 중요하다.

그렇게 추세가 이어지는 많은 종목이 후반영(PEAD)으로 접근되는 경우가 많다. 실적, 주도 섹터, 장세 판단 등을 예상하지 말고 보여지는 그대로 대응하자. 그래야 실수도 줄일 수 있다. 똥 피하기 게임처럼 실수만 줄여도 수익을 지속적으로 낼 수 있다.

이미 호실적 같은 모멘텀이 나온 후반영 종목에게 추세추종은 찰떡궁합이다. 다 잊어버려도 리스크 관리 부분과 후반영 부분은 꼭 기억하자.

# 조심해야 할 유형

추세추종 돌파매매를 할 때 투자자들이 힘들어 하는 몇 가지가 있다.

첫 번째는 추세가 부족한 바닥권에서 뜬 장대양봉에서 진입하는 것이다. 추세추종 매매에도 여러 방법이 있어서, 거래량이 터진 장대양봉을 의미 있는 변곡점으로 해석하곤 한다. 나는 선호하지 않는 매매법이지만 말이다. 더불어 추세추종 매매 자체가 종목의 추세를 따라가는 것인데, 바닥권 장대양봉은 앞으로 추세가 바뀔 수 있다고 예상하는 것이다.

나는 이 매매법이 오히려 추세추종보다는 일반적인 스윙 트레이딩에 적합할 수도 있다고 생각한다. 주도주는 예상하는 데 어려움이 있다. 그래서 이미 판별된 주도주가 건전한 조정 베이스를 만들고 돌파할 때 매매하는 게 난이도 면에서 쉽다고 여긴다. 예상이 어렵지, 대응은 배우면 쉽다. 반면 빠르게 시장 자금의 흐름을 따르는 바닥권 장대양봉인 트렌드 매매는 금방 수익이 날 것 같지만, 한 번 엇박자가 나면 손실로 이어진다. 빠르게 버는 방법은 반대로 빠르게 손실이 날 수 있음을 기억하길 바란다.

트레이딩 전략은 리스크 관리, 승률, 손익비를 바탕으로 통제 가능한 범위 안에서 꾸준히 반복했을 때 수익이 나야 한다. 그래서 내가 하는 추세추종의 기본은 펀더멘털이 좋은, 이미 장기 추세에 있던 종목이 건전한 조정 베이스를 거친 후 돌파로 재상승하는 것이다. 비싸게 살 수 있는 용기만 있다면 훈련을 통해 누구나 할 수 있는 매매법이다.

두 번째는 짧은 조정 후 빠르게 돌파하는 종목을 매매할 때다. HTF처럼 1stage에서 아주 강하게 상승한다면 쉽게 대응할 수 있지만, 여기서 문제는 2% 부족한 상승에 조정 베이스마저 아주 짧은 경우다. 이럴 때 나는 진입은 하되 대응을 보다 타이트하게 하는 편이다. 평소보다 비중이 적거나 -1R의 %를 더 적게 가져간다. 조정 베이스가 길수록 유리하지만, 짧은 조정을 거치고도 빠르게 돌파하는 종목들이 존재한다. 장기적으로 보면 추세가 이어지고 있다. 즉 장기 추세에서의 눌림목이라 할 수 있다. 지나고 보면 이런 짧은 조정 구간 이후 돌파는 1stage에 포함되는 경우가 많다.

세 번째는 거래량이 적은 종목을 매매할 때다. 특히 가치투자 종목군은 소외가 된 스몰캡 종목이 많다. 거래량이 적은 종목들은 셋업에 대한 신뢰성이 매우 낮기 때문에, 많은 거래량을 동반한 장대양봉이 출현

해도 피뢰침을 만드는 경우가 대부분이다. 따라서 이런 종목들의 차트에서 셋업이 보인다고 과한 레버리지를 쓴다면 큰 손실로 이어질 가능성이 농후하다.

추세추종 하이브리드도 결국 트레이딩이기에 유동성이 적은 종목은 더 보수적으로 봐야 한다. 이는 변동성이 적은 종목도 마찬가지다. 반대로 최고의 종목은 성장가치주임에도 시가총액이 높고, 유동성이 많고, 공매도 등 양방향 매매가 가능한 종목군이다. 스몰캡 개별주는 가치투자로만 접근하는 것이 유리하다.

네 번째는 매수하고 -1R에 도달했다면 리스크 관리 차원에서 매도해야 하는데, 갑자기 펀더멘털 이야기를 하면서 홀딩하는 경우다. 이를 방지하고자 가치투자 계좌와 추세추종 계좌를 분리한다 한들 어떤 경우를 예외 처리할수록 매매는 꼬일 수밖에 없다.

규칙은 지키기 위해서 존재한다. 가치투자로 매수했다면 가치투자로 대응해야 하고, 추세추종으로 매수했다면 추세추종으로 대응해야 한다. 물론 혼용할 수도 있지만, 근본이 바뀌는 걸 용납하면 안 된다. 규칙대로 하도록 습관화하자.

- **BULLS MAKE MONEY** 황소(추세추종자)도 돈을 벌고
- **BEARS MAKE MONEY** 곰(가치투자)도 돈을 벌지만
- **PIGS GET SLAUGHTERED** 돼지(이것저것 다하는)는 잡아먹힌다.

다섯 번째는 주도주 선택이다. 추세추종으로 하다 보면 한 섹터에서

동시다발적으로 돌파가 나오는 경우가 빈번하다. 1stage에서 RS와 성장률이 더 높은 종목을 주도주라고 했는데, 이 주도주가 3stage에서는 바뀌기도 한다. 즉 주도 섹터는 맞지만 주도주는 아닐 수 있다.

우리의 목적은 주도 섹터의 주도주를 매매하는 것이다. 만약 이처럼 예상과 다르게 흘러갈 경우를 대비해서 추세추종에서도 바스켓 매매를 일부 한다. 한 섹터를 ETF처럼 한 종목으로 생각하는 것이다. 비중은 당연히 기존 주도주가 가장 많고, 그다음으로 2, 3등을 골라내 편입한다. 한 섹터에서 돌파가 동시다발적으로 나올 때 승률이 좋기 때문에, 가장 기다려지는 현상 중의 하나이기도 하다.

# 언제 팔 것인가?

　추세추종 하이브리드 매매도 추세추종 매매와 규칙은 동일하다. 3R에 도달하면 비중을 줄인다. 두 매매의 가장 큰 차이는 종목군이다. 눌림목매매가 가능한지 여부도 다른 점 중 하나다.

　추세추종 하이브리드는 기존의 추세추종 매매보다 보수적으로 비중을 줄인다. 가령 3R에 도달하면 50% 수익 쿠션을 확보했던 기존 추세추종 매매와 달리, 추세추종 하이브리드 매매는 30% 정도만 확보하고 나머지는 추세를 확인한 후 비중을 줄인다. 이를 4R, 5R, 6R 등으로 봐도 무방하다.

　이렇게 하는 이유는 보다 보수적으로 종목을 선정했기 때문이다. 이 말인즉슨 기존의 추세추종 매매보다 승률이 높다는 뜻이다. 추세추종 하이브리드 매매는 3R 이상의 추세가 형성되는 경우가 빈번해서 길게 보고 홀딩하는 것이 효율적이다.

추세는 생각보다 오래가기도 한다. 보통 주도주는 며칠 반짝이 아니라 몇 개월, 길게는 연 단위로 움직인다. 성장이 둔화될 때까지 추세는 지속되기 때문에 긴 호흡으로 볼수록 매매가 쉬워진다. 특히 나는 개별 종목이 아니라 섹터로 움직이는 것을 선호하기 때문에 장기간 추세가 이어지면 트렌드라고 판단한다.

밴드 하단 혹은 눌림목 매수를 할 때는 밴드 상단인 매물대 구간에서 비중을 줄이고, 돌파하면 재매수한다. 한 번에 바로 돌파하는 것보다는 여러 번 시도하면서 매물을 소화하고 올라가는 것이 장기적으로 더 좋다. 바로 돌파할 경우 순간의 힘은 좋지만 매물로 인해 지속성이 떨어진다.

중요한 것은 매매의 일관성이다. 정해진 원칙을 준수하면서 반복하는 것이다. 추세추종 하이브리드 매매 역시 승률이 낮다는 것을 항상 인지하고, 연속적으로 실패하더라도 좌절하지 말고 반복해야 한다. 펀더멘털이 좋은 주도 섹터의 주도주 위주로만 공략한다. 신고가 돌파의 빈도는 매우 많지만 주도주 돌파 자리는 생각보다 빈도수가 적다.

돌파 지점보다 늦게 매수해도 괜찮다. 중요한 건 매수가가 아니다. 돌파 지점을 기준으로 3R 수익률을 계산해서 수익 쿠션을 확보해야 한다. 피라미딩 역시 추가 셋업이 떠서 매수했다면 추세 셋업 기준으로 3R을 계산해서 수익 쿠션을 확보한다.

  3R에 도달하는 날과 추가 셋업이 겹치는 경우도 있는데 그때는 매매를 쉬거나 매매 수수료가 아쉽지만 원칙을 지켜서 수익 쿠션을 확보하고 피라미딩을 해도 무관하다.

# 직장인도 추세추종 하이브리드 매매를 할 수 있다!

한 가지 궁금증이 도출될 것이다. '직장인은 추세추종 하이브리드 매매를 할 수 없는 것일까?' 그렇지 않다. 예약 매매를 하면 문제없다.

앞서도 말했듯이 나는 장중에 컴퓨터 앞에 앉아서 HTS를 계속 보는 행위를 싫어한다. 내가 전업 투자자를 고집하는 것도 물론 수익 창출이라는 큰 이유가 있지만, 그다음은 시간적 자유를 위해서다. 이를 위해 나는 자동으로 매매하는 시스템 트레이딩도 같이하고 있다. 그렇다고 나처럼 시스템 트레이딩을 하라는 말은 아니고, HTS에서 제공하는 자동감시 예약 매매를 통해서 충분히 이 문제를 해결할 수 있다.

모든 증권사의 HTS 기능은 유사하다. 2stage에 진입한 종목의 가격이 돌파하는 지점에 도달하면 '주식자동감시주문[0624]'을 통해 예약

그림 5-2 예약 매매 예시 - 자동감시주문[0624]

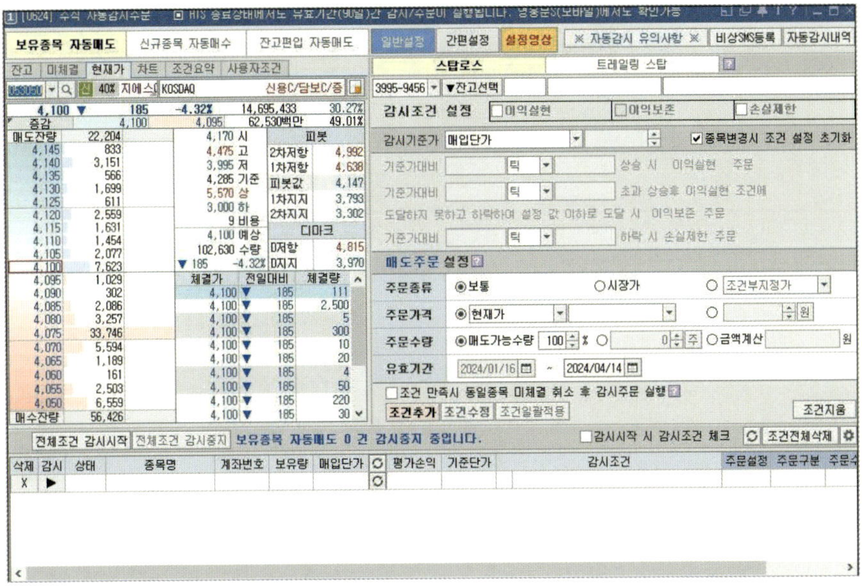

매수를 하거나 알림으로 알려 주도록 설정할 수 있다.

나는 항상 장 시작 전이나 자기 전에 엑셀을 열어서 Max 2% Rule과 점진적 베팅을 보면서 포지션 사이즈를 확인하고 자동감시주문을 설정한다. 나는 주로 돌파 가격 1~2% 전에 알림이 울리도록 세팅하며, 알림이 울리면 거래량과 섹터 전체의 움직임을 확인한 후 진입한다. 손절 역시 예약을 통해 잔고편입 스톱로스를 이용한다. 증권사마다 다르지만 최대 90일, 총 40여 개의 주문을 저장할 수 있다.

예시로 제닉이라는 종목이다. 제닉은 시가총액과 거래량이 2% 부족하지만 펀더멘털이 부족한 부분을 커버하고 있어서 매매할 만하다고 생각한다. 하이드로겔 마스크팩을 만드는 업체로, 바이오던스향 OEM 물

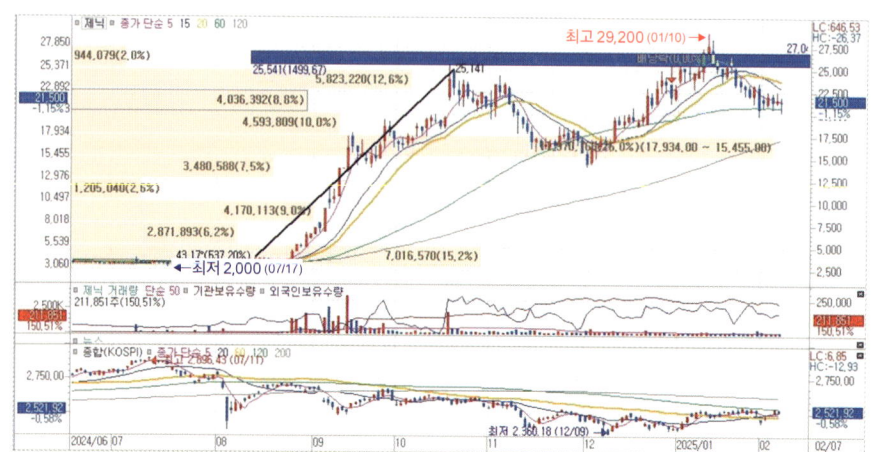

그림 5-3 제닉 일간 차트(24.06~25.02)

량으로 인해 24년 2분기에 턴어라운드했고 3분기 호실적을 발표하면서 큰 상승이 나왔다.

현재는 조정 베이스를 만드는 중으로 보인다. 앞으로 추가적인 상승이 나올지 여부는 아무도 알 수 없다.

- **추세적 상승 → 건전한 조정 → 셋업 후 돌파**

전 고점은 29,200원으로 25,000원~29,000원 구간이 의미 있는 매물대다. HTS를 계속 보지 않고도 자동감시주문으로 해당 종목을 모니터링할 수 있다.

❶ '신규 종목 자동매수' → ❷ '종목'을 선택한 후 원하는 조건을 넣고 → ❸ '감시 시작'을 누른다.

[그림 5-4]는 제닉의 현재가가 27,000원 이상에 도달하면 1주를 27,100원에 매수하라는 조건이다. 주문 방법, 수량, 가격 등 다 변경할 수 있으

그림 5-4 자동감시주문으로 모니터링하기

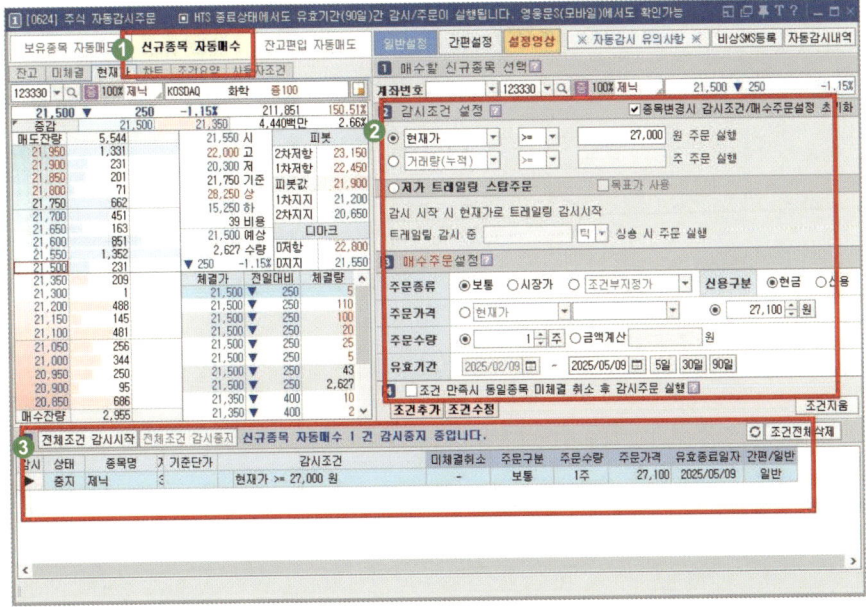

며 MTS에서도 가능하다. 감시를 실행하면 유효기간 설정에 따라 최장 90일 동안 자동으로 감시한다.

이런 방법으로 VCP의 끝부분(차트의 왼쪽에서 오른쪽으로 갈수록 변동성이 줄어드는 시점)부터 돌파가 예상되는 의미 있는 가격 등에 자동감시주문을 넣으면 편하다. [그림 5-4]를 보면 모니터링차 1주 주문했지만, 2% Rule를 적용한 포지션으로 바로 매수해도 무관하다.

마찬가지로 보유종목 자동매도, 잔고편입 자동매도 기능도 HTS에서 제공한다. 증권사마다 다르지만 평균 40여 개의 감시주문을 넣을 수 있다. 부족한 주문은 매수시세감시[0315], 매도시세감시[0317] 기능을 통해서 당일만 체크하는 감시주문으로 처리하면 된다. 한 번 설정하면 최대 90일 동안 자동으로 체크하는 자동감시주문과 달리 매수시세감시는 매일매일 주문을 체크하고 넣어 줘야 하는 불편함이 있다.

좀 더 필요한 기능은 각 증권사 Open API를 활용해서 파이썬으로 제작을 하는 것이 편리하다. 과거에는 코딩하는 것이 어려웠는데 지금은 인공지능(챗GPT 등 LLM)으로 인해서 누구나 쉽게 시스템 트레이딩을 시작할 수 있다.

**그림 5-5** 예약 매매 예시 - 매수시세감시 [0315]

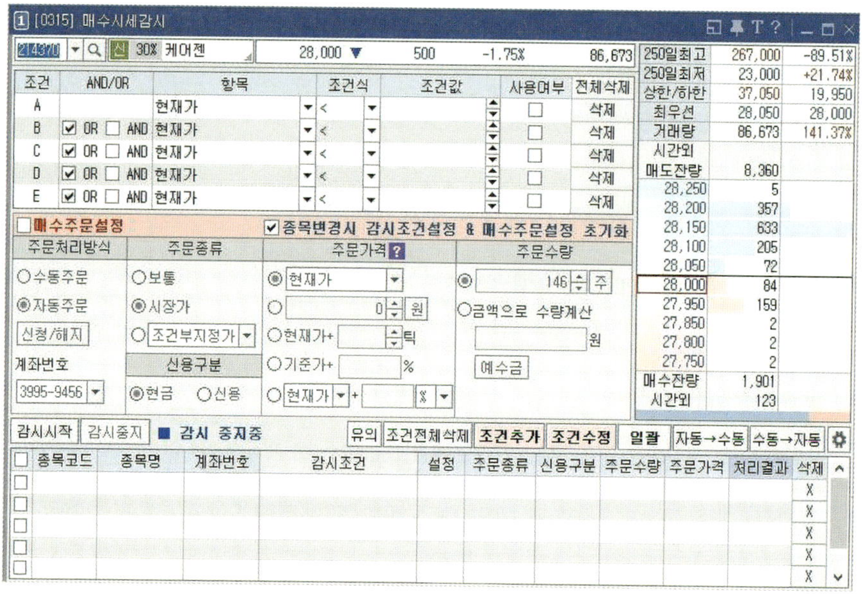

나는 직장인뿐만 아니라 전업 투자자도 예약 매매를 해야 한다고 생각한다. 바스켓 매매를 한다고 했을 때 많은 종목을 컨트롤하고 모니터

링할 수 없기 때문이다. 또한 손절에 대해 부담감이 있는 투자자에게는 기계적인 손절이 마음을 안정시키는 데 도움을 줄 수 있다. 장 시작 전이나 전날에 세팅을 하면 개별 종목에 대해 시나리오를 그려 보게 되기 때문에 장중에 뇌동 매매가 줄게 되는 효과도 있다. 시세를 자주 확인할수록 불필요한 뇌동 매매도 같이 늘어난다. 뇌동 매매가 줄수록 계좌수익률은 상승한다.

# 항상 미국시장이
# 답은 아니다

　추세추종 매매의 원조는 미국시장이다. 실제로 미국시장에서 더 잘 먹히기도 하는데, 이는 회사의 규모와 경쟁력 때문이다. 글로벌 MS 1위 업체들은 대부분 미국시장에 상장되어 있고, 엄청난 규모의 시가총액과 거래량으로 움직인다. 시장 지배력이 있는 회사들이라 산업이 좋거나 기업의 실적이 좋아지면 그만큼 지속성이 유지된다. 그렇게 추세가 만들어지면 더 오래 더 안정적으로 움직인다. 글로벌 리더와 큰 규모의 내수 시장으로 기업이 증액 구간에 들어서면 잠깐의 성장으로 끝나지 않는다.

　반면 우리나라 기업은 시가총액이 적고 수출이 많다 보니 환율과 경기의 영향을 많이 받는다. 여기에 하청업체가 많다 보니 실적의 변동성이 심하고, 시클리컬 기업이 대부분이다. 그에 따라 주식의 추세도 쉽게 무너진다.

그럼 국내 시장은 아무 장점도 없는 걸까? 그렇지 않다. 국내 시장만의 장점은 정보의 비대칭에 있다. 미국시장은 기관 투자자나 일반 개미나 동일선상에서 투자하는 반면, 국내 시장은 주식 담당자와의 통화, 컨퍼런스 콜 등 합법적인 선에서 노력만 한다면 정보 면에서 우위를 가질 수 있다.

또한 국내 시장이 변동성이 크다고 느낄 수도 있지만 미국의 경우 상하한가 제한이 없어서, 특정 이벤트가 발생했을 때 엄청난 변동성으로 자고 일어나면 종목이 반토막 나는 경우도 심심치 않게 볼 수 있다. 다만 우리는 대부분 MS 1위 업체들인 대형 우량주를 투자하다 보니 미국시장이 안전하고 추세가 좋다고 느끼는 것이다. 단순하게 시가총액으로 비교하면 애플은 5000조가 넘는 반면, 삼성전자는 500조도 안 된다. 이처럼 장단점이 있기 때문에 본인 취향에 맞는 시장에 비중을 더 주면 된다.

미국에는 어닝 갭 매매라는 것이 있다. 실적 발표 전에 현금을 확보하고 호실적이 나오면 갭이 떴든 간에 매수하는 것이다. 이는 모두가 동일선상에서 투자한다는 점과 실적에 대한 예상치는 부족한데 변동성은 큰 미국시장의 특징과 관련되어 있다. 정보의 비대칭성과 혹시나 어닝 쇼크가 나올 경우 엄청난 손실이 발생하기 때문에 이런 매매법을 선호하는 것이다.

반면에 우리나라는 선반영 셀 온(sell on)이 많은 편이며, 혹시나 어닝 쇼크가 발생하더라도 미국시장에 비하면 감내할 만한 수준이다. 그래서 뚜껑을 열어 보는 케이스가 많고 어닝 갭으로 뜨면 빠른 추격 매수보다 오히려 고민을 하는 편이다.

매매가 가능한 모든 상품시장에서 추세추종은 가능하다. 상품별 특이성에 의해서 서로 헤지도 된다. 당연히 코인 시장에서도 가능하다. 그저 가치투자를 같이하는 테크노펀더멘털리스트 입장에서는 주식시장을 선호할 뿐이다.

추세추종에서 자산의 다변화는 선택이 아닌 필수이다. 본인이 즐겨 투자하는 시장이 하락장인데, 그 안에서 추세추종 돌파매매를 할 때는 난이도가 더 올라간다. 스캇도 많이 발생하며 탄력성이 떨어진다.

2% Rule, 점진적 베팅, 승률과 손익비, 장세 판단 등으로 어느 정도 리스크 관리를 하고 있지만 시장이 약세장이면 투자 비중이 자연스럽게 감소하면서 수익도 적어진다. 약세장의 지속 여부는 아무도 알 수 없다. 전업투자인데 1년 이상 약세장이라면 어떻게 해야 할까?

반대로 상승장에서는 좀 더 쉽게 3R 이상으로 도달한다. 그렇다고 상승하는 시장으로 매번 옮겨 다닐 수는 없다. 그래서 CTA 펀드(추세추종 헤지펀드)처럼 처음부터 다양한 자산에 분산 투자하는 것이 효율적이다. 다양한 자산은 미국시장, 국내시장, 중국시장, 원자재, 코인, 파생 등 추세가 있는 모든 상품에 투자를 하는 것이다. 각기 다른 상품으로 인한 자산이 자연스럽게 리스크를 억제해 줌과 동시에 추세가 강한 상품에서 항상 시장수익률 이상의 아웃퍼폼이 나오면서 포트폴리오 전체를 견인해 주는 것이다.

  어떤 시장이 더 좋고 나쁘다의 개념이 아니라 강력한 추세가 현재 진행 중인 시장에서 매매해야 상대적으로 효율이 올라간다.

  글로벌 주식시장의 대응은 사실상 비슷하다. 다만 코인이나 파생같이 변동성이 큰 시장은 -8% 손절 말고 ATR을 적극 활용하면 된다. 예를 들어 A라는 코인의 ATR(20)의 값이 10% 수준이라면 ATR×2(20%)에 손절을 하고 3R인 60%에 수익 쿠션을 챙긴다.

  2% 룰 등의 나머지 규칙은 대동소이하다.

# 후일담

## 모든 것에는 이유가 있다

지금껏 여러 매매법을 소개했는데, 나는 이것을 공식처럼 외우기를 원치 않는다. 이 책에서 외울 것은 리스크 관리뿐이다.

많은 사람이 누군가가 사용하는 매매 기법을 외우고 따라 한다. 왜 그렇게 매매하는지도, 주식의 메커니즘도 모른 채로 말이다. 누군가가 20일선에서 매수했다면 20선에서 사고, 20일선에서 팔았다면 20일선에서 판다. 이것이 대다수의 투자자가 발전하지 못하는 이유다. 조금만 상황이 변해도 그들은 대응하지 못한다. 모든 것에는 이유가 있다.

주가는 매수자와 매도자의 심리에 따라 변화한다. 그 근본을 기업의 가치로 보는 것이며, 나머지는 결국 가격의 등락폭과 매매에 의한 거래량이다. 그래서 흔적이 남은 거래량은 속일 수 없다고 이야기하는 것이다.

아무리 승률이 높은 매매법이라 해도 수천만 번 반복하면 결국 승률은 50%다. 오르거나 떨어지거나 둘밖에 없다. 우리는 트레이딩 엣지 구간(50%로 돌아가는 지점 전까지의 구간)을 매매하는 것이다.

## 매매 기법에도 원인과 이유가 있다

매매 기법이라고 다르지 않다. 대형주 엔벨로프(보조지표) 매매를 예로 들어 보자. 대형주 엔벨로프 매매는 하단을 공략하는데, 이는 평균보다 더 많이 하락하는 것을 이상 현상으로 보고 조만간 제자리도 돌아올 거라는 생각 아래 이뤄지는 매매법이다.

갭 음봉 돌파매매는 호재로 갭 상승이 나왔지만 셀 온에 의해 음봉으로 변한 주가가 재차 돌파하면 매매하는데, 이 역시 매물이 소화되었다는 전제 아래 매매하는 방법이다.

주도주 이동평균선 눌림목매매도 주도주라고 계속 상승할 수는 없기 때문에 차익 실현 매물에 의해 짧은 역추세가 중간 중간 생길 수밖에 없다는 데서 생겨난 케이스다. 이때는 어떤 이동평균선을 기준으로 매매하든 결과는 대동소이하다.

기준봉 분할 매매, 달리 말하면 장대양봉인 모멘텀 캔들이 생긴 배경에는 대량으로 매수한 누군가(세력)가 있다는 뜻이다. 역시 캔들을 피보나치로 분할하나 등분선을 2분할 또는 3분할하나 결과는 대동소이하다.

　기준봉 이후 이동평균선을 따라 매매하는 것 역시 매수한 주체(세력)가 아직 매도하지 않았다는 전제가 숨어 있다. 그 기준을 기준봉 이후 이동평균선에 맞췄을 뿐이다.

　이처럼 매매하고자 기준을 정했을 뿐이지, 엄청난 기법이라거나 특별한 방법이 있는 것이 아니다. 약간의 덜 벌고 더 벌고 차이만 있을 뿐이다. 통계적으로 유의성이 있다고 말하기 애매하다.

## 주식시장에 대한 잘못된 상식

　급등하는 종목의 호가창은 매수 잔량이 많아야 할까, 매도 잔량이 많아야 할까? 단순하게 생각하면 매수 잔량이 많아야 좋아 보이겠지만 실제는 매도 잔량이 많아야 한다. 매수자가 매수 호가창이 아닌 매도 호가창에 주문을 넣어야 주가가 상승할 확률이 높다. 아래서 떠받치는 것이 아니라 위에서 밀고 올라가야 한다. 그래서 급등하는 종목들의 매수 호가창은 얇고 매도 호가창은 두꺼워 보인다. 이런 이론적인 원리를 모른다면 기법은 물론이고 제일 중요한 응용을 할 수 없다.

　패턴은 100% 같을 수 없다. 그런데도 엔벨로프값을 20, 20으로 세팅하는 게 좋은지, 이동평균선 20일선 눌림목이 좋은지, 전부 20일선을 쓰는 것 같으니 15일선 눌림목으로 남들보다 더 빨리 공략하는 게 좋은지 등 황금 공식을 찾아서 헤매는 사람이 대다수다. 블로그를 통해 Q&A를 받아도 대부분 이런 의미 없는 숫자에 대한 질문이다. 다시금 말하지만 기법은 중요하지 않다. '20일선이 생명선이다, 무너지면 추세가 깨진 것이다' 같은 소리를 하는 사람을 보면 답답하다. 추세가 무너졌음은 이동평균선만으로 판별할 수 없다. 거래량, 시장 환경, 종목의 변수 등 다양한 요소를 복합적으로 판단해야 한다.

기법, 공식은 1차원적인 매매 원칙일 뿐이다. 물론 이 원칙들을 지키는 것은 중요하다. 그러나 왜 그렇게 매매하고 있는지 그 원리를 알아야 비슷하지만 다른 상황에 유연하게 대처할 수 있다.

내가 계속 언급한 추세추종 돌파매매 지점 역시 스캘핑을 기준으로 본다면 거래량이 터진 신고가 갱신 구간으로, 빠르게 먹고 나올 지점이다. 나는 이 지점에서 매수하지만, 누군가는 무조건 매도할 것이다. 단순히 기법들의 숫자를 외우지 말고 지속적으로 수익을 낼 수 있는 트레이딩의 본질에 대해 생각하고 또 생각하길 바란다.

## 가치투자자에게도 새로운 무기가 필요하다

주식은 기업의 자기자본에 대한 소유권이다. 시간 가치에 따라 반영 속도가 다르지만 결국 주가는 기업의 실적에 비례한다. 이 기본 원리를 바탕으로 리스크 관리, 승률, 손익비를 계산하라. 본인이 통제 가능한 범위 내에서 반복적으로 매매했을 때 수익을 낼 수 있는지를 살펴라.

　물론 논리적으로 설명할 수 없는 경험과 감으로 매매하는 사람도 적지 않다. 그러나 그걸 따라 하기에는 난이도가 너무 높다. 우리는 그들처럼 주식 천재가 아닌 일반인이기 때문에 누구나 할 수 있는 상식선에서 매매를 해야 한다. 진입과 청산도 중요하지만 매매의 첫 번째인 리스크 관리가 안 되면 아무 소용이 없다. 매매의 타점이나 추세의 강도 그리고 추세에 올라타서 피라미딩을 통해 이익을 얼마나 극대화할 수 있는지 여부는 그 이후의 문제다. 더불어 잦은 매매는 집중력을 떨어뜨리고, 수많은 분산은 피로감만 유발할 뿐이다. 계좌수익률 면에서는 도움이 되지 않는다.

　가치투자를 할 때 제일 힘든 것은 시간을 견디는 것이다. 언젠가 제 가치를 찾아가지만, 그 시기는 알 수 없다. 운이 좋으면 한 분기 만에 성장을 인정받아서 상승하지만, 인정받지 못하는 경우가 태반이다. 최소 1년간 좋은 실적이 나와야 인정받는 경우도 많다. 당연히 아직 인정받지도 못했는데 실적이 꺾여 버려서 모멘텀이 소실하는 경우도 있다. 또한 인고의 시간을 거쳐서 이제 인정받나 싶은 구간에 접어들었는데 갑자기 글로벌 리스크가 터져서 제자리로 돌아가거나 그보다 아래로 처지기도 한다. 이럴 땐 정말 힘들다. 100% 이상이던 수익이 순식간에 마이너스가 된 것이기 때문이다. 오를 때는 많은 시간이 걸렸는데 하락할 때는 금방이다.

현금이 있어서 신규 매수나 추가 매수를 할 수 있으면 다행인데 여유도 없다면 스트레스가 심해진다. 더욱이 캐시카우가 없는 전업 투자자는 더 심하다. 그래서 나는 인고의 시간이 필요한 가치투자에서 새로운 무기가 필요하다고 본다.

## 가치투자자에게는 더 매력적인 선택지다

가치투자자에게는 매수할 때는 기존과 동일하게 하되, 매도할 때 적정 주가에 다 팔기보다는 추세추종을 일부 적용시켜서 추세가 꺾일 때까지 홀딩하는 방법을 추천한다. 트레이딩 계좌를 따로 팔 필요도 없다. 막상 해 보면 추세추종 하이브리드가 할 만하다고 느낄 것이고, 새로운 캐시카우가 될 것이다. 물론 제대로 할 때의 이야기다. 어설프게 잦은 매매와 짧은 뷰와 많은 리스크 노출을 감행하면 좋지 못한 결과로 이어질 수 있다. 참고로 확실한 주도주는 분기에 하나 있을까 말까 하다.

트레이딩은 예측이 아니라 대응임을 기억하라. 주도주가 될 종목을 매수하는 게 아니라 대장주인 종목이 셋업이 뜨고 돌파가 나오면 매매를 고민하는 것이다. 대장주는 대부분 성장가치주로, 밸류에이션 때문에 매매하지 않기로 선택했거나 이미 매도했을 가능성이 높은 종목이다. 그러나 가치투자자라면 해당 종목에 대한 리서치는 충분히 되어 있을 것이다. 따라서 차트만 보고 접근하는 트레이더보다 매력적으로 느꺼진다. 경험을 거듭할수록 쌀 때도, 비쌀 때도 살 수 있게 될 것이다. 이 모작을 할 수 있다는 게 얼마나 매력적인가! 심지어 편안하기까지 하다.

앞서 설명한 예약 매매를 통해 대부분 해결이 가능해서 장중에 HTS에 매달려 있을 필요도 없다. 익숙하지 않은 잦은 손절이 불편할 수도 있지만, 손익비를 통해 수익이 난다는 것은 사칙연산만 할 수 있다면 누구나 알 수 있다. 성공과 실패는 한 끗 차이가 아니라 하고 안 하고의 차이라고 생각한다. 생각만 하지 말고 실천하면 누구나 가능한 합리적인 매매법이다.

## 왜 추세추종인가?

수익을 꾸준히 내는 전업 트레이더라면 사실상 걱정이 없다. 즐겁고 안정적인 매매를 하고 있을 테니 이보다 더 좋은 직업은 없다고 생각한다. 그러나 현실은 트레이더들의 고민이자 문제다. 일관된 수익이 그만큼 어렵다.

시장이 좋을 때 낸 큰 수익을 안 좋은 장에서 모두 반납하며 제자리걸음을 하고 있지는 않은가? 한동안 안정적으로 수익을 내다가도 한 번씩 뇌동 매매로 인해 큰 손실을 보지는 않는가? 적은 금액으로는 성과가 좋지만 증액하면 손실이 반복되는 이유는 무엇인가? 황금의 매매 기법을 찾아 여러 유료 강의를 들었지만 여전히 꾸준한 수익을 내지 못하고 있지는 않은가? 하루 종일 컴퓨터 앞에 앉아 HTS만 바라보면서도 기대만큼 수익이 나지 않는다면 무엇이 문제일까? 아직도 욕심만 자제하면 하루 1%씩 벌 수 있다는 믿음을 가지고 있지는 않은가?

글로벌 시장에서 투자에 성공한 사람들은 대부분 가치투자자이지만, 트레이딩으로 성공한 사례도 분명 존재한다. 다만 그들은 일반적으로 알려진 단기 트레이딩이 아니라 추세추종 매매를 한다는 점이 중요하다.

박스 이론으로 유명한 니콜라스 다바스, 기술적 분석의 대가 제시 리버모어, 터틀 트레이딩을 창시한 리처드 데니스와 윌리엄 에크하르트, 추세추종 시스템 트레이딩의 거장 에드 세이코타, CANSLIM 전략을 개발한 윌리엄 오닐, 와이코프 패턴을 만든 리처드 와이코프, 세계 최초의 퀀트 기반 추세추종 헤지펀드 매니저 래리 하이트, 추세추종 퀀트 헤지펀드의 대표적 인물 제임스 사이먼스까지.

이외에도 전미투자대회에서 상위권을 차지한 트레이더 중 다수가 추세추종 매매를 기반으로 성과를 거두었다. 기네스북에 등재될 정도의 수익률을 기록한 댄 쟁거, 3연속 우승을 차지한 데이비드 라이언, 2번 우승한 마크 미너비니 역시 추세추종 매매를 활용했다. 올리버 켈 역시 마크 미너비니의 수제자로서 같은 방식을 따랐다.

전미투자대회는 우리나라의 실전투자대회와는 차이가 있다. 연간 단위로 진행되며 참가 비용을 지불해야 하기 때문에 실제 시장에서 성과를 내야만 의미가 있다. 이 대회에서 상위권을 차지한 이들 중 상당수가 수동 혹은 시스템을 활용한 추세추종 매매를 하고 있다는 사실은 주목할 만하다.

추세추종 매매는 일반적인 트레이더들이 흔히 겪는 문제를 해결할 수 있는 대안이다. 일반적인 트레이딩은 잦은 매매와 높은 변동성에 노출되면서 감정적 매매로 이어지는 경우가 많다. 반면 추세추종 매매는 명확한 원칙과 전략을 기반으로 하기 때문에 불필요한 감정 개입을 줄이고, 시장의 흐름을 타는 방식으로 지속적인 수익을 창출할 수 있다.

단기 트레이더들은 작은 변동을 활용하여 수익을 내려고 하지만 이는 지속하기가 어렵고, 오히려 손실을 크게 만들 위험이 있다. 한편 추세추종 매매는 시장의 큰 흐름을 따라가기 때문에 손익비가 유리하며, 손실을 제한하고 수익을 극대화하는 구조를 가진다. 또한 특정 종목이나 시장 상황에 관계없이 다양한 시장에 동일한 원칙을 적용할 수 있어 장기적으로도 일관된 성과를 기대할 수 있다.

니콜라스 다바스, 제시 리버모어, 윌리엄 오닐의 CANSLIM 전략이 시작이었고, 이를 마크 미너비니가 SEPA 전략으로 더욱 정형화했다. 나는 다시 이를 체계적으로 정리하여 누구나 쉽게 적용하고 반복할 수 있도록 만들고 있다.

트레이딩이란 리스크를 철저히 관리한 상태에서 승률과 손익비를 고려하여 일정한 원칙을 반복적으로 적용했을 때, 장기적으로 수익을 낼 수 있느냐가 핵심이다. 단기적인 승패가 아닌 장기적인 성과를 목표로 삼고, 손실을 최소화하면서 수익을 극대화하는 전략이야말로 지속 가능한 트레이딩의 본질이다.

에필로그

## 투자는 자신의 몸에 맞는 옷을 찾는 과정이다

정통 가치투자, 성장주 가치투자, 추세추종 돌파매매, 눌림목매매, 테마주 매매, 스캘핑, 데이 트레이딩, 스윙, 재료 매매, 수급 매매 등 열심히 하면 누구나 돈을 벌 수 있습니다. 다만 개중에 더 어려운 방법과 더 쉬운 방법이 있을 뿐입니다. 투자 공부란 자신의 몸에 맞는 옷을 찾는 과정이라고 생각합니다. 저도 여러 길을 걸어 보았고, 그 결과 추세추종 하이브리드 투자가 저에게 가장 알맞다는 결론을 내렸을 뿐입니다.

투자에 정답은 없습니다. 틀린 게 아니라 다른 것입니다. 그러니 많이 공부하고 도전하며 경험해 보세요. 아무리 투자가 운칠기삼이라지만, 최소한 운을 잡을 수 있는 능력은 노력으로 얻어야 하지 않을까요? 이 책을 통해 주식 투자에 대해 스스로 판단이 가능해지고, 노력하면 누구나 성공할 수 있다는 것을 알게 되었으면 합니다.

많은 것을 담고 싶었지만, 모두 담지는 못했습니다. 나머지는 여러분의 몫입니다. 가장 중요한 것은 이 책의 내용을 기억하되, 잊으라는 것입니다. 처음에는 정해진 규칙 안에서만 트레이딩하고, 익숙해지면 스스로 규칙을 만들고 변형해야 지속적으로 발전할 수 있습니다. 주가의 가장 강한 상승 동력은 상상력입니다. 기억하십시오, 투자에 정답은 없습니다!

호가창에서 뵙겠습니다.

## 부록 01

# 전업 투자자의 하루

### 01. 일반 트레이더로서의 생활

먼저 지극히 개인적인 트레이더로서의 일상이라는 점을 강조하고자 한다.

나는 아침 6시에 눈을 뜨자마자 미국시장의 흐름을 확인한다. 주도 섹터가 무엇이었는지, 새벽 동안 어떤 이슈가 있었는지를 체크하는 것이다. 더불어 그날 나오는 리포트들을 읽어 보고 뉴스의 헤드라인을 체크한 후에 중요도를 따지고, 어제 장 후 시간외 흐름이 좋았던 친구들에게 다른 뉴스가 있었는지를 확인한다.

나는 재료와 일정 정리를 꾸준히 하는 편이다. 이를 바탕으로 당일 매매할 종목들을 계획한다.

장이 시작하면 전일 종가 베팅이나 시간외 상한가 따라잡기를 한 종목들을 빠르게 청산하고, 거래량이 붙으면서 수급이 몰리는 종목을 모니터링하면서 추격 매수를 하거나 눌림목매매를 한다. 혹은 매매할 종목군이 아니더라도 상한가나 신고가 등의 특별한 이슈가 있는 종목들을 체크하고, 당일 시가총액 상위 주가 아닌 일반 종목 중에서 거래 대금이 많은 종목들을 확인한다. 테마나 섹터별로 움직이는 돈의 흐름을 체크하는 것이다.

시장 지수 역시 지속적으로 체크하며 장중 수급의 변화를 확인한다. 매매법은 다양하기 때문에 특별히 어떤 매매를 고집하기보다는 자주 쓰는 매매 타점이 눈에 보이면 공략한다. 추가로 단체 채팅방이나 텔레그램 등을 통해 혹시나 놓친 종목이 있는지 확인한다.

나는 가능하면 11시 안에 매매를 마무리하고자 한다. 보통은 이후에 점심을 먹지만, 당일 종목을 매수하고 청산하지 못했거나 늦게 진입한 종목의 비중이 큰 경우에는 예외다. 사무실에서 간단하게 해결하거나 장이 끝난 다음에 먹는다.

점심을 먹은 날의 경우 식사가 끝나면 오후장 수급을 확인한다. 오후장에 수급이 새로 들어오면서 거래량이 나오는 종목들을 살펴보고 일부만 매매하기도 한다. 그 밖에 스윙이나 종가 베팅할 만한 종목들이 있는지를 살펴보고 추가 매매한다.

장이 끝나면 시간외 종목에서 이슈가 있거나 움직이는 종목들을 재차 살펴보고, 이슈에 따라서 시간외 상한가 따라잡기 주문을 넣는다.

## 02. 가치투자자의 생활

이 역시 모든 가치투자자의 기준으로 삼지 않기를 바란다. 그저 한 가치투자자의 일상이다.

아침 10시쯤 허리가 아파서 일어난 나는 아침 겸 점심으로 브런치를 즐긴다. 식사를 마친 후에는 어제 보던 책을 마저 보거나 국내 리포트를 살펴보고, 해외 컨퍼런스 콜 스크립트가 나왔다면 그 또한 읽어 본다. 그러다 지루해지면 산책이나 헬스장을 간다.

매일 시간을 죽이고 있는 가치투자자지만 실적 시즌에는 수백 배로 바쁘다. 실적 시즌 마지막 날에는 리서치를 하느라 잠을 자는 시간도 부족할 지경이다. 1년 중 보름 정도 굉장히 바쁘게 지내는 듯하다. 이외에도 포트폴리오 구성 전까지나 변경 기간에는 새로운 기업을 리서치하느라 정신이 없다. 다만 기업 리서치는 특별히 시간의 제한을 두지 않아서 본인의 선택이라 할 수 있다. 장중에 보유한 종목의 이슈가 생길 때는 확인하고 주식 담당자와 통화하느라 정신없기도 하다. 혹은 컨퍼런스 콜이나 탐방을 가서 아예 자리에 없는 경우도 많다.

## 03. 추세추종 하이브리드 전업 투자자의 생활

이 역시 그저 나의 일상이다.

아침에 일어나면 미국시장에서의 돈의 흐름을 체크한다. 어떤 섹터가 강했고 어떤 주요 회사의 컨퍼런스 콜이 있었는지를 스크립트 등을 통해 살펴본다. 더불어 국내의 새로운 리포트로는 어떤 것들이 있는지 살펴본다. 장이 시작되기 전에는 추세추종 돌파매매 예약을 걸어 놓은 종목들을 정리하거나 추가한다.

장이 시작되고 예약한 종목들로부터 알림이 울리면 거래량과 수급을 확인한 후에 매매한다. 주가의 움직임에 따라 3R에 도달한 것들 수익 쿠션을 챙기고 손절 비율을 조정한다. 더불어 추가 셋업들 피라미딩을 한다.

가볍게 개별 기업을 리서치하거나 커피를 마시고 헬스장에 가서 장중 시간을 죽인다. 그렇게 놀다가 장 마감 때쯤 캔들을 확인하고 유지한 종목들의 경우 추가 매수를 한다. 역시 실적 시즌에는 매우 바쁘다.

매매법에 따라 차이가 있겠지만 전업 투자자들의 생활은 대체로 나랑 비슷하다. 나처럼 매매 자체를 피곤해 하고 HTS는 되도록 보지 않은 채 내 시간 또는 가족과의 시간을 보낸다. 물론 반대로 HTS를 열심히 보면서 매매하는 이도 있고, 매수하기 전의 흥분과 매수하고 나서의 자기가 생각한 대로 상승할 때의 기쁨에 못 이겨 도파민 중독자의 생활을 하는 사람도 있다. 핵심은 본인이 즐거워해야 하며, 수익을 꾸준히 낼 수 있느냐는 것이다. 이 두 가지가 충족된다면 충분히 매력적인 작업이라고 생각한다. 즐거운데 돈까지 벌 수 있다니! 어쩌면 가장 좋은 직업이 아닐까?

# 추천 도서

## 1. 가치투자 추천 책

- 대니얼 타운, 필 타운, 『아빠와 딸의 주식 투자 레슨』
- 데이비드 드레먼, 『데이비드 드레먼의 역발상 투자』
- 리차드 번스타인, 『소음과 투자』
- 벤저민 그레이엄, 『현명한 투자자』
- 앙드레 코스톨라니, 『돈, 뜨겁게 사랑하고 차갑게 다루어라』
- 야마구치 요헤이, 『현명한 초보 투자자』
- 피터 린치, 『전설로 떠나는 월가의 영웅』
- 필립 피셔, 『위대한 기업에 투자하라』
- 필립 피셔, 『보수적인 투자자는 마음이 편하다』
- 세스 클라만, 『안전 마진(Margin of Safety)』
- 최준철, 김민국, 『한국형 가치투자』
- 홍진채, 『거인의 어깨 1, 2』

## 2. 추세추종 추천 책

- 길 모랄레스, 크리스 케쳐, 『우리는 어떻게 주식으로 18,000% 수익을 얻었나』
- 니콜라스 다비스, 『나는 주식투자로 250만불을 벌었다』
- 마크 미너비니, 『초수익 성장주 투자』
- 반 타프, 『돈 되는 투자 시스템 만드는 법』
- 브렌트 펜폴드, 『추세 매매 절대지식』

- 스탠 와인스타인, 『주식 투자 최적의 타이밍을 잡는 법』
- 윌리엄 오닐, 『최고의 주식 최적의 타이밍』
- 제시 리버모어, 『제시 리버모어의 주식투자 바이블』
- 커티스 페이스, 『터틀의 방식』
- 성필규, 『돈을 이기는 법』

### 3. 일반 트레이딩 추천 책

- 윌리엄 자일러, 『실전 차트 패턴 63』
- 데이브 랜드리, 『프로는 어떻게 매매하는가』
- 앤드루 아지즈, 『도박꾼이 아니라 트레이더가 되어라』
- 래리 윌리엄스, 『장단기 투자의 비밀』
- 래리 윌리엄스, 『좋은 주식은 때가 있다』
- 김정환, 『차트의 기술』
- 문병로, 『메트릭 스튜디오』
- 신진오, 『Value Timer의 전략적 가치투자』

### 4. 다양한 투자자들 인터뷰 책

- 닛케이 머니, 『일본 주식시장의 승부사들 1, 2』
- 로널드 챈, 『가치투자자의 탄생』
- 잭 슈웨거, 『시장의 마법사들』
- 이민주, 『진짜 돈 버는 대한민국 고수분석』

## 전업 투자 하는 사람들이 많이 참고하는 사이트와 거장들의 트위터 주소

- 깡토의 투자이야기: https://blog.naver.com/love392722
- 뭘 좋아할지 몰라 다 준비 했어: https://t.me/maddingStock
- TNBFolio: https://naver.me/G9spDWgl
- 트레이딩뷰: https://kr.tradingview.com/
- 가치투자연구소: https://cafe.naver.com/vilab
- 스탁이지: https://stockeasy.intellio.kr/
- 버틀러: https://www.butler.works/main
- 피벗 리서치: https://www.pivotand.com/
- 주식 투자 슬기로운 금융생활: https://moneyway.tistory.com/
- 관세청 수출입무역통계: https://tradedata.go.kr/cts/index.do
- K-stat 무역통계: https://stat.kita.net/newMain.screen
- TRASS 무역통계: https://www.bandtrass.or.kr/
- 금융감독원 전자공시시스템: https://dart.fss.or.kr/
- 한국IR협의회: https://www.kirs.or.kr/
- 기업공시채널: https://kind.krx.co.kr
- 국가통계포털: https://kosis.kr/index/index.do
- 네이버 데이터랩: https://datalab.naver.com/
- 공공데이터포털: https://www.data.go.kr/
- 한국인터넷진흥원: https://www.kisa.or.kr/201
- 인베스팅닷컴: https://kr.investing.com/indices/indices-futures

- finviz: https://finviz.com/
- 한경컨센서스: https://consensus.hankyung.com/
- KRX정보데이터시스템: http://data.krx.co.kr/contents/MDC/MAIN/main/index.cmd
- 산업통상자원부 원자재: https://www.motie.go.kr/kor/contents/103
- 경제지표 조회: https://ko.tradingeconomics.com/
- 한국은행 경제통계: https://ecos.bok.or.kr/#/
- 더브이씨: https://thevc.kr/
- 식약처: https://nedrug.mfds.go.kr/searchClinic
- 특허정보검색: http://www.kipris.or.kr/khome/main.jsp
- 한국자원정보서비스: https://www.komis.or.kr/
- 한국관세물류: https://www.kcla.kr/web/inc/html/4-1_3.asp
- FnGuide: https://www.fnguide.com/
- 와이즈리포트: https://comp.wisereport.co.kr/wiseReport/summary/ReportSummary.aspx?fmt=1
- 아이투자: https://www.itooza.com/
- IPO스탁: http://www.ipostock.co.kr/main/main.asp
- 빅파이낸스: https://bigfinance.co.kr/home
- QuantOcracy: https://quantocracy.com/
- Quantpedia: http://quantpedia.com/
- Mark Minervini: https://twitter.com/markminervini
- David Ryan:https://twitter.com/dryan310
- CA Afzal Lokhandwala: https://twitter.com/afzal_57
- TA: https://twitter.com/TaPlot
- Richard Moglen: https://twitter.com/RichardMoglen
- TraderLion: https://twitter.com/TraderLion_
- Oliver Kell: https://twitter.com/1charts6

## 이레미디어 베스트셀러

### 1. 미국주식 처음공부

수미숨(상의민), 애나정 지음 | 412쪽 | 22,000원

이레미디어에서 처음 선보인 '처음공부' 시리즈로, 월급만으로는 자산 증식을 꿈꾸기 어려운 시대, 미국주식에 투자하고 싶지만 무엇을 어떻게 시작해야 할지 막막한 초보자들이 믿고 따라할 수 있도록 2030의 눈높이 맞춘 책이다.

### 2. 거래량 투자 기법

애나 쿨링 지음 | 송미리 옮김 | 304쪽 | 23,000원

거래량 가격 분석법으로 번역되는 VPA(Volume Price Analysis) 트레이딩 법의 특징은 세력과 기관, 즉 소위 스마트 머니를 이기는 것이 아닌 그들을 따라 매매하는 것이다. 그렇다면 어떻게 스마트 머니를 따라 매매할 수 있을까? 무엇보다 세력과 기관이 매수, 매도한 것을 어떻게 알 수 있을까? 이 책은 그 부분에 대해서 다룬다.

### 3. 이동 평균선 투자법

고지로 강사 지음 | 김정환 옮김 | 208쪽 | 17,000원

책은 '에지가 있는 상태'를 찾아내는 방법부터 이동 평균선의 아버지라 불리는 그랜빌의 법칙, 단기/중기/장기선 간의 관계와 조합에 따른 흐름 그리고 저자가 찾아낸 단 세 개의 이동 평균선만 활용한 '이동 평균선 대순환 분석'까지 일목요연하게 보여 준다.

### 4. 볼린저 밴드 투자기법

존 볼린저 지음 | 신가을 옮김 | 김정환 감수 | 352쪽 | 25,000원

'볼린저 밴드'의 창시자 존 볼린저가 직접 저술한 원작을 완역하여 펴낸 책이다. 볼린저 밴드를 알고자 하는 투자자라면 원작자의 볼린저 밴드 개발 아이디어부터 승률을 높이기 위한 최적의 설정 방법, 원작자로부터 지표 선택 방법을 직접 들을 수 있다.

### 5. 빅 트레이더의 주도주 매매법
서희파더(이재상) 지음 | 348쪽 | 35,000원

단기 트레이딩으로 월 억대 수익을 얻는 트레이더들의 스승이자 본인 역시 2천만 원으로 시작해서 수백배에 달하는 자산을 이룬 서희파더의 첫 책이다. 책에서 소개하는 매매법은 종가 베팅, 눌림매매, 상한가 따라잡기, 돌파매매, 종가 베팅 등이다.

### 6. 챔피언처럼 생각하고 거래하라
마크 미너비니 지음 | 송미리 옮김 | 김대현 감수 | 348쪽 | 25,000원

철저하게 규칙에 대한 책이라고 할 수 있다. 저자는 '그가 산 주식이 그가 원하는 대로 움직이지 않으면' 어떻게 대응해야 할지 시나리오별 대응법을 마련해 놓고 있다. 이것이 저자가 꾸준히 수익을 올리는 비결이며, 우리가 책에서 배워야 할 규칙이자 기술이다.

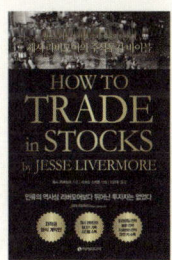

### 7. 제시 리버모어의 주식투자 바이블
제시 리버모어 지음 | 이은주 옮김 | 340쪽 | 17,500원

이 책은 제시 리버모어 최고의 권위자라고 할 수 있는 리처드 스미튼이 현대에 맞게 그의 투자 철학과 기법을 재해석하고 있다. 리처드 스미튼은 개인 문서와 가족들로부터 입수한 자료를 통해 리버모어의 주식 매매기법에 관한 귀중한 자료를 제공함과 동시에 이러한 정보를 이용해 현대의 기술적 투자 기법에 접목하는 방법을 제시하고자 했다.

### 8. 시장의 마법사들
잭 슈웨거 지음 | 임기홍 옮김 | 598쪽 | 26,000원

세계 최고의 트레이더 17인의 인터뷰집이다. 성공한 트레이더는 시장에서 어떤 방법을 사용하였는지, 어떻게 항상 시장에서 높은 수익을 올릴 수 있었는지, 어떤 매매원칙을 고수하였는지, 초기 매매경험은 어떠했는지, 다른 트레이더들에게 어떤 조언을 해주고 싶었는지를 밝힌다.

### 9. 초수익 성장주 투자

마크 미너비니 지음 | 김태훈 옮김 | 김대현 감수 | 400쪽 | 25,000원

'투자의 신'이라 불리는 마크 미너비니의 국내 첫 번역본이다. 마크 미너비니가 말하는 성장주는 재무제표 면에서 확실하게 성장하는 종목이다. 초수익은 운으로 만들어지지 않는다. 마크 미너비니가 공유한 투자법을 통해 모두 차세대 애플, 구글, 스타벅스를 찾길 바란다.

### 10. 스티브 니슨의 캔들차트 투자기법

스티브 니슨 지음 | 조윤정 옮김 | 김정환 감수 | 376쪽 | 27,000원

캔들차트 분석의 바이블로 불리는 책으로, 저자는 이 책을 통해 처음으로 서구 세계에 캔들차트의 배경 지식과 실제적 활용법을 소개했다. 출간 이후 전 세계 투자자들에게 캔들차트 신드롬을 불러일으켰으며, 현재 전 세계 모든 차트 서비스에서 캔들차트가 제공될 정도로 기술적 분석 분야에서 혁명을 일으킨 바 있다.

### 11. 심리투자 법칙

알렉산더 엘더 지음 | 신가을 옮김 | 588쪽 | 27,000원

아마존에서 20여 년 넘게 장기 베스트셀러의 자리를 지킨 책으로 21년 만에 개정판으로 출간됐다. 이번 전면 개정판은 주가 분석, 트레이딩 계획 수립, 자신의 트레이딩 역량 평가에 대한 새로운 해법을 제시한다. 또한 최신 차트로 모두 변경했고, 규칙과 기법에 관한 명쾌한 해설 역시 첨부했다.

### 12. 돌파매매 전략

systrader79, 김대현(Nicholas Davars) 지음 | 292쪽 | 25,000원

니콜라스 다바스, 윌리엄 오닐, 마크 미너비니 등 전설적인 트레이더들이 공통적으로 사용한 전략인 돌파매매 기법을 다룬 책이다. 돌파매매의 핵심 원리, 셋업, 매물대와 차트 패턴 분석, 종목 선정, 진입 시점, 손절매, 수익 쿠션 확보, 자금 관리 등 돌파매매에 필요한 기초 이론부터 실전 투자에 도움이 되는 예시까지 상세하게 다루고 있다.

### 13. 차트의 기술

김정환 지음 | 496쪽 | 22,000원

국내외의 다양한 투자 사례와 해박한 동서양의 인문지식으로 누구나 쉽게 차트를 이해할 수 있도록 설명한다. 최근 기본적 분석과 기술적 분석에 이어 제3의 분석법으로 각광 받고 있는 심리적 분석법을 그 사례를 통하여 설명하고 있다.

### 14. 어느 주식투자자의 회상

에드윈 르페브르 지음 | 박성환 옮김 | 448쪽 | 16,000원

'추세매매법의 아버지'로 불리는 제시 리버모어가 사사건건 부딪쳐야만 했던 실제 상황 속에서 어떻게 자신의 매매기법을 개발했고 적용해 나갔는지를 담고 있는 책이다. 2005년 초판이 출간된 이후 제시 리버모어라는 인물은 열화와 같은 애정을 받았다. 이에 보답하고자 2024년 전면 개정판으로 다시 돌아왔다.

### 15. 터틀트레이딩

마이클 코벨 지음 | 오인석 옮김 | 372쪽 | 19,500원

구전으로만 전해지던 역사상 가장 위대한 투자 실험을 담은 책이다. 이 책에서 코벨은 실험의 산증인인 터틀들과의 개별 인터뷰를 포함해 리처드 데니스와 윌리엄 에크하르트가 터틀 수련생들을 훈련한 방식, 투자 철학, 트레이딩 규칙, 투자 기법까지 소개한다.

### 16. cis의 주식 투자 법칙

cis 지음 | 김정환 옮김 | 272쪽 | 18,500원

BNF와 더불어 일본에서 가장 유명한 투자자 중 한 명의 책이다. 그가 전설적인 트레이더가 되기까지의 여정을 그린 이 책을 읽고, 주식거래를 하는 데 있어서 그의 실전 노하우와 집중해야 할 것과 집중하지 말아야 할 것을 구분하는 지혜를 배울 수 있을 것이다.

## 손실은 짧게 수익은 길게

**초판 1쇄 발행** 2025년 5월 19일
**7쇄 발행** 2025년 12월 26일

**지은이** 깡토

**펴낸곳** ㈜이레미디어
**전화** 031-908-8516(편집부), 031-919-8511(주문 및 관리)
**팩스** 0303-0515-8907
**주소** 경기도 파주시 문예로 21, 2층
**홈페이지** www.iremedia.co.kr  **이메일** ireme@iremedia.co.kr
**등록** 제396-2004-35호

**편집** 이병철, 장아름  **본문 디자인** 황인옥  **표지디자인** 유어텍스트
**마케팅** 장아름  **재무총괄** 이종미  **경영지원** 김지선

저작권자 ⓒ 깡토, 2025
이 책의 저작권은 저작권자에게 있습니다. 서면에 의한 허락 없이 내용의 전부 혹은 일부를 인용하거나 발췌하는 것을 금합니다.

**ISBN** 979-11-93394-67-0 (03320)

· 가격은 뒤표지에 있습니다.
· 잘못된 책은 구입하신 서점에서 교환해드립니다.
· 이 책은 투자 참고용이며, 투자 손실에 대해서는 법적 책임을 지지 않습니다.

당신의 소중한 원고를 기다립니다.
ireme@iremedia.co.kr